国家电网有限公司
STATE GRID
CORPORATION OF CHINA

电网生产技术改造与设备大修项目
典型造价汇编

输电技改分册

国家电网有限公司设备管理部　组编

中国电力出版社
CHINA ELECTRIC POWER PRESS

内 容 提 要

本书为《电网生产技术改造与设备大修项目典型造价汇编（2023年版） 输电技改分册》，共分为三篇。其中，第一篇为总论，包括概述、编制过程、总说明；第二篇为典型方案造价，包含方案概况、主要技术条件、估算费用、电气设备材料和工程量等内容；第三篇为使用说明。

本书可供电网生产技术改造与设备大修项目管理相关人员、项目评审单位参考使用，也可供从事电力行业规划、设计、建设、运维等相关工作的专业技术人员学习使用。

图书在版编目（CIP）数据

电网生产技术改造与设备大修项目典型造价汇编：2023年版. 输电技改分册 / 国家电网有限公司设备管理部组编. —北京：中国电力出版社，2023.12
ISBN 978-7-5198-8540-3

Ⅰ.①电… Ⅱ.①国… Ⅲ.①电网–技改工程–工程造价–中国②输电–电力工程–技改工程–工程造价–中国 Ⅳ.①F426.61

中国国家版本馆 CIP 数据核字（2023）第 248584 号

出版发行：中国电力出版社
地　　址：北京市东城区北京站西街 19 号（邮政编码 100005）
网　　址：http://www.cepp.sgcc.com.cn
责任编辑：陈　丽
责任校对：黄　蓓　常燕昆
装帧设计：张俊霞
责任印制：石　雷

印　　刷：三河市万龙印装有限公司
版　　次：2023 年 12 月第一版
印　　次：2023 年 12 月北京第一次印刷
开　　本：787 毫米×1092 毫米　16 开本
印　　张：21.75
字　　数：469 千字
印　　数：0001—1000 册
定　　价：86.00 元

电网生产技术改造与设备大修项目典型造价汇编
（2023 年版）
输电技改分册

编 委 会

主　　编　吕　军

副 主 编　周宏宇　张贺军

编　　委　刘　昊　李培栋　郑　燕　曾　军　张　凯　吴　强

　　　　　梁　瑜　李景华　吴化君　王国功　杜　平　杨本渤

　　　　　项　薇

编 写 组

成　员　张　恒　李　曈　吕　琦　王艳芹　张弘扬

　　　　张　恒(男)　董　祯　陈　霄　王　勇(辽宁)

　　　　卢艳超　王晓晖　刘雅琼　王　勇(河北)

　　　　徐晓明　黄佳楠　蒋徐勇　刘薇薇　郑亚男

　　　　田江波　高国双　袁　章　张飞宇　张　琦

前言

电网生产技术改造与设备大修项目（简称项目）规范化管理是落实国家电网有限公司（简称国家电网公司）资产全寿命周期管理提升行动，推动构建现代设备管理体系的重要手段。近年来，随着电力体制改革不断深化，电网运行安全、质量和效益管理要求不断提升，对项目精益管理水平提出更高要求。

为进一步提升项目规范化管理水平及造价计列精准性，2021年始，国家电网公司组织有关单位，依据国家最新定额标准，结合项目管理实际，在充分调研、精心比选、反复论证的基础上，历时近2年时间，修编完成《电网生产技术改造与设备大修项目典型造价汇编（2023年版）》丛书（简称《2023年版典型造价》）。《2023年版典型造价》汲取了以往电网工程典型造价的编制经验，并充分考虑当前项目立项、实施、结算等环节管理特点，以单项工程为计价单元，优化提炼出具有代表性的典型方案，按照设计规程规范、建设标准和现行的估算编制依据，编制形成典型造价。

《2023年版典型造价》共6册，分别为《变电技改分册》《变电检修分册》《输电技改分册》《输电检修分册》《配电技改检修分册》《通信/继电保护/自动化技改检修分册》。涵盖变电、输电、配电、继电保护、自动化、通信6个专业，覆盖0.4～500kV电压等级，涉及30类设备、341个典型项目方案，方案包含方案概况、主要技术条件、估算费用、电气设备材料和工程量等内容。

《2023年版典型造价》在编写过程中得到了电力设备运维人员、管理人员，电力工程设计人员、施工人员等的大力支持，在此表示感谢。

因时间关系，书中难免有疏漏之处，敬请各位读者批评指正。

电网生产技术改造与设备大修项目

典型造价编制工作组

2023年7月

目录

前言

第一篇 总 论

第1章 概 述

为服务国家电网公司"一体四翼"发展战略，支撑现代设备管理体系建设，进一步提升电网生产技术改造与设备大修项目（简称项目）管理水平，提高项目可研、设计、采购、结算质效，国家电网公司委托国网经济技术研究院有限公司（简称国网经研院）、国网河北省电力有限公司（简称国网河北电力）牵头收集整理 2019 年 6 月～2023 年 8 月期间各类典型项目，明确技术条件和工程取费标准，在《电网生产技术改造工程典型造价（2017 年版）》的基础上，修编形成《电网生产技术改造与设备大修项目典型造价汇编（2023 年版）》（简称《2023 年版典型造价》）。

《2023 年版典型造价》基于标准化设计，遵循"方案典型、造价合理、编制科学"的原则，形成典型方案库。一是方案典型。通过对大量实际工程的统计、分析，结合公司各区域工程建设实际特点，合理归并、科学优化典型方案。二是造价合理。统一典型造价的编制原则、编制深度和编制依据，按照国家电网公司项目建设标准，综合考虑各地区工程建设实际情况，体现近年项目造价的综合平均水平。三是编制科学。典型造价编制工作结合项目管理实际，提出既能满足当前工程要求又有一定代表性的典型方案，根据现行的估算编制依据，优化假设条件，使典型造价更合理、更科学。

《电网生产技术改造与设备大修项目典型造价汇编（2023 年版） 输电技改分册》为第三册，本册适用于杆塔改造、更换架空导线、更换架空地线、更换避雷器、加装线路监测装置、改造电缆、更换绝缘子等电网生产技术改造项目。

本分册共分为三篇，第一篇为总论，包括概述、编制过程、总说明；第二篇为典型方案造价，包含方案概况、主要技术条件、估算费用、电气设备材料和工程量等内容；第三篇为使用说明。

本分册典型造价应用时需与实际工作结合，充分考虑电网工程技术进步、国家政策等影响造价的各类因素。一是处理好与工程实际的关系。典型造价与工程实际的侧重点不同，但编制原则、技术条件一致，因此，在应用中可根据两者的特点，相互补充参考。二是因地制宜，加强对各类费用的控制。《2023 年版典型造价》按照《电网技术改造工程预算编制与计算规定（2020 年版）》（简称《预规》）计算了每个典型方案的具体造价，对于计价依据明确的费用，在实际工程设计评审等管理环节中必须严格把关；对于建设场地征用及清理费用等地区差异较大、计价依据未明确的费用，应进行合理的比较、分析与控制。

第2章　典型造价编制过程

典型造价编制工作于 2021 年 7 月启动，2023 年 8 月形成最终成果，期间召开 5 次研讨会，明确各阶段工作任务，对典型方案、估算编制原则和典型造价进行评审，提高典型造价科学性、正确性和合理性。具体编制过程如下：

2021 年 7～9 月，召开启动会，明确编制任务，研讨《电网生产技术改造工程典型造价（2017 年版）》方案设置情况，结合项目实际情况，经多次会议讨论，梳理形成《2023 年版典型造价》方案清单。

2021 年 10～11 月，细化方案清单，明确典型方案的主要技术条件及主要工程量，明确对应的定额子目。在北京召开集中研讨会，审定典型方案的技术条件及设计规模，初步确定定额子目及配套使用规则。

2021 年 12 月～2022 年 4 月，国网经研院、国网河北电力统一编制标准、明确编制依据，各参研单位根据典型方案技术规模、《预规》等计价规范，编制形成典型造价案例库。

2022 年 5～11 月，在编制组内开展互查互审工作，对典型造价案例库的技术规模和定额计费情况征集修改意见，组织多轮修改工作和集中审查工作，统一《2023 年版典型造价》形式。

2022 年 12 月～2023 年 1 月，线上召开电网生产技改与设备大修项目典型造价汇报审查会议，根据审查意见，依据《国网设备部关于印发电网生产技术改造和设备大修项目估算编制指导意见的通知》（设备计划〔2022〕96 号文）调整典型造价估算书，并根据当前市场价格更新主要材料与设备价格。

2023 年 2～6 月，邀请国网湖北省电力有限公司、国网福建省电力有限公司对编制成果进行审查，同期组织第二次编制组内互查互审工作，对审查意见进行集中梳理研讨并对应完成修改工作。

2023 年 6～8 月，国网经研院与国网河北电力完成终稿校审工作。

第3章 典型造价总说明

典型造价编制严格执行国家有关法律法规、电网技术改造工程预算编制与计算规定和配套定额、电网检修工程预算编制与计算规定和配套定额，设备材料以2022年为价格水平基准年，结合实际工程情况，形成典型造价方案、确定典型造价编制依据。估算书的编制深度和内容符合现行《电网技术改造工程预算编制与计算规定（2020 年版）》及《电网检修工程预算编制与计算规定（2020 年版）》的要求，表现形式遵循《预规》规定的表格形式、项目划分及费用性质划分原则。

3.1 典型方案形成过程

本册典型方案从实际工程选取，参考河北、山东、江苏、河南、重庆、辽宁、宁夏、新疆等地区电网设备技术改造项目类型确定，典型方案形成过程如下：

（1）典型方案选择原则：根据造价水平相当的原则，科学合理归并方案，确保方案的适用性、典型性。

（2）典型方案选取：以各地区常见工程为基础，充分考虑地区差异，整理分析典型工程，按专业类型及工程规模形成主体框架。

（3）典型方案确定：根据不同地区、各电压等级电网设备技术改造项目特点，以单项工程为计价单元，优化提炼出具有一定代表性的典型方案。

（4）典型方案主要技术条件：明确典型方案的主要技术条件，确定各方案边界条件及组合原则。

（5）典型方案主要内容：确定各方案具体工作内容。

3.2 典型造价编制依据

（1）项目划分及取费执行国家能源局发布的《电网技术改造工程预算编制与计算规定（2020 年版）》及《电网检修工程预算编制与计算规定（2020 年版）》。

（2）定额采用《电网技术改造工程概算定额（2020 年版）》《电网技术改造工程预算定额（2020 年版）》《电网检修工程预算定额（2020 年版）》《电网拆除工程预算定额（2020 年版）》。

（3）措施费取费标准按北京地区（Ⅱ类地区）计取，不计列特殊地区施工增加费。

（4）定额价格水平调整执行《电力工程造价与定额管理总站关于发布 2020 版电网技术改造及检修工程概预算定额 2022 年上半年价格水平调整系数的通知》（定额〔2022〕21 号）相关规定。人工费和材机费调整金额只计取税金，汇总计入总表"编制基准期价差"。

（5）建设地方材料价格根据《北京工程造价信息》（月刊〔总第 266 期〕）计列。

（6）电气设备及主要材料价格统一按照《电网工程设备材料信息参考价》（2022 年第

三季度）计列，信息价格中未含部分，按照 2022 年第三季度国家电网公司区域工程项目招标中标平均价计列。综合材料价格按《电力建设工程装置性材料综合信息价（2021 年版）》计列。

（7）住房公积金和社会保险费按北京标准执行，分别按 12% 和 28.3%（含基本养老保险、失业保险、基本医疗保险、生育保险、工伤保险）计取。

（8）甲供设备材料增值税税金按 13% 计列，乙供设备材料及施工增值税税金按 9% 计列，设计、监理、咨询等技术服务增值税税金按 6% 计列。

（9）取费表取费基数及费率见附录 A，其他费用取费基数及费率见附录 B，建筑材料价格见附录 C。

3.3　典型造价编制相关说明

典型造价编制过程中通过广泛调研，明确了各专业设计方案的主要技术条件，确定了工程造价的编制原则及依据，具体如下：

（1）各典型造价技术方案中的环境条件按北京地区典型条件考虑，各参数假定条件为地形：平原；地貌：Ⅲ类土；海拔：2000m 以下；气温：−20～45℃；污秽等级：Ⅳ。

（2）建筑材料按不含税价考虑，电气设备、主要材料按含税价考虑。

（3）设备、配件按供货至现场考虑，按设备、配件价格及相应计提比例计列卸车费，施工现场的配件保管费已在临时设施费和企业管理费等费用中综合考虑。

（4）设计费除计列基本设计费外，同时计列了施工图预算编制费和竣工图文件编制费，施工图预算编制若由施工队伍编制，则不应列入设计费中。

（5）多次进场增加费考虑综合情况，实际进出场次数按 1 次考虑。

（6）总费用中不计列基本预备费。

（7）"典型方案工程量表"与"典型方案电气设备材料表"中"序号"列显示内容包含项目划分的序号、定额编码、物料编码。其中项目划分的序号、定额编码与《预规》及定额保持一致。

（8）根据《预规》与定额要求需对定额进行调整时，在定额序号前标"调"，同时分别注明人材机的调整系数，其中"R"表示人工费，"C"表示材料费，"J"表示机械费。根据实际情况，没有与实际工作内容完全一致的定额时，需套用相关定额或其他定额时，在定额序号前标"参"，根据实际情况，定额中的人材机与定额子目明细不同时，套用此定额需在定额序号前加"换"。

3.4　典型造价编码规则

典型方案编码含义：

典型方案编码规则分别如表 3-1～表 3-3 所示。

表 3-1　专业分类编码规则

专业分类	变电	输电	配电	通信	继电保护	自动化
技改代码	A	B	C	D	E	F
检修代码	XA	XB	XC	XD	/	/

注　字母中不使用 I/O/X。

表 3-2　工程类别编码规则

工程类别	杆塔改造	更换架空导线	更换架空地线	更换避雷器
代码	1	2	3	4
工程类别	加装线路监测装置	改造电缆	更换绝缘子	
代码	5	6	7	

表 3-3　序号编码规则

流水号	1	2	3	…	N	N+1

3.5　典型造价一览表

典型造价一览表为本册方案总览，包含方案编码、方案名称、主设备型号、方案规模、方案投资、甲供装置性材料费，详见表 3-4。

表 3-4　输电专业典型造价一览表

方案编码	方案名称	主设备型号规格	方案规模	方案投资	其中：甲供装置性材料费
B	输电专业				
B1	杆塔改造			万元	万元
B1-1	新建 35kV 单回直线塔	AC35kV，单回路，角钢，Q345，直线塔，板式基础	1 基	5.81	1.95
B1-2	新建 35kV 双回直线塔	AC35kV，双回路，角钢，Q345，直线塔，板式基础	1 基	8.02	3.23
B1-3	新建 35kV 单回耐张塔	AC35kV，单回路，角钢，Q345，耐张塔，板式基础	1 基	9.70	3.18

续表

方案编码	方案名称	主设备型号规格	方案规模	方案投资	其中：甲供装置性材料费
B1-4	新建 35kV 双回耐张塔	AC35kV，双回路，角钢，Q345，耐张塔，板式基础	1 基	16.21	5.98
B1-5	新建 35kV 单回钢管杆	AC35kV，单回路，钢管杆，Q345，耐张塔，灌注桩基础	1 基	17.97	4.53
B1-6	新建 66kV 单回直线塔	AC66kV，单回路，角钢，Q345，直线塔，台阶式基础	1 基	7.24	1.80
B1-7	新建 66kV 双回直线塔	AC66kV，双回路，角钢，Q345，直线塔，台阶式基础	1 基	8.85	2.46
B1-8	新建 66kV 单回耐张塔	AC66kV，单回路，角钢，Q345，耐张塔，台阶式基础	1 基	14.33	3.40
B1-9	新建 66kV 双回耐张塔	AC66kV，双回路，角钢，Q345，耐张塔，台阶式基础	1 基	17.98	6.73
B1-10	新建 110kV 单回直线塔	AC110kV，单回路，角钢，Q345，直线塔，灌注桩基础	1 基	10.95	3.93
B1-11	新建 110kV 双回直线塔	AC110kV，双回路，角钢，Q345，直线塔，灌注桩基础	1 基	14.00	5.26
B1-12	新建 110kV 单回耐张塔	AC110kV，单回路，角钢，Q345，耐张塔，灌注桩基础	1 基	20.82	5.90
B1-13	新建 110kV 双回耐张塔	AC110kV，双回路，角钢，Q345，耐张塔，灌注桩基础	1 基	26.20	8.85
B1-14	新建 220kV 单回直线塔（覆冰10mm）	AC220kV，单回路，角钢，Q420，直线塔，灌注桩基础	1 基	16.35	5.90
B1-15	新建 220kV 单回直线塔（覆冰15mm）	AC220kV，单回路，角钢，Q420，直线塔，灌注桩基础	1 基	19.60	6.66
B1-16	新建 220kV 双回直线塔（覆冰10mm）	AC220kV，双回路，角钢，Q420，直线塔，灌注桩基础	1 基	21.94	9.66
B1-17	新建 220kV 双回直线塔（覆冰15mm）	AC220kV，双回路，角钢，Q420，直线塔，灌注桩基础	1 基	27.26	11.29
B1-18	新建 220kV 单回耐张塔（覆冰10mm）	AC220kV，单回路，角钢，Q420，耐张塔，灌注桩基础	1 基	41.86	9.66
B1-19	新建 220kV 单回耐张塔（覆冰15mm）	AC220kV，单回路，角钢，Q420，耐张塔，灌注桩基础	1 基	48.79	10.10
B1-20	新建 220kV 双回耐张塔（覆冰10mm）	AC220kV，双回路，角钢，Q420，耐张塔，灌注桩基础	1 基	61.15	18.31
B1-21	新建 220kV 双回耐张塔（覆冰15mm）	AC220kV，双回路，角钢，Q420，耐张塔，灌注桩基础	1 基	78.77	21.57
B1-22	新建 500kV 单回直线塔（覆冰10mm）	AC500kV，单回路，角钢，Q420，直线塔，灌注桩基础	1 基	46.79	16.25

续表

方案编码	方案名称	主设备型号规格	方案规模	方案投资	其中：甲供装置性材料费
B1-23	新建 500kV 单回直线塔（覆冰 15mm）	AC500kV，单回路，角钢，Q420，直线塔，灌注桩基础	1 基	56.24	21.62
B1-24	新建 500kV 单回直线塔（覆冰 20mm）	AC500kV，单回路，角钢，Q420，直线塔，挖孔桩基础	1 基	97.16	40.73
B1-25	新建 500kV 双回直线塔（覆冰 10mm）	AC500kV，双回路，角钢，Q420，直线塔，灌注桩基础	1 基	89.05	35.01
B1-26	新建 500kV 双回直线塔（覆冰 15mm）	AC500kV，双回路，角钢，Q420，直线塔，灌注桩基础	1 基	96.79	35.68
B1-27	新建 500kV 单回耐张塔（覆冰 10mm）	AC500kV，单回路，角钢，Q420，耐张塔，灌注桩基础	1 基	60.78	16.50
B1-28	新建 500kV 单回耐张塔（覆冰 15mm）	AC500kV，单回路，角钢，Q420，耐张塔，灌注桩基础	1 基	64.36	18.64
B1-29	新建 500kV 单回耐张塔（覆冰 20mm）	AC500kV，单回路，角钢，Q420，耐张塔，挖孔桩基础	1 基	122.27	47.45
B1-30	新建 500kV 双回耐张塔（覆冰 10mm）	AC500kV，双回路，角钢，Q420，耐张塔，灌注桩基础	1 基	115.34	46.86
B1-31	新建 500kV 双回耐张塔（覆冰 15mm）	AC500kV，双回路，角钢，Q420，耐张塔，灌注桩基础	1 基	151.64	52.70
B2	更换架空导线			万元	万元
B2-1	更换 35kV 架空导线（单回）	钢芯铝绞线，1×JL/G1A，240/30	1km	11.84	6.33
B2-2	更换 66kV 架空导线（双回）	钢芯铝绞线，1×JL/G1A，300/40	1km	25.72	15.47
B2-3	更换 110kV 架空导线（单回）	钢芯铝绞线，1×JL/G1A，300/40	1km	13.01	7.21
B2-4	更换 220kV 架空导线（单回）	钢芯铝绞线，2×JL/G1A，400/35	1km	28.70	18.53
B2-5	更换 500kV 架空导线（单回）	钢芯铝绞线，4×JL/G1A，630/45	1km	82.24	58.24
B3	更换架空地线			万元	万元
B3-1	更换 35kV 架空地线（单根）	钢绞线，GJ-50	1km	1.89	0.40
B3-2	更换 66kV 架空地线（双根）	铝包钢绞线，JLB40-80	1km	2.65	0.92
B3-3	更换 110kV 架空地线（单根）	铝包钢绞线，JLB40-80	1km	2.40	0.86
B3-4	更换 220kV 架空地线（单根）	铝包钢绞线，JLB40-150	1km	3.19	1.43
B3-5	更换 220kV 光纤复合地线（单根）	OPGW 光缆，OPGW-150（48 芯）	1km	6.73	1.89
B3-6	更换 500kV 架空地线（单根）	铝包钢绞线，JLB40-150	1km	3.24	1.46
B3-7	更换 500kV 光纤复合地线（单根）	OPGW 光缆，OPGW-150（72 芯）	1km	7.85	2.32
B4	更换线路避雷器			万元	万元
B4-1	更换 35kV 线路避雷器	AC35kV，51kV，硅橡胶，134kV，不带间隙	1 组	0.79	0.50

续表

方案编码	方案名称	主设备型号规格	方案规模	方案投资	其中：甲供装置性材料费
B4-2	更换 66kV 线路避雷器	AC66kV，96kV，硅橡胶，250kV，带间隙	1组	1.54	0.95
B4-3	更换 110kV 线路避雷器	AC110kV，102kV，硅橡胶，296kV，带间隙	1组	1.34	0.84
B4-4	更换 220kV 线路避雷器	AC220kV，204kV，硅橡胶，592kV，带间隙	1组	2.53	1.64
B4-5	更换 500kV 线路避雷器	AC500kV，396kV，硅橡胶，1050kV，带间隙	1组	15.82	13.28
B5	加装线路监测装置			万元	万元
B5-1	加装视频监控装置	视频在线监测装置；球式摄像机和枪式摄像机主从监控，夜视	1台	4.77	4.57
B5-2	加装分布式故障诊断装置	分布式故障诊断装置（三相）	1套	13.7	13.37
B6	改造电缆			万元	万元
B6-1	改造 35kV 400mm² 电缆（拉管）	AC35kV，YJV，400，3，22，ZC，Z	电缆 0.1km	43.03	25.38
B6-2	改造 66kV 400mm² 电缆（拉管）	AC66kV，YJLW，400，1，03，ZC，Z	电缆 0.1km	65.62	30.36
B6-3	改造 110kV 630mm² 电缆（拉管）	AC110kV，YJLW，630，1，03，ZC，Z	电缆 0.1km	81.84	44.59
B6-4	改造 110kV 800mm² 电缆（拉管）	AC110kV，YJLW，800，1，03，ZC，Z	电缆 0.1km	88.76	51.22
B6-5	改造 220kV 2000mm² 电缆（沟隧道纯电缆）	AC220kV，YJLW，2000，1，03，ZC，Z	电缆 0.1km	121.81	93.95
B6-6	改造 35kV 400mm² 电缆（单层单回排管）	AC35kV，YJV，400，3，22，ZC，无阻水	电缆 0.1km	42.77	23.92
B6-7	改造 66kV 400mm² 电缆（双层单回排管）	AC66kV，YJLW，400，1，03，ZC，Z	电缆 0.1km	56.24	30.36
B6-8	改造 110kV 630mm² 电缆（双层单回排管）	AC110kV，YJLW，630，1，03，ZC，Z	电缆 0.1km	75.05	46.86
B6-9	改造 110kV 800mm² 电缆（双层单回排管）	AC110kV，YJLW，800，1，03，ZC，Z	电缆 0.1km	82.79	53.50
B6-10	改造 35kV 400mm² 电缆（单层单回小口径水平顶管）	AC35kV，YJV，400，3，22，ZC，无阻水	电缆 0.1km	42.63	23.11
B6-11	改造 66kV 400mm² 电缆（双层单回小口径水平顶管）	AC66kV，YJLW，400，1，03，ZC，Z	电缆 0.1km	64.06	23.02
B6-12	改造 110kV 630mm² 电缆（双层单回小口径水平顶管）	AC110kV，YJLW，630，1，03，ZC，Z	电缆 0.1km	77.23	34.93
B6-13	改造 110kV 800mm² 电缆（双层单回小口径水平顶管）	AC110kV，YJLW，800，1，03，ZC，Z	电缆 0.1km	87.32	43.94

续表

方案编码	方案名称	主设备型号规格	方案规模	方案投资	其中：甲供装置性材料费
B6-14	改造 110kV 630mm² 电缆（顶水泥管）	AC110kV，YJLW，630，1，03，ZC，Z	电缆 0.1km	86.08	47.24
B6-15	改造 110kV 800mm² 电缆（顶水泥管）	AC110kV，YJLW，800，1，03，ZC，Z	电缆 0.1km	93.33	53.87
B6-16	改造 35kV 400mm² 电缆终端接头	35kV 电缆终端头 3×400，户外终端，冷缩，铜	1套（3支）	4.10	0.70
B6-17	改造 66kV 400mm² 电缆终端接头	66kV 电缆终端 1×400，户外终端，复合套管，铜	1套（3支）	11.50	5.90
B6-18	改造 110kV 630mm² 电缆终端接头	110kV 电缆终端 1×630，户外终端，复合套管，铜	1套（3支）	11.57	5.70
B6-19	改造 110kV 800mm² 电缆终端接头	110kV 电缆终端 1×800，户外终端，复合套管，铜	1套（3支）	11.68	5.79
B6-20	改造 220kV 2000mm² 电缆终端接头	220kV 电缆终端 1×2000，户外终端，复合套管，铜	1套（3支）	35.39	25.94
B6-21	改造 35kV 400mm² 电缆中间接头	35kV 电缆中间接头，3×400，直通接头，冷缩，铜	1套（3支）	3.60	0.33
B6-22	改造 66kV 400mm² 电缆中间接头	66kV 电缆中间接头，1×400，绝缘接头，铜	1套（3支）	9.14	4.41
B6-23	改造 110kV 630mm² 电缆中间接头	110kV 电缆中间接头，1×630，绝缘接头，铜	1套（3支）	9.88	4.96
B6-24	改造 110kV 800mm² 电缆中间接头	110kV 电缆中间接头，1×800，绝缘接头，铜	1套（3支）	9.75	4.84
B6-25	改造 220kV 2000mm² 电缆中间接头	220kV 电缆中间接头，1×2000，绝缘接头，铜	1套（3支）	29.74	22.36
B7	更换绝缘子			万元	万元
B7-1	更换 35kV 直线复合绝缘子串	FXBW-35/70-2，670，1015	单联悬垂串 3串	0.21	0.14
B7-2	更换 66kV 直线复合绝缘子串	FXBW-66/120-2，940，1920	双联悬垂串 3串	0.32	0.21
B7-3	更换 110kV 直线复合绝缘子串	FXBW-110/120-3，1440，3150	单联悬垂串 3串	0.32	0.20
B7-4	更换 220kV 直线复合绝缘子串	FXBW-220/120-3，2470，7040	单联悬垂串 3串	0.43	0.28
B7-5	更换 500kV 直线复合绝缘子串	FXBW-500/210-3，4900，16000	单联悬垂串 3串	3.12	2.24
B7-6	更换 500kV 直线瓷绝缘子串	U160BP/155D，450，340	单联悬垂串 3串	4.66	3.52
B7-7	更换 35kV 耐张复合绝缘子串	FXBW-35/70-2，670，1015	双联耐张串 6串，跳线串 3串	2.93	0.96

续表

方案编码	方案名称	主设备型号规格	方案规模	方案投资	其中：甲供装置性材料费
B7-8	更换 66kV 耐张复合绝缘子串	FXBW-66/120-2，940，1920	双联耐张串6串，单联跳线串3串	4.04	1.10
B7-9	更换 110kV 耐张复合绝缘子串	FXBW-110/120-3，1440，3150	双联耐张串6串，单联跳线串3串	4.00	1.08
B7-10	更换 220kV 耐张复合绝缘子串	FXBW-220/160-3，2470，7040	双联耐张串6串，单联跳线串3串	7.62	2.81
B7-11	更换 500kV 耐张复合绝缘子串	FXBW-500/420-1，4900，16000	双联耐张串6串，单联跳线串6串	26.10	9.30
B7-12	更换 500kV 耐张瓷绝缘子串	U300BP/195D，480，330	双联耐张串6串，单联跳线串6串	36.75	18.25

第二篇 典型方案造价

第4章 杆塔改造

典型方案说明 ┈┈┈┈┈┈┈┈┈┈┈┈┈┈┈┈┈┈┈┈┈┈┈┈

> 新建杆塔典型方案共20个，按照电压等级分为35～500kV共5个电压等级，按照杆塔回路数分为单回路和双回路，按照塔型分为直线角钢塔、耐张角钢塔和钢管杆（仅考虑35kV）的典型方案。所有典型方案的工作范围只包含新建杆塔主体工程，不包含旧杆塔拆除。

4.1 B1-1新建35kV单回直线塔

4.1.1 典型方案主要内容

本典型方案为新建1基35kV单回直线塔，内容包括新建塔测量及分坑；基础开挖及回填；接地沟开挖及回填；基础钢筋制作及加工；混凝土运输、搅拌及浇制；塔材运输及杆塔组立；基础保护帽浇制；接地体运输及敷设；接地电阻测量检查；杆塔附属设施安装。

4.1.2 典型方案主要技术条件

典型方案B1-1主要技术条件见表4-1。

表4-1　　　　　　　　典型方案B1-1主要技术条件

方案名称	工程主要技术条件	
新建35kV单回直线塔	电压等级（kV）	35
	杆塔类型	单回直线塔
	规格型号	35-CD22D-Z2-18
	地形	100%平地
	气象条件	覆冰10mm，基本风速29m/s
	地质条件	100%普通土
	基础	板式
	运距	人力0.3km，汽车10km

4.1.3 典型方案估算书

估算投资为总投资，编制依据按3.2要求。典型方案B1-1估算书包括总估算汇总表、安装工程专业汇总表、其他费用估算表，分别见表4-2～表4-4。

表4-2 　　　　　　　　　　　**典型方案B1-1总估算汇总表**　　　　　　　金额单位：万元

序号	工程或费用名称	含税金额	占工程投资的比例（%）	不含税金额	可抵扣增值税金额
二	安装工程费	4.28	73.67	3.86	0.42
三	拆除工程费				
四	设备购置费				
	其中：编制基准期价差	0.05	0.86	0.05	
五	小计	4.28	73.67	3.86	0.42
	其中：甲供设备材料费	1.95	33.56	1.73	0.22
六	其他费用	1.53	26.33	1.44	0.09
七	基本预备费				
八	特殊项目				
九	工程投资合计	5.81	100	5.3	0.51
	其中：可抵扣增值税金额	0.51			0.51
	其中：施工费	2.34	40.28	2.15	0.19

表4-3 　　　　　　　　　　　**典型方案B1-1安装工程专业汇总表**　　　　　　金额单位：元

序号	工程或费用名称	安装工程费			设备购置费	合计
		未计价材料费	安装费	小计		
	安装工程	25409	17429	42837		42837
1	基础工程	5476	11244	16720		16720
1.1	基础工程材料工地运输		2670	2670		2670
1.2	基础土石方工程		4535	4535		4535
1.3	基础砌筑	5476	4039	9516		9516
1.3.2	现浇基础	5476	4039	9516		9516
2	杆塔工程	19253	5304	24557		24557
2.1	杆塔工程材料工地运输		558	558		558
2.2	杆塔组立	19253	4746	23999		23999
2.2.2	铁塔、钢管杆组立	19253	4746	23999		23999
3	接地工程	461	438	899		899
3.1	接地工程材料工地运输		23	23		23
3.2	接地土石方		207	207		207
3.3	接地安装	461	209	669		669
6	辅助工程	219	442	661		661
6.7	杆塔上装的各类辅助生产装置	219	442	661		661
	合计	25409	17429	42837		42837

表 4-4　　　　　　　　　　　　**典型方案 B1-1 其他费用估算表**　　　　　　　金额单位：元

序号	工程或费用名称	编制依据及计算说明	合价
2	项目管理费		3153
2.1	管理经费	（安装工程费＋拆除工程费）×3.53%	1512
2.2	招标费	（安装工程费＋拆除工程费）×0.4%	171
2.3	工程监理费	（安装工程费＋拆除工程费）×3.43%	1469
3	项目技术服务费		12169
3.1	前期工作费	安装工程费×2.1%	900
3.3	工程勘察设计费		10889
3.3.1	勘察费	勘察费×100%	7366
3.3.2	设计费	设计费×100%	3523
3.4	设计文件评审费		218
3.4.1	初步设计文件评审费	基本设计费×3.5%	105
3.4.2	施工图文件评审费	基本设计费×3.8%	113
3.5	施工过程造价咨询及竣工结算审核费	（安装工程费＋拆除工程费）×0.38%	163
	合计		15322

4.1.4　典型方案设备材料表

典型方案 B1-1 设备材料表见表 4-5。

表 4-5　　　　　　　　　　　　**典型方案 B1-1 设备材料表**

序号	设备或材料名称	单位	数量	备注
	架空线路工程			
一	杆塔工程			
1	××号杆塔			
1.1	杆塔基础			
500080493	商品混凝土　C15	m³	0.500	
500067308	商品混凝土　C25	m³	8.212	
H09010101	普通圆钢	t	0.240	
	地脚螺栓	t	0.100	
500014168	塔材　AC35kV，单回路，角钢，Q345，直线塔	t	2.290	
500023173	标识牌，不锈钢	块	4	
1.4	接地			
500020133	接地铁圆钢，镀锌，φ10，不计长度	t	0.100	

4.1.5 典型方案工程量表

典型方案 B1-1 工程量见表 4-6。

表 4-6 　　　　　　　　　　　**典型方案 B1-1 工程量表**

序号	项目名称	单位	数量	备注
	安装工程			
1	基础工程			
1.1	基础工程材料工地运输			
JYX1-19	人力运输　金具、绝缘子、零星钢材	t·km	0.107	
JYX1-22	人力运输　其他建筑安装材料	t·km	4.866	
JYX1-105	汽车运输　金具、绝缘子、零星钢材　装卸	t	0.356	
JYX1-106	汽车运输　金具、绝缘子、零星钢材　运输	t·km	3.559	
JYX1-107	汽车运输　其他建筑安装材料　装卸	t	16.221	
JYX1-108	汽车运输　其他建筑安装材料　运输	t·km	162.214	
1.2	基础土石方工程			
JYX2-6	线路复测及分坑　直线自立塔	基	1	
JYX2-80	电杆坑、塔坑、拉线坑机械挖方及回填　普通土、坚土　坑深（m）4.0 以内	m³	180.415	
1.3	基础砌筑			
1.3.2	现浇基础			
JYX3-43	钢筋加工及制作　一般钢筋	t	0.240	
JYX3-61	基础垫层　素混凝土垫层　每基混凝土量（m³）10 以内	m³	0.300	
JYX3-72	混凝土搅拌及浇制　保护帽	m³	0.200	
JYX3-73	商品混凝土浇制　每个基础混凝土量（m³）5 以内	m³	8.212	
2	杆塔工程			
2.1	杆塔工程材料工地运输			
JYX1-20	人力运输　角钢塔材	t·km	0.690	
JYX1-101	汽车运输　角钢塔材　装卸	t	2.301	
JYX1-102	汽车运输　角钢塔材　运输	t·km	23.015	
2.2	杆塔组立			
2.2.2	铁塔、钢管杆组立			
JYX4-61	角钢塔　塔全高 30m 以内　每米塔重（kg）100 以内	t	2.290	
3	接地工程			
3.1	接地工程材料工地运输			
JYX1-19	人力运输　金具、绝缘子、零星钢材	t·km	0.032	

序号	项目名称	单位	数量	备注
JYX1－105	汽车运输 金具、绝缘子、零星钢材 装卸	t	0.106	
JYX1－106	汽车运输 金具、绝缘子、零星钢材 运输	t·km	1.060	
3.2	接地土石方			
JYX2－213	接地槽挖方（或爆破）及回填 普通土	m³	7.500	
3.3	接地安装			
JYX3－201	接地体加工及制作	t	0.100	
JYX3－204	一般接地体安装 水平接地体敷设	m	30	
JYX3－212	接地电阻测量	基	1	
6	辅助工程			
6.7	杆塔上装的各类辅助生产装置			
JYX1－19	人力运输 金具、绝缘子、零星钢材	t·km	0.026	
JYX1－105	汽车运输 金具、绝缘子、零星钢材 装卸	t	0.086	
JYX1－106	汽车运输 金具、绝缘子、零星钢材 运输	t·km	0.856	
JYX8－33	杆塔附属设施安装 标示牌 35kV 及以上	块	4	

4.2 B1－2 新建 35kV 双回直线塔

4.2.1 典型方案主要内容

本典型方案为新建 1 基 35kV 双回直线塔，内容包括新建塔测量及分坑；基础开挖及回填；接地沟开挖及回填；基础钢筋制作及加工；混凝土运输、搅拌及浇制；塔材运输及杆塔组立；基础保护帽浇制；接地体运输及敷设；接地电阻测量检查；杆塔附属设施安装。

4.2.2 典型方案主要技术条件

典型方案 B1－2 主要技术条件见表 4－7。

表 4－7 典型方案 B1－2 主要技术条件

方案名称	工程主要技术条件	
新建 35kV 双回直线塔	电压等级	35kV
	杆塔类型	双回直线塔
	规格型号	35－CD22S－Z2－18
	地形	100%平地
	气象条件	覆冰 10mm，基本风速 29m/s
	地质条件	100%普通土
	基础	板式
	运距	人力 0.3km；汽车 10km

4.2.3　典型方案估算书

估算投资为总投资，编制依据按 3.2 要求。典型方案 B1-2 估算书包括总估算汇总表、安装工程专业汇总表、其他费用估算表，分别见表 4-8～表 4-10。

表 4-8 　　　　　　　　典型方案 B1-2 总估算汇总表　　　　　　金额单位：万元

序号	工程或费用名称	含税金额	占工程投资的比例（%）	不含税金额	可抵扣增值税金额
二	安装工程费	6.14	76.56	5.53	0.61
三	拆除工程费				
四	设备购置费				
	其中：编制基准期价差	0.06	0.75	0.06	
五	小计	6.14	76.56	5.53	0.61
	其中：甲供设备材料费	3.23	40.27	2.86	0.37
六	其他费用	1.88	23.44	1.77	0.11
七	基本预备费				
八	特殊项目				
九	工程投资合计	8.02	100	7.3	0.72
	其中：可抵扣增值税金额	0.72			0.72
	其中：施工费	2.91	36.28	2.67	0.24

表 4-9 　　　　　　　　典型方案 B1-2 安装工程专业汇总表　　　　　　金额单位：元

序号	工程或费用名称	安装工程费			设备购置费	合计
		未计价材料费	安装费	小计		
	安装工程	39673	21708	61381		61381
1	基础工程	6837	13673	20510		20510
1.1	基础工程材料工地运输		3751	3751		3751
1.2	基础土石方工程		4535	4535		4535
1.3	基础砌筑	6837	5388	12225		12225
1.3.2	现浇基础	6837	5388	12225		12225
2	杆塔工程	31955	6909	38864		38864
2.1	杆塔工程材料工地运输		932	932		932
2.2	杆塔组立	31955	5977	37932		37932
2.2.2	铁塔、钢管杆组立	31955	5977	37932		37932
3	接地工程	553	463	1015		1015
3.1	接地工程材料工地运输		27	27		27
3.2	接地土石方		207	207		207
3.3	接地安装	553	228	781		781

序号	工程或费用名称	安装工程费			设备购置费	合计
		未计价材料费	安装费	小计		
6	辅助工程	329	663	992		992
6.7	杆塔上装的各类辅助生产装置	329	663	992		992
	合计	39673	21708	61381		61381

表 4-10　　　　　典型方案 B1-2 其他费用估算表　　　　　金额单位：元

序号	工程或费用名称	编制依据及计算说明	合价
2	项目管理费		4518
2.1	管理经费	（安装工程费＋拆除工程费）×3.53%	2167
2.2	招标费	（安装工程费＋拆除工程费）×0.4%	246
2.3	工程监理费	（安装工程费＋拆除工程费）×3.43%	2105
3	项目技术服务费		14249
3.1	前期工作费	安装工程费×2.1%	1289
3.3	工程勘察设计费		12414
3.3.1	勘察费	勘察费×100%	7366
3.3.2	设计费	设计费×100%	5048
3.4	设计文件评审费		312
3.4.1	初步设计文件评审费	基本设计费×3.5%	150
3.4.2	施工图文件评审费	基本设计费×3.8%	163
3.5	施工过程造价咨询及竣工结算审核费	（安装工程费＋拆除工程费）×0.38%	233
	合计		18766

4.2.4　典型方案设备材料表

典型方案 B1-2 设备材料表见表 4-11。

表 4-11　　　　　典型方案 B1-2 设备材料表

序号	设备或材料名称	单位	数量	备注
	架空线路工程			
一	杆塔工程			
1	××号杆塔			
1.1	杆塔基础			
500080493	商品混凝土　C15	m³	0.632	
500067308	商品混凝土　C25	m³	11.700	
H09010101	普通圆钢	t	0.180	
	地脚螺栓	t	0.100	

续表

序号	设备或材料名称	单位	数量	备注
500014168	塔材　AC35kV，双回路，角钢，Q345，直线塔	t	3.824	
500023173	标识牌　不锈钢	块	6	
1.4	接地			
500020133	接地铁，圆钢，镀锌，ϕ10，不计长度	t	0.120	

4.2.5　典型方案工程量表

典型方案 B1-2 工程量见表 4-12。

表 4-12　　　　　典型方案 B1-2 工程量表

序号	项目名称	单位	数量	备注
	安装工程			
1	基础工程			
1.1	基础工程材料工地运输			
JYX1-19	人力运输　金具、绝缘子、零星钢材	t·km	0.088	
JYX1-22	人力运输　其他建筑安装材料	t·km	6.921	
JYX1-105	汽车运输　金具、绝缘子、零星钢材　装卸	t	0.292	
JYX1-106	汽车运输　金具、绝缘子、零星钢材　运输	t·km	2.923	
JYX1-107	汽车运输　其他建筑安装材料　装卸	t	23.070	
JYX1-108	汽车运输　其他建筑安装材料　运输	t·km	230.700	
1.2	基础土石方工程			
JYX2-6	线路复测及分坑　直线自立塔	基	1	
JYX2-80	电杆坑、塔坑、拉线坑机械挖方及回填　普通土、坚土　坑深（m）4.0 以内	m³	180.415	
1.3	基础砌筑			
1.3.2	现浇基础			
JYX3-43	钢筋加工及制作　一般钢筋	t	0.180	
JYX3-61	基础垫层　素混凝土垫层　每基混凝土量（m³）10 以内	m³	0.432	
JYX3-72	混凝土搅拌及浇制　保护帽	m³	0.200	
JYX3-73	商品混凝土浇制　每个基础混凝土量（m³）5 以内	m³	11.700	
2	杆塔工程			
2.1	杆塔工程材料工地运输			
JYX1-20	人力运输　角钢塔材	t·km	1.153	

序号	项目名称	单位	数量	备注
JYX1-101	汽车运输 角钢塔材 装卸	t	3.843	
JYX1-102	汽车运输 角钢塔材 运输	t·km	38.431	
2.2	杆塔组立			
2.2.2	铁塔、钢管杆组立			
JYX4-62	角钢塔 塔全高30m以内 每米塔重（kg）200以内	t	3.824	
3	接地工程			
3.1	接地工程材料工地运输			
JYX1-19	人力运输 金具、绝缘子、零星钢材	t·km	0.038	
JYX1-105	汽车运输 金具、绝缘子、零星钢材 装卸	t	0.127	
JYX1-106	汽车运输 金具、绝缘子、零星钢材 运输	t·km	1.272	
3.2	接地土石方			
JYX2-213	接地槽挖方（或爆破）及回填 普通土	m³	7.500	
3.3	接地安装			
JYX3-201	接地体加工及制作	t	0.120	
JYX3-204	一般接地体安装 水平接地体敷设	m	30	
JYX3-212	接地电阻测量	基	1	
6	辅助工程			
6.7	杆塔上装的各类辅助生产装置			
JYX1-19	人力运输 金具、绝缘子、零星钢材	t·km	0.039	
JYX1-105	汽车运输 金具、绝缘子、零星钢材 装卸	t	0.128	
JYX1-106	汽车运输 金具、绝缘子、零星钢材 运输	t·km	1.284	
JYX8-33	杆塔附属设施安装 标示牌 35kV及以上	块	6	

4.3 B1-3 新建 35kV 单回耐张塔

4.3.1 典型方案主要内容

本典型方案为新建1基35kV单回耐张塔，内容包括新建塔测量及分坑；基础开挖及回填；接地沟开挖及回填；基础钢筋制作及加工；混凝土运输、搅拌及浇制；塔材运输及杆塔组立；基础保护帽浇制；接地体运输及敷设；接地电阻测量检查；杆塔附属设施安装。

4.3.2 典型方案主要技术条件

典型方案B1-3主要技术条件见表4-13。

表 4－13　　　　　　　　　　　　**典型方案 B1－3 主要技术条件**

方案名称	工程主要技术条件	
新建 35kV 单回耐张塔	电压等级	35kV
	杆塔类型	单回耐张塔
	规格型号	35－CD22D－J3－15
	地形	100%平地
	气象条件	覆冰 10mm，基本风速 29m/s
	地质条件	100%普通土
	基础	板式
	运距	人力 0.3km，汽车 10km

4.3.3　典型方案估算书

估算投资为总投资，编制依据按 3.2 要求。典型方案 B1－3 估算书包括总估算汇总表、安装工程专业汇总表、其他费用估算表，分别见表 4－14～表 4－16。

表 4－14　　　　　　　　　　　　**典型方案 B1－3 总估算汇总表**　　　　　金额单位：万元

序号	工程或费用名称	含税金额	占工程投资的比例（%）	不含税金额	可抵扣增值税金额
二	安装工程费	7.56	77.94	6.84	0.72
三	拆除工程费				
四	设备购置费				
	其中：编制基准期价差	0.08	0.82	0.08	
五	小计	7.56	77.94	6.84	0.72
	其中：甲供设备材料费	3.18	32.78	2.82	0.36
六	其他费用	2.14	22.06	2.02	0.12
七	基本预备费				
八	特殊项目				
九	工程投资合计	9.7	100	8.86	0.84
	其中：可抵扣增值税金额	0.84			0.84
	其中：施工费	4.39	45.26	4.03	0.36

表 4－15　　　　　　　　　　　　**典型方案 B1－3 安装工程专业汇总表**　　　　　金额单位：元

序号	工程或费用名称	安装工程费			设备购置费	合计
		未计价材料费	安装费	小计		
	安装工程	47095	28533	75628		75628
1	基础工程	14778	20809	35586		35586
1.1	基础工程材料工地运输		7074	7074		7074

续表

序号	工程或费用名称	安装工程费			设备购置费	合计
		未计价材料费	安装费	小计		
1.2	基础土石方工程		4594	4594		4594
1.3	基础砌筑	14778	9141	23918		23918
1.3.2	现浇基础	14778	9141	23918		23918
2	杆塔工程	31545	6820	38366		38366
2.1	杆塔工程材料工地运输		920	920		920
2.2	杆塔组立	31545	5901	37446		37446
2.2.2	铁塔、钢管杆组立	31545	5901	37446		37446
3	接地工程	553	463	1015		1015
3.1	接地工程材料工地运输		27	27		27
3.2	接地土石方		207	207		207
3.3	接地安装	553	228	781		781
6	辅助工程	219	442	661		661
6.7	杆塔上装的各类辅助生产装置	219	442	661		661
	合计	47095	28533	75628		75628

表4-16　　　　　　　典型方案 B1-3 其他费用估算表　　　　　　金额单位：元

序号	工程或费用名称	编制依据及计算说明	合价
2	项目管理费		5566
2.1	管理经费	（安装工程费＋拆除工程费）×3.53%	2670
2.2	招标费	（安装工程费＋拆除工程费）×0.4%	303
2.3	工程监理费	（安装工程费＋拆除工程费）×3.43%	2594
3	项目技术服务费		15846
3.1	前期工作费	安装工程费×2.1%	1588
3.3	工程勘察设计费		13586
3.3.1	勘察费	勘察费×100%	7366
3.3.2	设计费	设计费×100%	6220
3.4	设计文件评审费		385
3.4.1	初步设计文件评审费	基本设计费×3.5%	184
3.4.2	施工图文件评审费	基本设计费×3.8%	200
3.5	施工过程造价咨询及竣工结算审核费	（安装工程费＋拆除工程费）×0.38%	287
	合计		21413

4.3.4　典型方案设备材料表

典型方案 B1-3 设备材料表见表 4-17。

表 4-17　　　　　　　　　　　　典型方案 B1-3 设备材料表

序号	设备或材料名称	单位	数量	备注
	架空线路工程			
一	杆塔工程			
1	××号杆塔			
1.1	杆塔基础			
500080493	商品混凝土　C15	m³	0.640	
500067308	商品混凝土　C25	m³	22.200	
H09010101	普通圆钢	t	0.321	
	地脚螺栓	t	0.679	
500014168	塔材　AC35kV，单回路，角钢，Q345，耐张塔	t	3.775	
500023173	标识牌　不锈钢	块	4	
1.4	接地			
500020133	接地铁，圆钢，镀锌，ϕ10，不计长度	t	0.120	

4.3.5　典型方案工程量表

典型方案 B1-3 工程量见表 4-18。

表 4-18　　　　　　　　　　　　典型方案 B1-3 工程量表

序号	项目名称	单位	数量	备注
	安装工程			
1	基础工程			
1.1	基础工程材料工地运输			
JYX1-19	人力运输　金具、绝缘子、零星钢材	t·km	0.309	
JYX1-22	人力运输　其他建筑安装材料	t·km	12.861	
JYX1-105	汽车运输　金具、绝缘子、零星钢材　装卸	t	1.029	
JYX1-106	汽车运输　金具、绝缘子、零星钢材　运输	t·km	10.294	
JYX1-107	汽车运输　其他建筑安装材料　装卸	t	42.869	
JYX1-108	汽车运输　其他建筑安装材料　运输	t·km	428.688	
1.2	基础土石方工程			
JYX2-7	线路复测及分坑　耐张（转角）自立塔	基	1	
JYX2-80	电杆坑、塔坑、拉线坑机械挖方及回填　普通土、坚土　坑深（m）4.0 以内	m³	180.415	
1.3	基础砌筑			

续表

序号	项目名称	单位	数量	备注
1.3.2	现浇基础			
JYX3-43	钢筋加工及制作 一般钢筋	t	0.320	
JYX3-61	基础垫层 素混凝土垫层 每基混凝土量（m³）10以内	m³	0.440	
JYX3-72	混凝土搅拌及浇制 保护帽	m³	0.200	
JYX3-74	商品混凝土浇制 每个基础混凝土量（m³）10以内	m³	22.200	
2	杆塔工程			
2.1	杆塔工程材料工地运输			
JYX1-20	人力运输 角钢塔材	t·km	1.138	
JYX1-101	汽车运输 角钢塔材 装卸	t	3.794	
JYX1-102	汽车运输 角钢塔材 运输	t·km	37.939	
2.2	杆塔组立			
2.2.2	铁塔、钢管杆组立			
JYX4-62	角钢塔 塔全高30m以内 每米塔重（kg）200以内	t	3.775	
3	接地工程			
3.1	接地工程材料工地运输			
JYX1-19	人力运输 金具、绝缘子、零星钢材	t·km	0.038	
JYX1-105	汽车运输 金具、绝缘子、零星钢材 装卸	t	0.127	
JYX1-106	汽车运输 金具、绝缘子、零星钢材 运输	t·km	1.272	
3.2	接地土石方			
JYX2-213	接地槽挖方（或爆破）及回填 普通土	m³	7.500	
3.3	接地安装			
JYX3-201	接地体加工及制作	t	0.120	
JYX3-204	一般接地体安装 水平接地体敷设	m	30	
JYX3-212	接地电阻测量	基	1	
6	辅助工程			
6.7	杆塔上装的各类辅助生产装置			
JYX1-19	人力运输 金具、绝缘子、零星钢材	t·km	0.026	
JYX1-105	汽车运输 金具、绝缘子、零星钢材 装卸	t	0.086	
JYX1-106	汽车运输 金具、绝缘子、零星钢材 运输	t·km	0.856	
JYX8-33	杆塔附属设施安装 标示牌 35kV及以上	块	4	

4.4 B1-4 新建35kV双回耐张塔

4.4.1 典型方案主要内容

本典型方案为新建1基35kV双回耐张塔，内容包括新建塔测量及分坑；基础开挖及回

填；接地沟开挖及回填；基础钢筋制作及加工；混凝土运输、搅拌及浇制；塔材运输及杆塔组立；基础保护帽浇制；接地体运输及敷设；接地电阻测量检查；杆塔附属设施安装。

4.4.2 典型方案主要技术条件

典型方案 B1-4 主要技术条件见表 4-19。

表 4-19　　　　　　　典型方案 B1-4 主要技术条件

方案名称	工程主要技术条件	
新建 35kV 双回耐张塔	电压等级	35kV
	杆塔类型	双回耐张塔
	规格型号	35-CD22S-J3-15
	地形	100%平地
	气象条件	覆冰 10mm，基本风速 29m/s
	地质条件	100%普通土
	基础	板式
	运距	人力 0.3km，汽车 10km

4.4.3 典型方案估算书

估算投资为总投资，编制依据按 3.2 要求。典型方案 B1-4 估算书包括总估算汇总表、安装工程专业汇总表、其他费用估算表，分别见表 4-20～表 4-22。

表 4-20　　　　　　　典型方案 B1-4 总估算汇总表　　　　　　　金额单位：万元

序号	工程或费用名称	含税金额	占工程投资的比例（%）	不含税金额	可抵扣增值税金额
二	安装工程费	13.05	80.51	11.78	1.27
三	拆除工程费				
四	设备购置费				
	其中：编制基准期价差	0.12	0.74	0.12	
五	小计	13.05	80.51	11.78	1.27
	其中：甲供设备材料费	5.98	36.89	5.3	0.68
六	其他费用	3.16	19.49	2.98	0.18
七	基本预备费				
八	特殊项目				
九	工程投资合计	16.21	100	14.76	1.45
	其中：可抵扣增值税金额	1.45			1.45
	其中：施工费	7.07	43.62	6.49	0.58

表 4-21　　　　　　典型方案 B1-4 安装工程专业汇总表　　　　　　金额单位：元

序号	工程或费用名称	安装工程费			设备购置费	合计
		未计价材料费	安装费	小计		
	安装工程	84361	46144	130505		130505
1	基础工程	23903	34199	58101		58101
1.1	基础工程材料工地运输		11483	11483		11483
1.2	基础土石方工程		7383	7383		7383
1.3	基础砌筑	23903	15332	39235		39235
1.3.2	现浇基础	23903	15332	39235		39235
2	杆塔工程	59439	10783	70222		70222
2.1	杆塔工程材料工地运输		1733	1733		1733
2.2	杆塔组立	59439	9050	68489		68489
2.2.2	铁塔、钢管杆组立	59439	9050	68489		68489
3	接地工程	691	499	1190		1190
3.1	接地工程材料工地运输		34	34		34
3.2	接地土石方		207	207		207
3.3	接地安装	691	258	949		949
6	辅助工程	329	663	992		992
6.7	杆塔上装的各类辅助生产装置	329	663	992		992
	合计	84361	46144	130505		130505

表 4-22　　　　　　典型方案 B1-4 其他费用估算表　　　　　　金额单位：元

序号	工程或费用名称	编制依据及计算说明	合价
2	项目管理费		9605
2.1	管理经费	（安装工程费＋拆除工程费）×3.53%	4607
2.2	招标费	（安装工程费＋拆除工程费）×0.4%	522
2.3	工程监理费	（安装工程费＋拆除工程费）×3.43%	4476
3	项目技术服务费		22000
3.1	前期工作费	安装工程费×2.1%	2741
3.3	工程勘察设计费		18099
3.3.1	勘察费	勘察费×100%	7366
3.3.2	设计费	设计费×100%	10733
3.4	设计文件评审费		664
3.4.1	初步设计文件评审费	基本设计费×3.5%	318
3.4.2	施工图文件评审费	基本设计费×3.8%	346
3.5	施工过程造价咨询及竣工结算审核费	（安装工程费＋拆除工程费）×0.38%	496
	合计		31605

4.4.4 典型方案设备材料表

典型方案 B1-4 设备材料表见表 4-23。

表 4-23　　　　　　　　　典型方案 B1-4 设备材料表

序号	设备或材料名称	单位	数量	备注
	架空线路工程			
一	杆塔工程			
1	××号杆塔			
1.1	杆塔基础			
500080493	商品混凝土　C15	m^3	0.640	
500067308	商品混凝土　C25	m^3	36.400	
H09010101	普通圆钢	t	1.044	
	地脚螺栓	t	0.532	
500014168	塔材　AC35kV，双回路，角钢，Q345，耐张塔	t	7.113	
500023173	标识牌　不锈钢	块	6	
1.4	接地			
500020133	接地铁，圆钢，镀锌，ϕ10，不计长度	t	0.150	

4.4.5 典型方案工程量表

典型方案 B1-4 工程量见表 4-24。

表 4-24　　　　　　　　　典型方案 B1-4 工程量表

序号	项目名称	单位	数量	备注
	安装工程			
1	基础工程			
1.1	基础工程材料工地运输			
JYX1-19	人力运输　金具、绝缘子、零星钢材	t·km	0.494	
JYX1-22	人力运输　其他建筑安装材料	t·km	20.886	
JYX1-105	汽车运输　金具、绝缘子、零星钢材　装卸	t	1.647	
JYX1-106	汽车运输　金具、绝缘子、零星钢材　运输	t·km	16.466	
JYX1-107	汽车运输　其他建筑安装材料　装卸	t	69.622	
JYX1-108	汽车运输　其他建筑安装材料　运输	t·km	696.216	
1.2	基础土石方工程			
JYX2-7	线路复测及分坑　耐张（转角）自立塔	基	1	
JYX2-80	电杆坑、塔坑、拉线坑机械挖方及回填　普通土、坚土　坑深（m）4.0 以内	m^3	294.950	

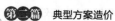

续表

序号	项目名称	单位	数量	备注
1.3	基础砌筑			
1.3.2	现浇基础			
JYX3－43	钢筋加工及制作　一般钢筋	t	1.044	
JYX3－61	基础垫层　素混凝土垫层　每基混凝土量（m³）10 以内	m³	0.440	
JYX3－72	混凝土搅拌及浇制　保护帽	m³	0.200	
JYX3－74	商品混凝土浇制　每个基础混凝土量（m³）10 以内	m³	36.400	
2	杆塔工程			
2.1	杆塔工程材料工地运输			
JYX1－20	人力运输　角钢塔材	t·km	2.145	
JYX1－101	汽车运输　角钢塔材　装卸	t	7.149	
JYX1－102	汽车运输　角钢塔材　运输	t·km	71.486	
2.2	杆塔组立			
2.2.2	铁塔、钢管杆组立			
JYX4－68	角钢塔　塔全高 50m 以内　每米塔重（kg）300 以内	t	7.113	
3	接地工程			
3.1	接地工程材料工地运输			
JYX1－19	人力运输　金具、绝缘子、零星钢材	t·km	0.048	
JYX1－105	汽车运输　金具、绝缘子、零星钢材　装卸	t	0.159	
JYX1－106	汽车运输　金具、绝缘子、零星钢材　运输	t·km	1.590	
3.2	接地土石方			
JYX2－213	接地槽挖方（或爆破）及回填　普通土	m³	7.500	
3.3	接地安装			
JYX3－201	接地体加工及制作	t	0.150	
JYX3－204	一般接地体安装　水平接地体敷设	m	30	
JYX3－212	接地电阻测量	基	1	
6	辅助工程			
6.7	杆塔上装的各类辅助生产装置			
JYX1－19	人力运输　金具、绝缘子、零星钢材	t·km	0.039	
JYX1－105	汽车运输　金具、绝缘子、零星钢材　装卸	t	0.128	
JYX1－106	汽车运输　金具、绝缘子、零星钢材　运输	t·km	1.284	
JYX8－33	杆塔附属设施安装　标示牌　35kV 及以上	块	6	

4.5　B1-5 新建 35kV 单回钢管杆

4.5.1　典型方案主要内容

本典型方案为新建 1 基 35kV 单回钢管杆，内容包括新建塔测量及分坑；基础开挖及回填；接地沟开挖及回填；基础钢筋制作及加工；混凝土运输、搅拌及浇制；塔材运输及杆塔组立；基础保护帽浇制；接地体运输及敷设；接地电阻测量检查；杆塔附属设施安装。

4.5.2　典型方案主要技术条件

典型方案 B1-5 主要技术条件见表 4-25。

表 4-25　　　　　　　　　　典型方案 B1-5 主要技术条件

方案名称	工程主要技术条件	
新建 35kV 单回耐张塔	电压等级	35kV
	杆塔类型	单回钢管杆
	规格型号	35-CD22GD-J3-18
	地形	100%平地
	气象条件	覆冰 10mm，基本风速 29m/s
	地质条件	100%普通土
	基础	灌注桩
	运距	人力 0.3km，汽车 10km

4.5.3　典型方案估算书

估算投资为总投资，编制依据按 3.2 要求。典型方案 B1-5 估算书包括总估算汇总表、安装工程专业汇总表、其他费用估算表，分别见表 4-26～表 4-28。

表 4-26　　　　　　　　　典型方案 B1-5 总估算汇总表　　　　　　　　金额单位：万元

序号	工程或费用名称	含税金额	占工程投资的比例（%）	不含税金额	可抵扣增值税金额
二	安装工程费	14.53	80.86	13.19	1.34
三	拆除工程费				
四	设备购置费				
	其中：编制基准期价差	0.17	0.95	0.17	
五	小计	14.53	80.86	13.19	1.34
	其中：甲供设备材料费	4.53	25.21	4.01	0.52
六	其他费用	3.44	19.14	3.25	0.19
七	基本预备费				
八	特殊项目				
九	工程投资合计	17.97	100	16.44	1.53
	其中：可抵扣增值税金额	1.53			1.53
	其中：施工费	10	55.65	9.17	0.83

表 4-27　　　　　　　　　　　　典型方案 B1-5 安装工程专业汇总表　　　　　　　金额单位：元

序号	工程或费用名称	安装工程费			设备购置费	合计
		未计价材料费	安装费	小计		
	安装工程	81547	63760	145307		145307
1	基础工程	35785	56686	92471		92471
1.1	基础工程材料工地运输		14937	14937		14937
1.2	基础土石方工程		103	103		103
1.3	基础砌筑	35785	41645	77430		77430
1.3.2	现浇基础	242	643	885		885
1.3.3	灌注桩基础	35544	41001	76545		76545
2	杆塔工程	45082	6194	51277		51277
2.1	杆塔工程材料工地运输		1457	1457		1457
2.2	杆塔组立	45082	4737	49819		49819
2.2.2	铁塔、钢管杆组立	45082	4737	49819		49819
3	接地工程	461	438	899		899
3.1	接地工程材料工地运输		23	23		23
3.2	接地土石方		207	207		207
3.3	接地安装	461	209	669		669
6	辅助工程	219	442	661		661
6.7	杆塔上装的各类辅助生产装置	219	442	661		661
	合计	81547	63760	145307		145307

表 4-28　　　　　　　　　　　　典型方案 B1-5 其他费用估算表　　　　　　　　金额单位：元

序号	工程或费用名称	编制依据及计算说明	合价
2	项目管理费		10695
2.1	管理经费	（安装工程费＋拆除工程费）×3.53%	5129
2.2	招标费	（安装工程费＋拆除工程费）×0.4%	581
2.3	工程监理费	（安装工程费＋拆除工程费）×3.43%	4984
3	项目技术服务费		23660
3.1	前期工作费	安装工程费×2.1%	3051
3.3	工程勘察设计费		19317
3.3.1	勘察费	勘察费×100%	7366
3.3.2	设计费	设计费×100%	11951
3.4	设计文件评审费		739
3.4.1	初步设计文件评审费	基本设计费×3.5%	354
3.4.2	施工图文件评审费	基本设计费×3.8%	385
3.5	施工过程造价咨询及竣工结算审核费	（安装工程费＋拆除工程费）×0.38%	552
	合计		34354

4.5.4 典型方案设备材料表

典型方案 B1-5 设备材料表见表 4-29。

表 4-29　　　　　　　　　　　典型方案 B1-5 设备材料表

序号	设备或材料名称	单位	数量	备注
	架空线路工程			
一	杆塔工程			
1	××号杆塔			
1.1	杆塔基础			
500080493	商品混凝土　C15	m³	0.570	
500067308	商品混凝土　C25	m³	39.615	
H09010101	普通圆钢	t	1.522	
	地脚螺栓	t	1.003	
500013904	塔材　AC35kV，单回路，钢管杆，Q345，耐张杆	t	5.274	
500023173	标识牌　不锈钢	块	4	
1.4	接地			
500020133	接地铁，圆钢，镀锌，ϕ10，不计长度	t	0.100	

4.5.5 典型方案工程量表

典型方案 B1-5 工程量见表 4-30。

表 4-30　　　　　　　　　　　典型方案 B1-5 工程量表

序号	项目名称	单位	数量	备注
	安装工程			
1	基础工程			
1.1	基础工程材料工地运输			
JYX1-19	人力运输　金具、绝缘子、零星钢材	t·km	0.789	
JYX1-22	人力运输　其他建筑安装材料	t·km	26.971	
JYX1-105	汽车运输　金具、绝缘子、零星钢材　装卸	t	2.631	
JYX1-106	汽车运输　金具、绝缘子、零星钢材　运输	t·km	26.314	
JYX1-107	汽车运输　其他建筑安装材料　装卸	t	89.903	
JYX1-108	汽车运输　其他建筑安装材料　运输	t·km	899.028	
1.2	基础土石方工程			
JYX2-3	线路复测及分坑　耐张（转角）单杆	基	1	
1.3	基础砌筑			
1.3.2	现浇基础			
JYX3-72	混凝土搅拌及浇制　保护帽	m³	0.570	

序号	项目名称	单位	数量	备注
1.3.3	灌注桩基础			
JYX3－43	钢筋加工及制作　一般钢筋	t	1.522	
JYX3－98	灌注桩基础　机械推钻　砂土、黏土　孔深20m以内　孔径（m）1.8以内	m	13	
JYX3－170	灌注桩基础　混凝土搅拌及浇制　孔深（m）20以内	m³	39.605	
2	杆塔工程			
2.1	杆塔工程材料工地运输			
JYX1－57	汽车运输　钢管杆　每件重　3000kg以内　装卸	t	5.274	
JYX1－58	汽车运输　钢管杆　每件重　3000kg以内　运输	t·km	52.740	
2.2	杆塔组立			
2.2.2	铁塔、钢管杆组立			
JYX4－44	钢管杆组立　单杆分段式　每基重量（t）10以内	基	1	
3	接地工程			
3.1	接地工程材料工地运输			
JYX1－19	人力运输　金具、绝缘子、零星钢材	t·km	0.032	
JYX1－105	汽车运输　金具、绝缘子、零星钢材　装卸	t	0.106	
JYX1－106	汽车运输　金具、绝缘子、零星钢材　运输	t·km	1.060	
3.2	接地土石方			
JYX2－213	接地槽挖方（或爆破）及回填　普通土	m³	7.500	
3.3	接地安装			
JYX3－201	接地体加工及制作	t	0.100	
JYX3－204	一般接地体安装　水平接地体敷设	m	30	
JYX3－212	接地电阻测量	基	1	
6	辅助工程			
6.7	杆塔上装的各类辅助生产装置			
JYX1－19	人力运输　金具、绝缘子、零星钢材	t·km	0.026	
JYX1－105	汽车运输　金具、绝缘子、零星钢材　装卸	t	0.086	
JYX1－106	汽车运输　金具、绝缘子、零星钢材　运输	t·km	0.856	
JYX8－33	杆塔附属设施安装　标示牌　35kV及以上	块	4	

4.6　B1－6 新建 66kV 单回直线塔

4.6.1　典型方案主要内容

本典型方案为新建 1 基 66kV 单回直线塔，内容包括新建塔测量及分坑；基础开挖及回填；接地沟开挖及回填；基础钢筋制作及加工；混凝土运输、搅拌及浇制；塔材运输及杆塔组立；基础保护帽浇制；接地体运输及敷设；接地电阻测量检查；杆塔附属设施安装。

4.6.2 典型方案主要技术条件

典型方案 B1-6 主要技术条件见表 4-31。

表 4-31　　　　　　　　　　　典型方案 B1-6 主要技术条件

方案名称	工程主要技术条件	
新建 66kV 单回直线塔	电压等级	66kV
	杆塔类型	单回直线塔
	规格型号	66-ED21D-ZC2-18
	地形	100%平地
	气象条件	覆冰 10mm，基本风速 27m/s
	地质条件	100%普通土
	基础	台阶式
	运距	人力 0.3km，汽车 10km

4.6.3 典型方案估算书

估算投资为总投资，编制依据按 3.2 要求。典型方案 B1-6 估算书包括总估算汇总表、安装工程专业汇总表、其他费用估算表，分别见表 4-32～表 4-34。

表 4-32　　　　　　　　　　典型方案 B1-6 总估算汇总表　　　　　金额单位：万元

序号	工程或费用名称	含税金额	占工程投资的比例（%）	不含税金额	可抵扣增值税金额
二	安装工程费	4.66	64.36	4.22	0.44
三	拆除工程费				
四	设备购置费				
	其中：编制基准期价差	0.06	0.83	0.06	
五	小计	4.66	64.36	4.22	0.44
	其中：甲供设备材料费	1.8	24.86	1.59	0.21
六	其他费用	2.58	35.64	2.43	0.15
七	基本预备费				
八	特殊项目				
九	工程投资合计	7.24	100	6.65	0.59
	其中：可抵扣增值税金额	0.59			0.59
	其中：施工费	2.86	39.5	2.62	0.24

表 4-33　　　　　　　　　　典型方案 B1-6 安装工程专业汇总表　　　　　　金额单位：元

序号	工程或费用名称	安装工程费			设备购置费	合计
		未计价材料费	安装费	小计		
	安装工程	23817	22807	46624		46624
1	基础工程	5548	16561	22109		22109
1.1	基础工程材料工地运输		6832	6832		6832
1.2	基础土石方工程		3315	3315		3315
1.3	基础砌筑	5548	6414	11962		11962
1.3.2	现浇基础	5548	6414	11962		11962
2	杆塔工程	17767	4929	22697		22697
2.1	杆塔工程材料工地运输		519	519		519
2.2	杆塔组立	17767	4411	22178		22178
2.2.2	铁塔、钢管杆组立	17767	4411	22178		22178
3	接地工程	284	875	1159		1159
3.1	接地工程材料工地运输		14	14		14
3.2	接地土石方		646	646		646
3.3	接地安装	284	215	499		499
6	辅助工程	218	442	660		660
6.7	杆塔上装的各类辅助生产装置	218	442	660		660
	合计	23817	22807	46624		46624

表 4-34　　　　　　　　　　典型方案 B1-6 其他费用估算表　　　　　　金额单位：元

序号	工程或费用名称	编制依据及计算说明	合价
2	项目管理费		3432
2.1	管理经费	（安装工程费+拆除工程费）×3.53%	1646
2.2	招标费	（安装工程费+拆除工程费）×0.4%	187
2.3	工程监理费	（安装工程费+拆除工程费）×3.43%	1599
3	项目技术服务费		22358
3.1	前期工作费	安装工程费×2.1%	979
3.3	工程勘察设计费		20965
3.3.1	勘察费	勘察费×100%	17130
3.3.2	设计费	设计费×100%	3835
3.4	设计文件评审费		237
3.4.1	初步设计文件评审费	基本设计费×3.5%	114
3.4.2	施工图文件评审费	基本设计费×3.8%	123
3.5	施工过程造价咨询及竣工结算审核费	（安装工程费+拆除工程费）×0.38%	177
	合计		25790

4.6.4 典型方案设备材料表

典型方案 B1-6 设备材料表见表 4-35。

表 4-35 典型方案 **B1-6 设备材料表**

序号	设备或材料名称	单位	数量	备注
	架空线路工程			
一	杆塔工程			
1	××号杆塔			
1.1	杆塔基础			
500067308	商品混凝土 C25	m³	7.860	
500080493	商品混凝土 C15	m³	1.252	
H09010101	普通圆钢	t	0.240	
	地脚螺栓	t	0.080	
500139054	AC66kV，单回路，角钢，Q420，直线塔	t	2.128	
500023173	标识牌，不锈钢	块	4	
1.4	接地			
500020133	接地铁，圆钢，镀锌，ϕ12，不计长度	t	0.065	

4.6.5 典型方案工程量表

典型方案 B1-6 工程量见表 4-36。

表 4-36 典型方案 **B1-6 工程量表**

序号	项目名称	单位	数量	备注
	架空线路工程			
1	基础工程			
1.1	基础工程材料工地运输			
JYX1-19	人力运输 金具、绝缘子、零星钢材	t·km	0.101	
JYX1-22	人力运输 其他建筑安装材料	t·km	12.686	
JYX1-105	汽车运输 金具、绝缘子、零星钢材 装卸	t	0.336	
JYX1-106	汽车运输 金具、绝缘子、零星钢材 运输	t·km	3.356	
JYX1-107	汽车运输 其他建筑安装材料 装卸	t	42.285	
JYX1-108	汽车运输 其他建筑安装材料 运输	t·km	422.851	
1.2	基础土石方工程			
JYX2-6	线路复测及分坑 直线自立塔	基	1	
JYX2-9	电杆坑、塔坑、拉线坑人工挖方（或爆破）及回填 普通土 坑深（m）3.0以内	m³	73.224	
1.3	基础砌筑			

续表

序号	项目名称	单位	数量	备注
1.3.1	现浇基础			
JYX3－43	钢筋加工及制作 一般钢筋	t	0.240	
JYX3－63	混凝土搅拌及浇制 每个基础混凝土量（m³）5以内	m³	7.860	
JYX3－72	混凝土搅拌及浇制 保护帽	m³	1.252	
2	杆塔工程			
2.1	杆塔工程材料工地运输			
JYX1－20	人力运输 角钢塔材	t·km	0.642	
JYX1－101	汽车运输 角钢塔材 装卸	t	2.139	
JYX1－102	汽车运输 角钢塔材 运输	t·km	21.386	
2.2	杆塔组立			
2.2.2	铁塔、钢管杆组立			
JYX4－61	角钢塔 塔全高30m以内 每米塔重（kg）100以内	t	2.128	
3	接地工程			
3.1	接地工程材料工地运输			
JYX1－19	人力运输 金具、绝缘子、零星钢材	t·km	0.020	
JYX1－105	汽车运输 金具、绝缘子、零星钢材 装卸	t	0.065	
JYX1－106	汽车运输 金具、绝缘子、零星钢材 运输	t·km	0.653	
3.2	接地土石方			
JYX2－213	接地槽挖方（或爆破）及回填 普通土	m³	23.424	
3.3	接地安装			
JYX3－201	接地体加工及制作	t	0.065	
JYX3－204	一般接地体安装 水平接地体敷设	m	73.200	
JYX3－212	接地电阻测量	基	1	
6	辅助工程			
6.7	杆塔上装的各类辅助生产装置			
JYX1－19	人力运输 金具、绝缘子、零星钢材	t·km	0.026	
JYX1－105	汽车运输 金具、绝缘子、零星钢材 装卸	t	0.086	
JYX1－106	汽车运输 金具、绝缘子、零星钢材 运输	t·km	0.856	
JYX8－33	杆塔附属设施安装 标示牌 35kV及以上	块	4	

4.7　B1－7 新建66kV双回直线塔

4.7.1　典型方案主要内容

本典型方案为新建1基66kV双回直线塔，内容包括新建塔测量及分坑；基础开挖及回填；接地沟开挖及回填；基础钢筋制作及加工；混凝土运输、搅拌及浇制；塔材运输及杆塔组立；基础保护帽浇制；接地体运输及敷设；接地电阻测量检查；杆塔附属设施安装。

4.7.2 典型方案主要技术条件

典型方案 B1-7 主要技术条件见表 4-37。

表 4-37 典型方案 B1-7 主要技术条件

方案名称	工程主要技术条件	
新建 66kV 双回直线塔	电压等级	66kV
	杆塔类型	双回直线塔
	规格型号	66-ED21S-Z2-18
	地形	100%平地
	气象条件	覆冰 10mm，基本风速 27m/s
	地质条件	100%普通土
	基础	台阶式
	运距	人运 0.3km，汽运 10km

4.7.3 典型方案估算书

估算投资为总投资，编制依据按 3.2 要求。典型方案 B1-7 估算书包括总估算汇总表、安装工程专业汇总表、其他费用估算表，分别见表 4-38～表 4-40。

表 4-38 典型方案 B1-7 总估算汇总表 金额单位：万元

序号	工程或费用名称	含税金额	占工程投资的比例（%）	不含税金额	可抵扣增值税金额
二	安装工程费	6.02	68.02	5.44	0.58
三	拆除工程费				
四	设备购置费				
	其中：编制基准期价差	0.07	0.79	0.07	
五	小计	6.02	68.02	5.44	0.58
	其中：甲供设备材料费	2.46	27.8	2.18	0.28
六	其他费用	2.83	31.98	2.67	0.16
七	基本预备费				
八	特殊项目				
九	工程投资合计	8.85	100	8.11	0.74
	其中：可抵扣增值税金额	0.74			0.74
	其中：施工费	3.56	40.23	3.27	0.29

表 4-39　　　　　　　　　　**典型方案 B1-7 安装工程专业汇总表**　　　　　金额单位：元

序号	工程或费用名称	安装工程费			设备购置费	合计
		未计价材料费	安装费	小计		
	安装工程	32889	27304	60193		60193
1	基础工程	7711	20246	27957		27957
1.1	基础工程材料工地运输		9330	9330		9330
1.2	基础土石方工程		2255	2255		2255
1.3	基础砌筑	7711	8661	16372		16372
1.3.2	现浇基础	7711	8661	16372		16372
2	杆塔工程	24376	5312	29688		29688
2.1	杆塔工程材料工地运输		716	716		716
2.2	杆塔组立	24376	4595	28972		28972
2.2.2	铁塔、钢管杆组立	24376	4595	28972		28972
3	接地工程	584	1304	1889		1889
3.1	接地工程材料工地运输		21	21		21
3.2	接地土石方		984	984		984
3.3	接地安装	584	299	883		883
6	辅助工程	218	442	660		660
6.7	杆塔上装的各类辅助生产装置	218	442	660		660
	合计	32889	27304	60193		60193

表 4-40　　　　　　　　　　**典型方案 B1-7 其他费用估算表**　　　　　金额单位：元

序号	工程或费用名称	编制依据及计算说明	合价
2	项目管理费		4430
2.1	管理经费	（安装工程费＋拆除工程费）×3.53%	2125
2.2	招标费	（安装工程费＋拆除工程费）×0.4%	241
2.3	工程监理费	（安装工程费＋拆除工程费）×3.43%	2065
3	项目技术服务费		23880
3.1	前期工作费	安装工程费×2.1%	1264
3.3	工程勘察设计费		22081
3.3.1	勘察费	勘察费×100%	17130
3.3.2	设计费	设计费×100%	4951
3.4	设计文件评审费		306
3.4.1	初步设计文件评审费	基本设计费×3.5%	147
3.4.2	施工图文件评审费	基本设计费×3.8%	159
3.5	施工过程造价咨询及竣工结算审核费	（安装工程费＋拆除工程费）×0.38%	229
	合计		28310

4.7.4　典型方案设备材料表

典型方案 B1-7 设备材料表见表 4-41。

表 4-41　　　　　　　　　　**典型方案 B1-7 设备材料表**

序号	设备或材料名称	单位	数量	备注
	架空线路工程			
一	杆塔工程			
1	××号杆塔			
1.1	杆塔基础			
500080493	商品混凝土 C15	m³	1.480	
500067308	商品混凝土 C25	m³	10.880	
H09010101	普通圆钢	t	0.380	
	地脚螺栓	t	0.092	
500139054	AC66kV，双回路，角钢，Q420，直线塔	t	2.940	
500023173	标识牌，不锈钢	块	4	
1.4	接地			
500020133	接地铁，圆钢，镀锌，ϕ12，不计长度	t	0.099	

4.7.5　典型方案工程量表

典型方案 B1-7 工程量见表 4-42。

表 4-42　　　　　　　　**典型方案 B1-7 工程量表**

序号	项目名称	单位	数量	备注
	架空线路工程			
1	基础工程			
1.1	基础工程材料工地运输			
JYX1-19	人力运输　金具、绝缘子、零星钢材	t·km	0.149	
JYX1-22	人力运输　其他建筑安装材料	t·km	17.310	
JYX1-105	汽车运输　金具、绝缘子、零星钢材　装卸	t	0.496	
JYX1-106	汽车运输　金具、绝缘子、零星钢材　运输	t·km	4.962	
JYX1-107	汽车运输　其他建筑安装材料　装卸	t	57.699	
JYX1-108	汽车运输　其他建筑安装材料　运输	t·km	576.987	
1.2	基础土石方工程			
JYX2-7	线路复测及分坑　耐张（转角）自立塔	基	1	
JYX2-8	电杆坑、塔坑、拉线坑人工挖方（或爆破）及回填　普通土　坑深（m）2.0 以内	m³	56.915	
1.3	基础砌筑			

序号	项目名称	单位	数量	备注
1.3.1	现浇基础			
JYX3-43	钢筋加工及制作 一般钢筋	t	0.380	
JYX3-63	混凝土搅拌及浇制 每个基础混凝土量（m³）5 以内	m³	10.880	
JYX3-72	混凝土搅拌及浇制 保护帽	m³	1.480	
2	杆塔工程			
2.1	杆塔工程材料工地运输			
JYX1-20	人力运输 角钢塔材	t·km	0.886	
JYX1-101	汽车运输 角钢塔材 装卸	t	2.955	
JYX1-102	汽车运输 角钢塔材 运输	t·km	29.547	
2.2	杆塔组立			
2.2.2	铁塔、钢管杆组立			
JYX4-62	角钢塔 塔全高 30m 以内 每米塔重（kg）200 以内	t	2.940	
3	接地工程			
3.1	接地工程材料工地运输			
JYX1-19	人力运输 金具、绝缘子、零星钢材	t·km	0.030	
JYX1-105	汽车运输 金具、绝缘子、零星钢材 装卸	t	0.099	
JYX1-106	汽车运输 金具、绝缘子、零星钢材 运输	t·km	0.995	
3.2	接地土石方			
JYX2-213	接地槽挖方（或爆破）及回填 普通土	m³	35.680	
3.3	接地安装			
JYX3-201	接地体加工及制作	t	0.099	
JYX3-204	一般接地体安装 水平接地体敷设	m	111.500	
JYX3-212	接地电阻测量	基	1	
6	辅助工程			
6.7	杆塔上装的各类辅助生产装置			
JYX1-19	人力运输 金具、绝缘子、零星钢材	t·km	0.026	
JYX1-105	汽车运输 金具、绝缘子、零星钢材 装卸	t	0.086	
JYX1-106	汽车运输 金具、绝缘子、零星钢材 运输	t·km	0.856	
JYX8-33	杆塔附属设施安装 标示牌 35kV 及以上	块	4	

4.8 B1-8 新建 66kV 单回耐张塔

4.8.1 典型方案主要内容

本典型方案为新建 1 基 66kV 单回耐张塔，内容包括新建塔测量及分坑；基础开挖及回

填；接地沟开挖及回填；基础钢筋制作及加工；混凝土运输、搅拌及浇制；塔材运输及杆塔组立；基础保护帽浇制；接地体运输及敷设；接地电阻测量检查；杆塔附属设施安装。

4.8.2　典型方案主要技术条件

典型方案 B1-8 主要技术条件见表 4-43。

表 4-43　　　　　　　　　　　　　典型方案 B1-8 主要技术条件

方案名称	工程主要技术条件	
新建 66kV 单回耐张塔	电压等级	66kV
	杆塔类型	单回耐张塔
	规格型号	66-ED21D-JC2-18
	地形	100%平地
	气象条件	覆冰 10mm，基本风速 27m/s
	地质条件	100%普通土
	基础	台阶式
	运距	人运 0.3km，汽运 10km

4.8.3　典型方案估算书

估算投资为总投资，编制依据按 3.2 要求。典型方案 B1-8 估算书包括总估算汇总表、安装工程专业汇总表、其他费用估算表，分别见表 4-44～表 4-46。

表 4-44　　　　　　　　　　　　　典型方案 B1-8 总估算汇总表　　　　　金额单位：万元

序号	工程或费用名称	含税金额	占工程投资的比例（%）	不含税金额	可抵扣增值税金额
二	安装工程费	10.64	74.25	9.65	0.99
三	拆除工程费				
四	设备购置费				
	其中：编制基准期价差	0.15	1.05	0.15	
五	小计	10.64	74.25	9.65	0.99
	其中：甲供设备材料费	3.4	23.73	3.01	0.39
六	其他费用	3.69	25.75	3.48	0.21
七	基本预备费				
八	特殊项目				
九	工程投资合计	14.33	100	13.13	1.2
	其中：可抵扣增值税金额	1.2			1.2
	其中：施工费	7.24	50.52	6.64	0.6

表 4-45　　　　　　典型方案 B1-8 安装工程专业汇总表　　　　　金额单位：元

序号	工程或费用名称	安装工程费			设备购置费	合计
		未计价材料费	安装费	小计		
	安装工程	49770	56595	106365		106365
1	基础工程	15434	47731	63165		63165
1.1	基础工程材料工地运输		19882	19882		19882
1.2	基础土石方工程		13615	13615		13615
1.3	基础砌筑	15434	14234	29668		29668
1.3.2	现浇基础	15434	14234	29668		29668
2	杆塔工程	33748	7303	41051		41051
2.1	杆塔工程材料工地运输		985	985		985
2.2	杆塔组立	33748	6318	40066		40066
2.2.2	铁塔、钢管杆组立	33748	6318	40066		40066
3	接地工程	371	1119	1490		1490
3.1	接地工程材料工地运输		18	18		18
3.2	接地土石方		845	845		845
3.3	接地安装	371	256	627		627
6	辅助工程	218	442	660		660
6.7	杆塔上装的各类辅助生产装置	218	442	660		660
	合计	49770	56595	106365		106365

表 4-46　　　　　　典型方案 B1-8 其他费用估算表　　　　　金额单位：元

序号	工程或费用名称	编制依据及计算说明	合价
2	项目管理费		7828
2.1	管理经费	（安装工程费+拆除工程费）×3.53%	3755
2.2	招标费	（安装工程费+拆除工程费）×0.4%	425
2.3	工程监理费	（安装工程费+拆除工程费）×3.43%	3648
3	项目技术服务费		29057
3.1	前期工作费	安装工程费×2.1%	2234
3.3	工程勘察设计费		25878
3.3.1	勘察费	勘察费×100%	17130
3.3.2	设计费	设计费×100%	8748
3.4	设计文件评审费		541
3.4.1	初步设计文件评审费	基本设计费×3.5%	259
3.4.2	施工图文件评审费	基本设计费×3.8%	282
3.5	施工过程造价咨询及竣工结算审核费	（安装工程费+拆除工程费）×0.38%	404
	合计		36886

4.8.4 典型方案设备材料表

典型方案 B1-8 设备材料表见表 4-47。

表 4-47 典型方案 B1-8 设备材料表

序号	设备或材料名称	单位	数量	备注
	架空线路工程			
一	杆塔工程			
1	××号杆塔			
1.1	杆塔基础			
500080493	商品混凝土 C15	m^3	0.560	
500067308	商品混凝土 C25	m^3	25	
H09010101	基础钢筋	t	0.600	
	地脚螺栓	t	0.250	
500139054	AC66kV，单回路，角钢，Q420，耐张塔	t	4.042	
500023173	标识牌，不锈钢	块	4	
1.4	接地			
500020133	接地铁，圆钢，镀锌，ϕ12，不计长度	t	0.085	

4.8.5 典型方案工程量表

典型方案 B1-8 工程量见表 4-48。

表 4-48 典型方案 B1-8 工程量表

序号	项目名称	单位	数量	备注
	架空线路工程			
1	基础工程			
1.1	基础工程材料工地运输			
JYX1-19	人力运输 金具、绝缘子、零星钢材	t·km	0.258	
JYX1-22	人力运输 其他建筑安装材料	t·km	36.967	
JYX1-105	汽车运输 金具、绝缘子、零星钢材 装卸	t	0.859	
JYX1-106	汽车运输 金具、绝缘子、零星钢材 运输	t·km	8.588	
JYX1-107	汽车运输 其他建筑安装材料 装卸	t	123.224	
JYX1-108	汽车运输 其他建筑安装材料 运输	t·km	1232.236	
1.2	基础土石方工程			
JYX2-7	线路复测及分坑 耐张（转角）自立塔	基	1	
JYX2-10	电杆坑、塔坑、拉线坑人工挖方（或爆破）及回填 普通土 坑深（m）4.0 以内	m^3	265.597	
1.3	基础砌筑			

续表

序号	项目名称	单位	数量	备注
1.3.1	现浇基础			
JYX3－43	钢筋加工及制作　一般钢筋	t	0.600	
JYX3－64	混凝土搅拌及浇制　每个基础混凝土量（m³）10 以内	m³	25	
JYX3－72	混凝土搅拌及浇制　保护帽	m³	0.560	
2	杆塔工程			
2.1	杆塔工程材料工地运输			
JYX1－20	人力运输　角钢塔材	t·km	1.219	
JYX1－101	汽车运输　角钢塔材　装卸	t	4.062	
JYX1－102	汽车运输　角钢塔材　运输	t·km	40.622	
2.2	杆塔组立			
2.2.2	铁塔、钢管杆组立			
JYX4－62	角钢塔　塔全高 30m 以内　每米塔重（kg）200 以内	t	4.042	
3	接地工程			
3.1	接地工程材料工地运输			
JYX1－19	人力运输　金具、绝缘子、零星钢材	t·km	0.026	
JYX1－105	汽车运输　金具、绝缘子、零星钢材　装卸	t	0.085	
JYX1－106	汽车运输　金具、绝缘子、零星钢材　运输	t·km	0.854	
3.2	接地土石方			
JYX2－213	接地槽挖方（或爆破）及回填　普通土	m³	30.624	
3.3	接地安装			
JYX3－201	接地体加工及制作	t	0.085	
JYX3－204	一般接地体安装　水平接地体敷设	m	95.700	
JYX3－212	接地电阻测量	基	1	
6	辅助工程			
6.7	杆塔上装的各类辅助生产装置			
JYX1－19	人力运输　金具、绝缘子、零星钢材	t·km	0.026	
JYX1－105	汽车运输　金具、绝缘子、零星钢材　装卸	t	0.086	
JYX1－106	汽车运输　金具、绝缘子、零星钢材　运输	t·km	0.856	
JYX8－33	杆塔附属设施安装　标示牌　35kV 及以上	块	4	

4.9　B1-9 新建 66kV 双回耐张塔

4.9.1　典型方案主要内容

本典型方案为新建 1 基 66kV 双回耐张塔，内容包括新建塔测量及分坑；基础开挖及回

填；接地沟开挖及回填；基础钢筋制作及加工；混凝土运输、搅拌及浇制；塔材运输及杆塔组立；基础保护帽浇制；接地体运输及敷设；接地电阻测量检查；杆塔附属设施安装。

4.9.2　典型方案主要技术条件

典型方案 B1-9 主要技术条件见表 4-49。

表 4-49　　　　　　　　　　　　典型方案 B1-9 主要技术条件

方案名称	工程主要技术条件	
新建 66kV 双回耐张塔	电压等级	66kV
	杆塔类型	双回耐张塔
	规格型号	66-ED21S-J2-18
	地形	100%平地
	气象条件	覆冰 10mm，基本风速 27m/s
	地质条件	100%普通土
	基础	台阶式
	运距	人运 0.3km，汽运 10km

4.9.3　典型方案估算书

估算投资为静态投资，编制依据按 3.2 要求。典型方案 B1-9 估算书包括总估算汇总表、安装工程专业汇总表、其他费用估算表，分别见表 4-50～表 4-52。

表 4-50　　　　　　　　　　典型方案 B1-9 总估算汇总表　　　　　　金额单位：万元

序号	工程或费用名称	含税金额	占工程投资的比例（%）	不含税金额	可抵扣增值税金额
二	安装工程费	13.72	76.31	12.37	1.35
三	拆除工程费				
四	设备购置费				
	其中：编制基准期价差	0.14	0.78	0.14	
五	小计	13.72	76.31	12.37	1.35
	其中：甲供设备材料费	6.73	37.43	5.96	0.77
六	其他费用	4.26	23.69	4.02	0.24
七	基本预备费				
八	特殊项目				
九	工程投资合计	17.98	100	16.39	1.59
	其中：可抵扣增值税金额	1.59			1.59
	其中：施工费	6.99	38.88	6.41	0.58

表 4-51　　　　　　　　典型方案 B1-9 安装工程专业汇总表　　　　　金额单位：元

序号	工程或费用名称	安装工程费			设备购置费	合计
		未计价材料费	安装费	小计		
	安装工程	82324	54849	137173		137173
1	基础工程	14565	40627	55192		55192
1.1	基础工程材料工地运输		18115	18115		18115
1.2	基础土石方工程		9961	9961		9961
1.3	基础砌筑	14565	12551	27115		27115
1.3.2	现浇基础	14565	12551	27115		27115
2	杆塔工程	67061	12354	79415		79415
2.1	杆塔工程材料工地运输		1957	1957		1957
2.2	杆塔组立	67061	10397	77459		77459
2.2.2	铁塔、钢管杆组立	67061	10397	77459		77459
3	接地工程	480	1426	1907		1907
3.1	接地工程材料工地运输		24	24		24
3.2	接地土石方		1094	1094		1094
3.3	接地安装	480	308	788		788
6	辅助工程	218	442	660		660
6.7	杆塔上装的各类辅助生产装置	218	442	660		660
	合计	82324	54849	137173		137173

表 4-52　　　　　　　　典型方案 B1-9 其他费用估算表　　　　　　金额单位：元

序号	工程或费用名称	编制依据及计算说明	合价
2	项目管理费		10096
2.1	管理经费	（安装工程费＋拆除工程费）×3.53%	4842
2.2	招标费	（安装工程费＋拆除工程费）×0.4%	549
2.3	工程监理费	（安装工程费＋拆除工程费）×3.43%	4705
3	项目技术服务费		32512
3.1	前期工作费	安装工程费×2.1%	2881
3.3	工程勘察设计费		28412
3.3.1	勘察费	勘察费×100%	17130
3.3.2	设计费	设计费×100%	11282
3.4	设计文件评审费		698
3.4.1	初步设计文件评审费	基本设计费×3.5%	335
3.4.2	施工图文件评审费	基本设计费×3.8%	363
3.5	施工过程造价咨询及竣工结算审核费	（安装工程费＋拆除工程费）×0.38%	521
	合计		42608

4.9.4 典型方案设备材料表

典型方案 B1-9 设备材料表见表 4-53。

表 4-53　　典型方案 B1-9 设备材料表

序号	设备或材料名称	单位	数量	备注
	架空线路工程			
一	杆塔工程			
1	××号杆塔			
1.1	杆塔基础			
H09010101	普通圆钢	t	0.700	
	地脚螺栓	t	0.176	
500067308	商品混凝土　C25	m³	22.500	
500080493	商品混凝土　C15	m³	0.880	
500139054	AC66kV，双回路，角钢，Q420，耐张塔	t	8.032	
500023173	标识牌，不锈钢	块	4	
1.4	接地			
500020133	接地铁，圆钢，镀锌，ϕ12，不计长度	t	0.110	

4.9.5 典型方案工程量表

典型方案 B1-9 工程量见表 4-54。

表 4-54　　典型方案 B1-9 工程量表

序号	项目名称	单位	数量	备注
	架空线路工程			
1	基础工程			
1.1	基础工程材料工地运输			
JYX1-19	人力运输　金具、绝缘子、零星钢材	t·km	0.265	
JYX1-22	人力运输　其他建筑安装材料	t·km	33.642	
JYX1-105	汽车运输　金具、绝缘子、零星钢材　装卸	t	0.882	
JYX1-106	汽车运输　金具、绝缘子、零星钢材　运输	t·km	8.821	
JYX1-107	汽车运输　其他建筑安装材料　装卸	t	112.140	
JYX1-108	汽车运输　其他建筑安装材料　运输	t·km	1121.396	
1.2	基础土石方工程			
JYX2-7	线路复测及分坑　耐张（转角）自立塔	基	1	
JYX2-10	电杆坑、塔坑、拉线坑人工挖方（或爆破）及回填　普通土　坑深（m）4.0 以内	m³	193.253	
1.3	基础砌筑			

序号	项目名称	单位	数量	备注
1.3.1	现浇基础			
JYX3-43	钢筋加工及制作　一般钢筋	t	0.700	
JYX3-65	混凝土搅拌及浇制　每个基础混凝土量（m³）20 以内	m³	22.500	
JYX3-72	混凝土搅拌及浇制　保护帽	m³	0.880	
2	杆塔工程			
2.1	杆塔工程材料工地运输			
JYX1-20	人力运输　角钢塔材	t·km	2.422	
JYX1-101	汽车运输　角钢塔材　装卸	t	8.072	
JYX1-102	汽车运输　角钢塔材　运输	t·km	80.722	
2.2	杆塔组立			
2.2.2	铁塔、钢管杆组立			
JYX4-64	角钢塔　塔全高 30m 以内　每米塔重（kg）400 以内	t	8.032	
3	接地工程			
3.1	接地工程材料工地运输			
JYX1-19	人力运输　金具、绝缘子、零星钢材	t·km	0.033	
JYX1-105	汽车运输　金具、绝缘子、零星钢材　装卸	t	0.111	
JYX1-106	汽车运输　金具、绝缘子、零星钢材　运输	t·km	1.106	
3.2	接地土石方			
JYX2-213	接地槽挖方（或爆破）及回填　普通土	m³	39.680	
3.3	接地安装			
JYX3-201	接地体加工及制作	t	0.110	
JYX3-204	一般接地体安装　水平接地体敷设	m	124	
JYX3-212	接地电阻测量	基	1	
6	辅助工程			
6.7	杆塔上装的各类辅助生产装置			
JYX1-19	人力运输　金具、绝缘子、零星钢材	t·km	0.026	
JYX1-105	汽车运输　金具、绝缘子、零星钢材　装卸	t	0.086	
JYX1-106	汽车运输　金具、绝缘子、零星钢材　运输	t·km	0.856	
JYX8-33	杆塔附属设施安装　标示牌　35kV 及以上	块	4	

4.10　B1-10 新建 110kV 单回直线塔

4.10.1　典型方案主要内容

本典型方案为新建 1 基 110kV 单回直线塔，内容包括新建塔测量及分坑；基础开挖及回

填；接地沟开挖及回填；基础钢筋制作及加工；混凝土运输、搅拌及浇制；塔材运输及杆塔组立；基础保护帽浇制；接地体运输及敷设；接地电阻测量检查；杆塔附属设施安装。

4.10.2 典型方案主要技术条件

典型方案 B1-10 主要技术条件见表 4-55。

表 4-55 典型方案 B1-10 主要技术条件

方案名称	工程主要技术条件	
	电压等级	110kV
	杆塔类型	单回直线塔
	规格型号	110-DC21D-ZMC2-24
新建110kV单回直线塔	地形	100%平地
	气象条件	覆冰10mm，基本风速27m/s
	地质条件	100%普通土
	基础	灌注桩
	运距	人力0.3km，汽车10km

4.10.3 典型方案估算书

估算投资为总投资，编制依据按 3.2 要求。典型方案 B1-10 估算书包括总估算汇总表、安装工程专业汇总表、其他费用估算表，分别见表 4-56～表 4-58。

表 4-56 典型方案 B1-10 总估算汇总表 金额单位：万元

序号	工程或费用名称	含税金额	占工程投资的比例（%）	不含税金额	可抵扣增值税金额
二	安装工程费	7.79	71.14	7.02	0.77
三	拆除工程费				
四	设备购置费				
	其中：编制基准期价差	0.09	0.82	0.09	
五	小计	7.79	71.14	7.02	0.77
	其中：甲供设备材料费	3.93	35.89	3.48	0.45
六	其他费用	3.16	28.86	2.98	0.18
七	基本预备费				
八	特殊项目				
九	工程投资合计	10.95	100	10	0.95
	其中：可抵扣增值税金额	0.95			0.95
	其中：施工费	3.85	35.16	3.53	0.32

表4-57　　　　　　典型方案 B1-10 安装工程专业汇总表　　　　金额单位：元

序号	工程或费用名称	安装工程费			设备购置费	合计
		未计价材料费	安装费	小计		
	安装工程	45928	31935	77863		77863
1	基础工程	6049	22429	28478		28478
1.1	基础工程材料工地运输		3526	3526		3526
1.2	基础土石方工程		140	140		140
1.3	基础砌筑	6049	18763	24812		24812
1.3.2	现浇基础	127	339	466		466
1.3.3	灌注桩基础	5922	18424	24346		24346
2	杆塔工程	39108	8455	47563		47563
2.1	杆塔工程材料工地运输		1140	1140		1140
2.2	杆塔组立	39108	7315	46423		46423
2.2.2	铁塔、钢管杆组立	39108	7315	46423		46423
3	接地工程	553	608	1161		1161
3.1	接地工程材料工地运输		27	27		27
3.2	接地土石方		348	348		348
3.3	接地安装	553	233	786		786
6	辅助工程	219	442	661		661
6.7	杆塔上装的各类辅助生产装置	219	442	661		661
	合计	45928	31935	77863		77863

表4-58　　　　　　典型方案 B1-10 其他费用估算表　　　　金额单位：元

序号	工程或费用名称	编制依据及计算说明	合价
2	项目管理费		5731
2.1	管理经费	（安装工程费＋拆除工程费）×3.53%	2749
2.2	招标费	（安装工程费＋拆除工程费）×0.4%	311
2.3	工程监理费	（安装工程费＋拆除工程费）×3.43%	2671
3	项目技术服务费		25861
3.1	前期工作费	安装工程费×2.1%	1635
3.3	工程勘察设计费		23534
3.3.1	勘察费	勘察费×100%	17130
3.3.2	设计费	设计费×100%	6404
3.4	设计文件评审费		396
3.4.1	初步设计文件评审费	基本设计费×3.5%	190
3.4.2	施工图文件评审费	基本设计费×3.8%	206
3.5	施工过程造价咨询及竣工结算审核费	（安装工程费＋拆除工程费）×0.38%	296
	合计		31592

4.10.4 典型方案设备材料表

典型方案 B1-10 设备材料表见表 4-59。

表 4-59　　　　　　　典型方案 B1-10 设备材料表

序号	设备或材料名称	单位	数量	备注
	架空线路工程			
一	杆塔工程			
1	××号杆塔			
1.1	杆塔基础			
500080493	商品混凝土　C15	m³	0.300	
500067308	商品混凝土　C25 灌	m³	8.808	
H09010101	钢筋笼	t	0.324	
	地脚螺栓	t	0.100	
500014172	塔材　AC110kV，单回路，角钢，Q345，直线塔	t	4.680	
500023173	标识牌，不锈钢	块	4	
1.4	接地			
500020133	接地铁，圆钢，镀锌，φ10，不计长度	t	0.120	

4.10.5 典型方案工程量表

典型方案 B1-10 工程量见表 4-60。

表 4-60　　　　　　　典型方案 B1-10 工程量表

序号	项目名称	单位	数量	备注
	安装工程			
1	基础工程			
1.1	基础工程材料工地运输			
JYX1-19	人力运输　金具、绝缘子、零星钢材	t·km	0.133	
JYX1-22	人力运输　其他建筑安装材料	t·km	6.438	
JYX1-105	汽车运输　金具、绝缘子、零星钢材　装卸	t	0.445	
JYX1-106	汽车运输　金具、绝缘子、零星钢材　运输	t·km	4.449	
JYX1-107	汽车运输　其他建筑安装材料　装卸	t	21.461	
JYX1-108	汽车运输　其他建筑安装材料　运输	t·km	214.611	
1.2	基础土石方工程			
JYX2-6	线路复测及分坑　直线自立塔	基	1	
1.3	基础砌筑			
1.3.2	现浇基础			
JYX3-72	混凝土搅拌及浇制　保护帽	m³	0.300	

序号	项目名称	单位	数量	备注
1.3.3	灌注桩基础			
JYX3－44	钢筋加工及制作　钢筋笼	t	0.324	
JYX3－94	灌注桩基础　机械推钻　砂土、黏土　孔深20m以内　孔径（m）1.0以内	m	16	
JYX3－169	灌注桩基础　混凝土搅拌及浇制　孔深（m）10以内	m³	8.808	
2	杆塔工程			
2.1	杆塔工程材料工地运输			
JYX1－20	人力运输　角钢塔材	t・km	1.411	
JYX1－101	汽车运输　角钢塔材　装卸	t	4.703	
JYX1－102	汽车运输　角钢塔材　运输	t・km	47.034	
2.2	杆塔组立			
2.2.2	铁塔、钢管杆组立			
JYX4－62	角钢塔　塔全高30m以内　每米塔重（kg）200以内	t	4.680	
3	接地工程			
3.1	接地工程材料工地运输			
JYX1－19	人力运输　金具、绝缘子、零星钢材	t・km	0.038	
JYX1－105	汽车运输　金具、绝缘子、零星钢材　装卸	t	0.127	
JYX1－106	汽车运输　金具、绝缘子、零星钢材　运输	t・km	1.272	
3.2	接地土石方			
JYX2－213	接地槽挖方（或爆破）及回填　普通土	m³	12.600	
3.3	接地安装			
JYX3－201	接地体加工及制作	t	0.120	
JYX3－204	一般接地体安装　水平接地体敷设	m	35	
JYX3－212	接地电阻测量	基	1	
6	辅助工程			
6.7	杆塔上装的各类辅助生产装置			
JYX1－19	人力运输　金具、绝缘子、零星钢材	t・km	0.026	
JYX1－105	汽车运输　金具、绝缘子、零星钢材　装卸	t	0.086	
JYX1－106	汽车运输　金具、绝缘子、零星钢材　运输	t・km	0.856	
JYX8－33	杆塔附属设施安装　标示牌　35kV及以上	块	4	

4.11　B1-11 新建 110kV 双回直线塔

4.11.1　典型方案主要内容

本典型方案为新建 1 基 110kV 双回直线塔，内容包括新建塔测量及分坑；基础开挖及回

填；接地沟开挖及回填；基础钢筋制作及加工；混凝土运输、搅拌及浇制；塔材运输及杆塔组立；基础保护帽浇制；接地体运输及敷设；接地电阻测量检查；杆塔附属设施安装。

4.11.2 典型方案主要技术条件

典型方案 B1-11 主要技术条件见表 4-61。

表 4-61　　　　　　　　　　典型方案 B1-11 主要技术条件

方案名称	工程主要技术条件	
	电压等级	110kV
	杆塔类型	双回直线塔
	规格型号	110-DC21S-Z2-24
新建 110kV 双回直线塔	地形	100%平地
	气象条件	覆冰 10mm，基本风速 27m/s
	地质条件	100%普通土
	基础	灌注桩
	运距	人力 0.3km，汽车 10km

4.11.3 典型方案估算书

估算投资为总投资，编制依据按 3.2 要求。典型方案 B1-11 估算书包括总估算汇总表、安装工程专业汇总表、其他费用估算表，分别见表 4-62～表 4-64。

表 4-62　　　　　　　　　　典型方案 B1-11 总估算汇总表　　　　　　金额单位：万元

序号	工程或费用名称	含税金额	占工程投资的比例（%）	不含税金额	可抵扣增值税金额
二	安装工程费	10.36	74	9.34	1.02
三	拆除工程费				
四	设备购置费				
	其中：编制基准期价差	0.11	0.79	0.11	
五	小计	10.36	74	9.34	1.02
	其中：甲供设备材料费	5.26	37.57	4.66	0.6
六	其他费用	3.64	26	3.43	0.21
七	基本预备费				
八	特殊项目				
九	工程投资合计	14	100	12.77	1.23
	其中：可抵扣增值税金额	1.23			1.23
	其中：施工费	5.09	36.36	4.67	0.42

表 4-63　　　　　　　　　典型方案 B1-11 安装工程专业汇总表　　　　　　金额单位：元

序号	工程或费用名称	安装工程费			设备购置费	合计
		未计价材料费	安装费	小计		
	安装工程	61685	41881	103566		103566
1	基础工程	8355	31084	39439		39439
1.1	基础工程材料工地运输		4903	4903		4903
1.2	基础土石方工程		140	140		140
1.3	基础砌筑	8355	26041	34396		34396
1.3.2	现浇基础	183	488	671		671
1.3.3	灌注桩基础	8172	25554	33725		33725
2	杆塔工程	52311	9489	61800		61800
2.1	杆塔工程材料工地运输		1525	1525		1525
2.2	杆塔组立	52311	7965	60275		60275
2.2.2	铁塔、钢管杆组立	52311	7965	60275		60275
3	接地工程	691	645	1336		1336
3.1	接地工程材料工地运输		34	34		34
3.2	接地土石方		348	348		348
3.3	接地安装	691	263	954		954
6	辅助工程	329	663	992		992
6.7	杆塔上装的各类辅助生产装置	329	663	992		992
	合计	61685	41881	103566		103566

表 4-64　　　　　　　　　典型方案 B1-11 其他费用估算表　　　　　　金额单位：元

序号	工程或费用名称	编制依据及计算说明	合价
2	项目管理费		7622
2.1	管理经费	（安装工程费＋拆除工程费）×3.53%	3656
2.2	招标费	（安装工程费＋拆除工程费）×0.4%	414
2.3	工程监理费	（安装工程费＋拆除工程费）×3.43%	3552
3	项目技术服务费		28743
3.1	前期工作费	安装工程费×2.1%	2175
3.3	工程勘察设计费		25648
3.3.1	勘察费	勘察费×100%	17130
3.3.2	设计费	设计费×100%	8518
3.4	设计文件评审费		527
3.4.1	初步设计文件评审费	基本设计费×3.5%	253
3.4.2	施工图文件评审费	基本设计费×3.8%	274
3.5	施工过程造价咨询及竣工结算审核费	（安装工程费＋拆除工程费）×0.38%	394
	合计		36366

4.11.4 典型方案设备材料表

典型方案 B1–11 设备材料表见表 4–65。

表 4–65　　　　　　　　　　典型方案 B1–11 设备材料表

序号	设备或材料名称	单位	数量	备注
	架空线路工程			
一	杆塔工程			
1	××号杆塔			
1.1	杆塔基础			
500080493	商品混凝土　C15	m³	0.432	
500067308	商品混凝土　C25	m³	12.800	
H09010101	钢筋笼	t	0.340	
	地脚螺栓	t	0.184	
500014173	塔材 AC110kV，双回路，角钢，Q345，直线塔	t	6.260	
500023173	标识牌，不锈钢	块	6	
1.4	接地			
500020133	接地铁，圆钢，镀锌，ϕ10，不计长度	t	0.150	

4.11.5 典型方案工程量表

典型方案 B1–11 工程量见表 4–66。

表 4–66　　　　　　　　　　典型方案 B1–11 工程量表

序号	项目名称	单位	数量	备注
	安装工程			
1	基础工程			
1.1	基础工程材料工地运输			
JYX1–19	人力运输　金具、绝缘子、零星钢材	t·km	0.164	
JYX1–22	人力运输　其他建筑安装材料	t·km	8.980	
JYX1–105	汽车运输　金具、绝缘子、零星钢材　装卸	t	0.547	
JYX1–106	汽车运输　金具、绝缘子、零星钢材　运输	t·km	5.472	
JYX1–107	汽车运输　其他建筑安装材料　装卸	t	29.934	
JYX1–108	汽车运输　其他建筑安装材料　运输	t·km	299.343	
1.2	基础土石方工程			
JYX2–6	线路复测及分坑　直线自立塔	基	1	
1.3	基础砌筑			
1.3.2	现浇基础			
JYX3–72	混凝土搅拌及浇制　保护帽	m³	0.432	

序号	项目名称	单位	数量	备注
1.3.3	灌注桩基础			
JYX3－44	钢筋加工及制作　钢筋笼	t	0.340	
JYX3－94	灌注桩基础　机械推钻　砂土、黏土　孔深20m以内　孔径（m）1.0以内	m	22	
JYX3－169	灌注桩基础　混凝土搅拌及浇制　孔深（m）10以内	m³	12.800	
2	杆塔工程			
2.1	杆塔工程材料工地运输			
JYX1－20	人力运输　角钢塔材	t·km	1.887	
JYX1－101	汽车运输　角钢塔材　装卸	t	6.291	
JYX1－102	汽车运输　角钢塔材　运输	t·km	62.913	
2.2	杆塔组立			
2.2.2	铁塔、钢管杆组立			
JYX4－68	角钢塔　塔全高50m以内　每米塔重（kg）300以内	t	6.260	
3	接地工程			
3.1	接地工程材料工地运输			
JYX1－19	人力运输　金具、绝缘子、零星钢材	t·km	0.048	
JYX1－105	汽车运输　金具、绝缘子、零星钢材　装卸	t	0.159	
JYX1－106	汽车运输　金具、绝缘子、零星钢材　运输	t·km	1.590	
3.2	接地土石方			
JYX2－213	接地槽挖方（或爆破）及回填　普通土	m³	12.600	
3.3	接地安装			
JYX3－201	接地体加工及制作	t	0.150	
JYX3－204	一般接地体安装　水平接地体敷设	m	35	
JYX3－212	接地电阻测量	基	1	
6	辅助工程			
6.7	杆塔上装的各类辅助生产装置			
JYX1－19	人力运输　金具、绝缘子、零星钢材	t·km	0.039	
JYX1－105	汽车运输　金具、绝缘子、零星钢材　装卸	t	0.128	
JYX1－106	汽车运输　金具、绝缘子、零星钢材　运输	t·km	1.284	
JYX8－33	杆塔附属设施安装　标示牌　35kV及以上	块	6	

4.12　B1-12新建110kV单回耐张塔

4.12.1　典型方案主要内容

本典型方案为新建1基110kV单回耐张塔，内容包括新建塔测量及分坑；基础开挖及回填；接地沟开挖及回填；基础钢筋制作及加工；混凝土运输、搅拌及浇制；塔材运输及杆塔组立；基础保护帽浇制；接地体运输及敷设；接地电阻测量检查；杆塔附属设施安装。

4.12.2 典型方案主要技术条件

典型方案 B1-12 主要技术条件见表 4-67。

表 4-67 **典型方案 B1-12 主要技术条件**

方案名称	工程主要技术条件	
新建 110kV 单回耐张塔	电压等级	110kV
	杆塔类型	单回耐张塔
	规格型号	110-DC21D-JC3-21
	地形	100%平地
	气象条件	覆冰 10mm，基本风速 27m/s
	地质条件	100%普通土
	基础	灌注桩
	运距	人力 0.3km，汽车 10km

4.12.3 典型方案估算书

估算投资为总投资，编制依据按 3.2 要求。典型方案 B1-12 估算书包括总估算汇总表、安装工程专业汇总表、其他费用估算表，分别见表 4-68～表 4-70。

表 4-68 **典型方案 B1-12 总估算汇总表** 金额单位：万元

序号	工程或费用名称	含税金额	占工程投资的比例（%）	不含税金额	可抵扣增值税金额
二	安装工程费	16.11	77.38	14.59	1.52
三	拆除工程费				
四	设备购置费				
	其中：编制基准期价差	0.21	1.01	0.21	
五	小计	16.11	77.38	14.59	1.52
	其中：甲供设备材料费	5.9	28.34	5.23	0.67
六	其他费用	4.71	22.62	4.44	0.27
七	基本预备费				
八	特殊项目				
九	工程投资合计	20.82	100	19.03	1.79
	其中：可抵扣增值税金额	1.79			1.79
	其中：施工费	10.21	49.04	9.37	0.84

表 4-69 　　　　　　　典型方案 B1-12 安装工程专业汇总表　　　　　　　金额单位：元

序号	工程或费用名称	安装工程费			设备购置费	合计
		未计价材料费	安装费	小计		
	安装工程	82142	78964	161106		161106
1	基础工程	22487	66255	88742		88742
1.1	基础工程材料工地运输		13221	13221		13221
1.2	基础土石方工程		199	199		199
1.3	基础砌筑	22487	52836	75322		75322
1.3.2	现浇基础	186	497	683		683
1.3.3	灌注桩基础	22300	52339	74639		74639
2	杆塔工程	58745	11622	70367		70367
2.1	杆塔工程材料工地运输		1713	1713		1713
2.2	杆塔组立	58745	9909	68654		68654
2.2.2	铁塔、钢管杆组立	58745	9909	68654		68654
3	接地工程	691	645	1336		1336
3.1	接地工程材料工地运输		34	34		34
3.2	接地土石方		348	348		348
3.3	接地安装	691	263	954		954
6	辅助工程	219	442	661		661
6.7	杆塔上装的各类辅助生产装置	219	442	661		661
	合计	82142	78964	161106		161106

表 4-70 　　　　　　　典型方案 B1-12 其他费用估算表　　　　　　　金额单位：元

序号	工程或费用名称	编制依据及计算说明	合价
2	项目管理费		11857
2.1	管理经费	（安装工程费+拆除工程费）×3.53%	5687
2.2	招标费	（安装工程费+拆除工程费）×0.4%	644
2.3	工程监理费	（安装工程费+拆除工程费）×3.43%	5526
3	项目技术服务费		35196
3.1	前期工作费	安装工程费×2.1%	3383
3.3	工程勘察设计费		30380
3.3.1	勘察费	勘察费×100%	17130
3.3.2	设计费	设计费×100%	13250
3.4	设计文件评审费		820
3.4.1	初步设计文件评审费	基本设计费×3.5%	393
3.4.2	施工图文件评审费	基本设计费×3.8%	427
3.5	施工过程造价咨询及竣工结算审核费	（安装工程费+拆除工程费）×0.38%	612
	合计		47053

4.12.4 典型方案设备材料表

典型方案 B1-12 设备材料表见表 4-71。

表 4-71   **典型方案 B1-12 设备材料表**

序号	设备或材料名称	单位	数量	备注
	架空线路工程			
一	杆塔工程			
1	××号杆塔			
1.1	杆塔基础			
500080493	商品混凝土　C15	m³	0.440	
500067308	商品混凝土　C25	m³	35.180	
H09010101	钢筋笼	t	1.004	
	地脚螺栓	t	0.396	
500014172	塔材　AC110kV，单回路，角钢，Q345，耐张塔	t	7.030	
500023173	标识牌，不锈钢	块	4	
1.4	接地			
500020133	接地铁，圆钢，镀锌，ϕ10，不计长度	t	0.150	

4.12.5 典型方案工程量表

典型方案 B1-12 工程量见表 4-72。

表 4-72   **典型方案 B1-12 工程量表**

序号	项目名称	单位	数量	备注
	安装工程			
1	基础工程			
1.1	基础工程材料工地运输			
JYX1-19	人力运输　金具、绝缘子、零星钢材	t·km	0.440	
JYX1-22	人力运输　其他建筑安装材料	t·km	24.220	
JYX1-105	汽车运输　金具、绝缘子、零星钢材　装卸	t	1.466	
JYX1-106	汽车运输　金具、绝缘子、零星钢材　运输	t·km	14.662	
JYX1-107	汽车运输　其他建筑安装材料　装卸	t	80.734	
JYX1-108	汽车运输　其他建筑安装材料　运输	t·km	807.337	
1.2	基础土石方工程			
JYX2-7	线路复测及分坑　耐张（转角）自立塔	基	1	
1.3	基础砌筑			
1.3.2	现浇基础			
JYX3-72	混凝土搅拌及浇制　保护帽	m³	0.440	
1.3.3	灌注桩基础			

续表

序号	项目名称	单位	数量	备注
JYX3-44	钢筋加工及制作 钢筋笼	t	1.004	
JYX3-94	灌注桩基础 机械推钻 砂土、黏土 孔深20m以内 孔径（m）1.0以内	m	38	
JYX3-169	灌注桩基础 混凝土搅拌及浇制 孔深（m）10以内	m³	35.180	
2	杆塔工程			
2.1	杆塔工程材料工地运输			
JYX1-20	人力运输 角钢塔材	t·km	2.120	
JYX1-101	汽车运输 角钢塔材 装卸	t	7.065	
JYX1-102	汽车运输 角钢塔材 运输	t·km	70.652	
2.2	杆塔组立			
2.2.2	铁塔、钢管杆组立			
JYX4-63	角钢塔 塔全高30m以内 每米塔重（kg）300以内	t	7.030	
3	接地工程			
3.1	接地工程材料工地运输			
JYX1-19	人力运输 金具、绝缘子、零星钢材	t·km	0.048	
JYX1-105	汽车运输 金具、绝缘子、零星钢材 装卸	t	0.159	
JYX1-106	汽车运输 金具、绝缘子、零星钢材 运输	t·km	1.590	
3.2	接地土石方			
JYX2-213	接地槽挖方（或爆破）及回填 普通土	m³	12.600	
3.3	接地安装			
JYX3-201	接地体加工及制作	t	0.150	
JYX3-204	一般接地体安装 水平接地体敷设	m	35	
JYX3-212	接地电阻测量	基	1	
6	辅助工程			
6.7	杆塔上装的各类辅助生产装置			
JYX1-19	人力运输 金具、绝缘子、零星钢材	t·km	0.026	
JYX1-105	汽车运输 金具、绝缘子、零星钢材 装卸	t	0.086	
JYX1-106	汽车运输 金具、绝缘子、零星钢材 运输	t·km	0.856	
JYX8-33	杆塔附属设施安装 标示牌 35kV及以上	块	4	

4.13 B1-13 新建110kV双回耐张塔

4.13.1 典型方案主要内容

本典型方案为新建1基110kV双回耐张塔，内容包括新建塔测量及分坑；基础开挖及回

填；接地沟开挖及回填；基础钢筋制作及加工；混凝土运输、搅拌及浇制；塔材运输及杆塔组立；基础保护帽浇制；接地体运输及敷设；接地电阻测量检查；杆塔附属设施安装。

4.13.2　典型方案主要技术条件

典型方案 B1-13 主要技术条件见表 4-73。

表 4-73　　　　　　　　　　典型方案 B1-13 主要技术条件

方案名称	工程主要技术条件	
新建 110kV 双回耐张塔	电压等级	110kV
	杆塔类型	双回耐张塔
	规格型号	110-DD21S-J3-21
	地形	100%平地
	气象条件	覆冰 10mm，基本风速 27m/s
	地质条件	100%普通土
	基础	灌注桩
	运距	人力 0.3km，汽车 10km

4.13.3　典型方案估算书

估算投资为总投资，编制依据按 3.2 要求。典型方案 B1-13 估算书包括总估算汇总表、安装工程专业汇总表、其他费用估算表，分别见表 4-74～表 4-76。

表 4-74　　　　　　　　　　典型方案 B1-13 总估算汇总表　　　　　　　　金额单位：万元

序号	工程或费用名称	含税金额	占工程投资的比例（%）	不含税金额	可抵扣增值税金额
二	安装工程费	20.65	78.82	18.67	1.98
三	拆除工程费				
四	设备购置费				
	其中：编制基准期价差	0.24	0.92	0.24	
五	小计	20.65	78.82	18.67	1.98
	其中：甲供设备材料费	8.85	33.78	7.84	1.01
六	其他费用	5.55	21.18	5.24	0.31
七	基本预备费				
八	特殊项目				
九	工程投资合计	26.20	100	23.91	2.29
	其中：可抵扣增值税金额	2.29			2.29
	其中：施工费	11.8	45.04	10.83	0.97

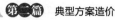

表 4−75　　　　　　　典型方案 B1−13 安装工程专业汇总表　　　金额单位：元

序号	工程或费用名称	安装工程费			设备购置费	合计
		未计价材料费	安装费	小计		
	安装工程	115606	90889	206495		206495
1	基础工程	26297	75218	101515		101515
1.1	基础工程材料工地运输		15269	15269		15269
1.2	基础土石方工程		199	199		199
1.3	基础砌筑	26297	59750	86047		86047
1.3.2	现浇基础	186	497	683		683
1.3.3	灌注桩基础	26111	59254	85364		85364
2	杆塔工程	88151	14432	102584		102584
2.1	杆塔工程材料工地运输		2570	2570		2570
2.2	杆塔组立	88151	11862	100014		100014
2.2.2	铁塔、钢管杆组立	88151	11862	100014		100014
3	接地工程	829	575	1404		1404
3.1	接地工程材料工地运输		41	41		41
3.2	接地土石方		241	241		241
3.3	接地安装	829	293	1122		1122
6	辅助工程	329	663	992		992
6.7	杆塔上装的各类辅助生产装置	329	663	992		992
	合计	115606	90889	206495		206495

表 4−76　　　　　　　典型方案 B1−13 其他费用估算表　　　金额单位：元

序号	工程或费用名称	编制依据及计算说明	合价
2	项目管理费		15198
2.1	管理经费	（安装工程费＋拆除工程费）×3.53%	7289
2.2	招标费	（安装工程费＋拆除工程费）×0.4%	826
2.3	工程监理费	（安装工程费＋拆除工程费）×3.43%	7083
3	项目技术服务费		40285
3.1	前期工作费	安装工程费×2.1%	4336
3.3	工程勘察设计费		34113
3.3.1	勘察费	勘察费×100%	17130
3.3.2	设计费	设计费×100%	16983
3.4	设计文件评审费		1051
3.4.1	初步设计文件评审费	基本设计费×3.5%	504
3.4.2	施工图文件评审费	基本设计费×3.8%	547
3.5	施工过程造价咨询及竣工结算审核费	（安装工程费＋拆除工程费）×0.38%	785
	合计		55483

4.13.4 典型方案设备材料表

典型方案 B1-13 设备材料表见表 4-77。

表 4-77   **典型方案 B1-13 设备材料表**

序号	设备或材料名称	单位	数量	备注
	架空线路工程			
一	杆塔工程			
1	××号杆塔			
1.1	杆塔基础			
500080493	商品混凝土　C15	m³	0.440	
500067308	商品混凝土　C25	m³	40.090	
H09010101	钢筋笼	t	1.132	
	地脚螺栓	t	0.624	
500014172	塔材　AC110kV，双回路，角钢，Q345，耐张塔	t	10.549	
500023173	标识牌，不锈钢	块	6	
1.4	接地			
500020133	接地铁，圆钢，镀锌，ϕ10，不计长度	t	0.180	

4.13.5 典型方案工程量表

典型方案 B1-13 工程量见表 4-78。

表 4-78   **典型方案 B1-13 工程量表**

序号	项目名称	单位	数量	备注
	安装工程			
1	基础工程			
1.1	基础工程材料工地运输			
JYX1-19	人力运输　金具、绝缘子、零星钢材	t·km	0.550	
JYX1-22	人力运输　其他建筑安装材料	t·km	27.916	
JYX1-105	汽车运输　金具、绝缘子、零星钢材　装卸	t	1.833	
JYX1-106	汽车运输　金具、绝缘子、零星钢材　运输	t·km	18.333	
JYX1-107	汽车运输　其他建筑安装材料　装卸	t	93.052	
JYX1-108	汽车运输　其他建筑安装材料　运输	t·km	930.522	
1.2	基础土石方工程			
JYX2-7	线路复测及分坑　耐张（转角）自立塔	基	1	
1.3	基础砌筑			
1.3.2	现浇基础			
JYX3-72	混凝土搅拌及浇制　保护帽	m³	0.440	
1.3.3	灌注桩基础			

序号	项目名称	单位	数量	备注
JYX3－44	钢筋加工及制作　钢筋笼	t	1.132	
JYX3－94	灌注桩基础　机械推钻　砂土、黏土　孔深20m以内　孔径（m）1.0以内	m	44	
JYX3－170	灌注桩基础　混凝土搅拌及浇制　孔深（m）20以内	m³	40.089	
JYX3－178	灌注桩基础　凿桩头　桩径（m）0.8以上	个	4	
2	杆塔工程			
2.1	杆塔工程材料工地运输			
JYX1－20	人力运输　角钢塔材	t·km	3.181	
JYX1－101	汽车运输　角钢塔材　装卸	t	10.602	
JYX1－102	汽车运输　角钢塔材　运输	t·km	106.017	
2.2	杆塔组立			
2.2.2	铁塔、钢管杆组立			
JYX4－65	角钢塔　塔全高30m以内　每米塔重（kg）400以上	t	10.549	
3	接地工程			
3.1	接地工程材料工地运输			
JYX1－19	人力运输　金具、绝缘子、零星钢材	t·km	0.057	
JYX1－105	汽车运输　金具、绝缘子、零星钢材　装卸	t	0.191	
JYX1－106	汽车运输　金具、绝缘子、零星钢材　运输	t·km	1.908	
3.2	接地土石方			
JYX2－213	接地槽挖方（或爆破）及回填　普通土	m³	8.750	
3.3	接地安装			
JYX3－201	接地体加工及制作	t	0.180	
JYX3－204	一般接地体安装　水平接地体敷设	m	35	
JYX3－212	接地电阻测量	基	1	
6	辅助工程			
6.7	杆塔上装的各类辅助生产装置			
JYX1－19	人力运输　金具、绝缘子、零星钢材	t·km	0.039	
JYX1－105	汽车运输　金具、绝缘子、零星钢材　装卸	t	0.128	
JYX1－106	汽车运输　金具、绝缘子、零星钢材　运输	t·km	1.284	
JYX8－33	杆塔附属设施安装　标示牌　35kV及以上	块	6	

4.14　B1-14 新建 220kV 单回直线塔（覆冰 10mm）

4.14.1　典型方案主要内容

本典型方案为新建 1 基 220kV 单回直线塔，内容包括新建塔测量及分坑；基础开挖及回

填；接地沟开挖及回填；基础钢筋制作及加工；混凝土运输、搅拌及浇制；塔材运输及杆塔组立；基础保护帽浇制；接地体运输及敷设；接地电阻测量检查；杆塔附属设施安装。

4.14.2 典型方案主要技术条件

典型方案 B1-14 主要技术条件见表 4-79。

表 4-79 典型方案 B1-14 主要技术条件

方案名称	工程主要技术条件	
新建 220kV 单回直线塔	电压等级	220kV
	杆塔类型	单回路直线
	规格型号	220-GC21D-ZM2-27
	地形	100%平地
	气象条件	覆冰 10mm，基本风速 27m/s
	地质条件	100%普通土
	基础	灌注桩
	运距	人力 0.3km，汽车 10km

4.14.3 典型方案估算书

估算投资为总投资，编制依据按 3.2 要求。典型方案 B1-14 估算书包括总估算汇总表、安装工程专业汇总表、其他费用估算表，分别见表 4-80～表 4-82。

表 4-80 典型方案 B1-14 总估算汇总表 金额单位：万元

序号	工程或费用名称	含税金额	占工程投资的比例（%）	不含税金额	可抵扣增值税金额
二	安装工程费	11.89	72.72	10.72	1.17
三	拆除工程费				
四	设备购置费				
	其中：编制基准期价差	0.13	0.8	0.13	
五	小计	11.89	72.72	10.72	1.17
	其中：甲供设备材料费	5.9	36.09	5.22	0.68
六	其他费用	4.46	27.28	4.21	0.25
七	基本预备费				
八	特殊项目				
九	工程投资合计	16.35	100	14.93	1.42
	其中：可抵扣增值税金额	1.42			1.42
	其中：施工费	5.99	36.64	5.5	0.49

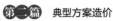

表4-81 典型方案 B1-14 安装工程专业汇总表　　金额单位：元

序号	工程或费用名称	安装工程费			设备购置费	合计
		未计价材料费	安装费	小计		
	安装工程	69612	49269	118881		118881
1	基础工程	9779	36650	46430		46430
1.1	基础工程材料工地运输		5780	5780		5780
1.2	基础土石方工程		141	141		141
1.3	基础砌筑	9779	30730	40509		40509
1.3.2	现浇基础	183	488	671		671
1.3.3	灌注桩基础	9596	30242	39839		39839
2	杆塔工程	58784	11562	70346		70346
2.1	杆塔工程材料工地运输		1704	1704		1704
2.2	杆塔组立	58784	9857	68641		68641
2.2.2	铁塔、钢管杆组立	58784	9857	68641		68641
3	接地工程	829	614	1443		1443
3.1	接地工程材料工地运输		41	41		41
3.2	接地土石方		276	276		276
3.3	接地安装	829	298	1127		1127
6	辅助工程	219	443	662		662
6.7	杆塔上装的各类辅助生产装置	219	443	662		662
	合计	69612	49269	118881		118881

表4-82 典型方案 B1-14 其他费用估算表　　金额单位：元

序号	工程或费用名称	编制依据及计算说明	合价
2	项目管理费		8750
2.1	管理经费	（安装工程费＋拆除工程费）×3.53%	4196
2.2	招标费	（安装工程费＋拆除工程费）×0.4%	476
2.3	工程监理费	（安装工程费＋拆除工程费）×3.43%	4078
3	项目技术服务费		35851
3.1	前期工作费	安装工程费×2.1%	2497
3.3	工程勘察设计费		32297
3.3.1	勘察费	勘察费×100%	22520
3.3.2	设计费	设计费×100%	9777
3.4	设计文件评审费		605
3.4.1	初步设计文件评审费	基本设计费×3.5%	290
3.4.2	施工图文件评审费	基本设计费×3.8%	315
3.5	施工过程造价咨询及竣工结算审核费	（安装工程费＋拆除工程费）×0.38%	452
	合计		44600

4.14.4 典型方案设备材料表

典型方案 B1-14 设备材料表见表 4-83。

表 4-83　　　　　　　　　　**典型方案 B1-14 设备材料表**

序号	设备或材料名称	单位	数量	备注
	架空线路工程			
一	杆塔工程			
1	××号杆塔			
1.1	杆塔基础			
500080493	商品混凝土　C15	m³	0.432	
500067308	商品混凝土　C25	m³	15.032	
H09010101	钢筋笼	t	0.460	
	地脚螺栓	t	0.152	
500014234	塔材　AC220kV，单回路，角钢，Q420，直线塔	t	6.992	
500023173	标识牌，不锈钢	块	4	
1.4	接地			
500020133	接地铁，圆钢，镀锌，φ10，不计长度	t	0.180	

4.14.5 典型方案工程量表

典型方案 B1-14 工程量见表 4-84。

表 4-84　　　　　　　　　　**典型方案 B1-14 工程量表**

序号	项目名称	单位	数量	备注
	安装工程			
1	基础工程			
1.1	基础工程材料工地运输			
JYX1-19	人力运输　金具、绝缘子、零星钢材	t·km	0.193	
JYX1-22	人力运输　其他建筑安装材料	t·km	10.582	
JYX1-105	汽车运输　金具、绝缘子、零星钢材　装卸	t	0.642	
JYX1-106	汽车运输　金具、绝缘子、零星钢材　运输	t·km	6.419	
JYX1-107	汽车运输　其他建筑安装材料　装卸	t	35.273	
JYX1-108	汽车运输　其他建筑安装材料　运输	t·km	352.728	
1.2	基础土石方工程			
JYX2-6	线路复测及分坑　直线自立塔	基	1	
1.3	基础砌筑			
1.3.2	现浇基础			
JYX3-72	混凝土搅拌及浇制　保护帽	m³	0.432	

续表

序号	项目名称	单位	数量	备注
1.3.3	灌注桩基础			
JYX3－44	钢筋加工及制作　钢筋笼	t	0.460	
JYX3－94	灌注桩基础　机械推钻　砂土、黏土　孔深20m以内　孔径（m）1.0以内	m	26	
JYX3－169	灌注桩基础　混凝土搅拌及浇制　孔深（m）10以内	m³	15.032	
2	杆塔工程			
2.1	杆塔工程材料工地运输			
JYX1－20	人力运输　角钢塔材	t·km	2.108	
JYX1－101	汽车运输　角钢塔材　装卸	t	7.027	
JYX1－102	汽车运输　角钢塔材　运输	t·km	70.270	
2.2	杆塔组立			
2.2.2	铁塔、钢管杆组立			
JYX4－63	角钢塔　塔全高30m以内　每米塔重（kg）300以内	t	6.992	
3	接地工程			
3.1	接地工程材料工地运输			
JYX1－19	人力运输　金具、绝缘子、零星钢材	t·km	0.057	
JYX1－105	汽车运输　金具、绝缘子、零星钢材　装卸	t	0.191	
JYX1－106	汽车运输　金具、绝缘子、零星钢材　运输	t·km	1.908	
3.2	接地土石方			
JYX2－213	接地槽挖方（或爆破）及回填　普通土	m³	10	
3.3	接地安装			
JYX3－201	接地体加工及制作	t	0.180	
JYX3－204	一般接地体安装　水平接地体敷设	m	40	
JYX3－212	接地电阻测量	基	1	
6	辅助工程			
6.7	杆塔上装的各类辅助生产装置			
JYX1－19	人力运输　金具、绝缘子、零星钢材	t·km	0.026	
JYX1－105	汽车运输　金具、绝缘子、零星钢材　装卸	t	0.086	
JYX1－106	汽车运输　金具、绝缘子、零星钢材　运输	t·km	0.856	
JYX8－33	杆塔附属设施安装　标示牌　35kV及以上	块	4	

4.15　B1－15 新建220kV单回直线塔（覆冰15mm）

4.15.1　典型方案主要内容

本典型方案为新建1基220kV单回直线塔，内容包括新建塔测量及分坑；基础开挖及回填；接地沟开挖及回填；基础钢筋制作及加工；混凝土运输、搅拌及浇制；塔材运输及杆塔组立；基础保护帽浇制；接地体运输及敷设；接地电阻测量检查；杆塔附属设施安装。

4.15.2 典型方案主要技术条件

典型方案 B1-15 主要技术条件见表 4-85。

表 4-85 典型方案 B1-15 主要技术条件

方案名称	工程主要技术条件	
新建 220kV 单回直线塔	电压等级	220kV
	杆塔类型	单回路直线
	规格型号	220-GC31D-ZM2-27
	地形	100%平地
	气象条件	覆冰 15mm，基本风速 27m/s
	地质条件	100%普通土
	基础	灌注桩
	运距	人力 0.3km，汽车 10km

4.15.3 典型方案估算书

估算投资为总投资，编制依据按 3.2 要求。典型方案 B1-15 估算书包括总估算汇总表、安装工程专业汇总表、其他费用估算表，分别见表 4-86～表 4-88。

表 4-86 典型方案 B1-15 总估算汇总表 金额单位：万元

序号	工程或费用名称	含税金额	占工程投资的比例（%）	不含税金额	可抵扣增值税金额
二	安装工程费	14.63	74.64	13.21	1.42
三	拆除工程费				
四	设备购置费				
	其中：编制基准期价差	0.17	0.87	0.17	
五	小计	14.63	74.64	13.21	1.42
	其中：甲供设备材料费	6.66	33.98	5.9	0.76
六	其他费用	4.97	25.36	4.69	0.28
七	基本预备费				
八	特殊项目				
九	工程投资合计	19.6	100	17.9	1.7
	其中：可抵扣增值税金额	1.7			1.7
	其中：施工费	7.97	40.66	7.31	0.66

表4-87　　　　　　　　　　典型方案 **B1-15** 安装工程专业汇总表　　　　　　金额单位：元

序号	工程或费用名称	安装工程费			设备购置费	合计
		未计价材料费	安装费	小计		
	安装工程	83486	62764	146250		146250
1	基础工程	16104	49743	65847		65847
1.1	基础工程材料工地运输		7798	7798		7798
1.2	基础土石方工程		141	141		141
1.3	基础砌筑	16104	41805	57909		57909
1.3.2	现浇基础	254	677	932		932
1.3.3	灌注桩基础	15850	41127	56977		56977
2	杆塔工程	66334	11964	78298		78298
2.1	杆塔工程材料工地运输		1923	1923		1923
2.2	杆塔组立	66334	10040	76374		76374
2.2.2	铁塔、钢管杆组立	66334	10040	76374		76374
3	接地工程	829	614	1443		1443
3.1	接地工程材料工地运输		41	41		41
3.2	接地土石方		276	276		276
3.3	接地安装	829	298	1127		1127
6	辅助工程	219	443	662		662
6.7	杆塔上装的各类辅助生产装置	219	443	662		662
	合计	83486	62764	146250		146250

表4-88　　　　　　　　　　典型方案 **B1-15** 其他费用估算表　　　　　　金额单位：元

序号	工程或费用名称	编制依据及计算说明	合价
2	项目管理费		10764
2.1	管理经费	（安装工程费＋拆除工程费）×3.53%	5163
2.2	招标费	（安装工程费＋拆除工程费）×0.4%	585
2.3	工程监理费	（安装工程费＋拆除工程费）×3.43%	5016
3	项目技术服务费		38920
3.1	前期工作费	安装工程费×2.1%	3071
3.3	工程勘察设计费		34548
3.3.1	勘察费	勘察费×100%	22520
3.3.2	设计费	设计费×100%	12028
3.4	设计文件评审费		744
3.4.1	初步设计文件评审费	基本设计费×3.5%	357
3.4.2	施工图文件评审费	基本设计费×3.8%	387
3.5	施工过程造价咨询及竣工结算审核费	（安装工程费＋拆除工程费）×0.38%	556
	合计		49684

4.15.4　典型方案设备材料表

典型方案 B1-15 设备材料表见表 4-89。

表 4-89　　　　　　　　　　典型方案 B1-15 设备材料表

序号	设备或材料名称	单位	数量	备注
	架空线路工程			
一	杆塔工程			
1	××号杆塔			
1.1	杆塔基础			
500080493	商品混凝土　C15	m³	0.600	
500067308	商品混凝土　C25	m³	20.639	
H09010101	钢筋笼	t	1.156	
	地脚螺栓	t	0.268	
500014234	塔材　AC220kV，单回路，角钢，Q420，直线塔	t	7.890	
500023173	标识牌，不锈钢	块	4	
1.4	接地			
500020133	接地铁，圆钢，镀锌，ϕ10，不计长度	t	0.180	

4.15.5　典型方案工程量表

典型方案 B1-15 工程量见表 4-90。

表 4-90　　　　　　　　　　典型方案 B1-15 工程量表

序号	项目名称	单位	数量	备注
	安装工程			
1	基础工程			
1.1	基础工程材料工地运输			
JYX1-19	人力运输　金具、绝缘子、零星钢材	t·km	0.449	
JYX1-22	人力运输　其他建筑安装材料	t·km	14.021	
JYX1-105	汽车运输　金具、绝缘子、零星钢材　装卸	t	1.497	
JYX1-106	汽车运输　金具、绝缘子、零星钢材　运输	t·km	14.974	
JYX1-107	汽车运输　其他建筑安装材料　装卸	t	46.736	
JYX1-108	汽车运输　其他建筑安装材料　运输	t·km	467.358	
1.2	基础土石方工程			
JYX2-6	线路复测及分坑　直线自立塔	基	1	
1.3	基础砌筑			
1.3.2	现浇基础			
JYX3-72	混凝土搅拌及浇制　保护帽	m³	0.600	
1.3.3	灌注桩基础			

续表

序号	项目名称	单位	数量	备注
JYX3－44	钢筋加工及制作　钢筋笼	t	1.156	
JYX3－94	灌注桩基础　机械推钻　砂土、黏土 孔深 20m 以内　孔径（m）1.0 以内	m	34	
JYX3－169	灌注桩基础　混凝土搅拌及浇制　孔深（m） 10 以内	m³	20.639	
2	杆塔工程			
2.1	杆塔工程材料工地运输			
JYX1－20	人力运输　角钢塔材	t·km	2.379	
JYX1－101	汽车运输　角钢塔材　装卸	t	7.929	
JYX1－102	汽车运输　角钢塔材　运输	t·km	79.295	
2.2	杆塔组立			
2.2.2	铁塔、钢管杆组立			
JYX4－68	角钢塔　塔全高 50m 以内　每米塔重（kg）300 以内	t	7.890	
3	接地工程			
3.1	接地工程材料工地运输			
JYX1－19	人力运输　金具、绝缘子、零星钢材	t·km	0.057	
JYX1－105	汽车运输　金具、绝缘子、零星钢材　装卸	t	0.191	
JYX1－106	汽车运输　金具、绝缘子、零星钢材　运输	t·km	1.908	
3.2	接地土石方			
JYX2－213	接地槽挖方（或爆破）及回填　普通土	m³	10	
3.3	接地安装			
JYX3－201	接地体加工及制作	t	0.180	
JYX3－204	一般接地体安装　水平接地体敷设	m	40	
JYX3－212	接地电阻测量	基	1	
6	辅助工程			
6.7	杆塔上装的各类辅助生产装置			
JYX1－19	人力运输　金具、绝缘子、零星钢材	t·km	0.026	
JYX1－105	汽车运输　金具、绝缘子、零星钢材　装卸	t	0.086	
JYX1－106	汽车运输　金具、绝缘子、零星钢材　运输	t·km	0.856	
JYX8－33	杆塔附属设施安装　标示牌　35kV 及以上	块	4	

4.16　B1-16 新建 220kV 双回直线塔（覆冰 10mm）

4.16.1　典型方案主要内容

本典型方案为新建 1 基 220kV 双回直线塔，内容包括新建塔测量及分坑；基础开挖及回

填；接地沟开挖及回填；基础钢筋制作及加工；混凝土运输、搅拌及浇制；塔材运输及杆塔组立；基础保护帽浇制；接地体运输及敷设；接地电阻测量检查；杆塔附属设施安装。

4.16.2 典型方案主要技术条件

典型方案 B1-16 主要技术条件见表 4-91。

表 4-91 典型方案 B1-16 主要技术条件

方案名称	工程主要技术条件	
新建 220kV 双回直线塔	电压等级	220kV
	杆塔类型	双回路直线
	规格型号	220-GC21S-Z2-27
	地形	100%平地
	气象条件	覆冰 10mm，基本风速 27m/s
	地质条件	100%普通土
	基础	灌注桩
	运距	人力 0.3km，汽车 10km

4.16.3 典型方案估算书

估算投资为总投资，编制依据按 3.2 要求。典型方案 B1-16 估算书包括总估算汇总表、安装工程专业汇总表、其他费用估算表，分别见表 4-92~表 4-94。

表 4-92 典型方案 B1-16 总估算汇总表 金额单位：万元

序号	工程或费用名称	含税金额	占工程投资的比例（%）	不含税金额	可抵扣增值税金额
二	安装工程费	16.6	75.66	14.92	1.68
三	拆除工程费				
四	设备购置费				
	其中：编制基准期价差	0.16	0.73	0.16	
五	小计	16.6	75.66	14.92	1.68
	其中：甲供设备材料费	9.66	44.03	8.55	1.11
六	其他费用	5.34	24.34	5.04	0.3
七	基本预备费				
八	特殊项目				
九	工程投资合计	21.94	100	19.96	1.98
	其中：可抵扣增值税金额	1.98			1.98
	其中：施工费	6.94	31.63	6.37	0.57

表4-93　　　　典型方案B1-16安装工程专业汇总表　　　　金额单位：元

序号	工程或费用名称	安装工程费			设备购置费	合计
		未计价材料费	安装费	小计		
	安装工程	107728	58312	166041		166041
1	基础工程	10261	39407	49667		49667
1.1	基础工程材料工地运输		6218	6218		6218
1.2	基础土石方工程		141	141		141
1.3	基础砌筑	10261	33047	43308		43308
1.3.2	现浇基础	183	488	671		671
1.3.3	灌注桩基础	10078	32560	42637		42637
2	杆塔工程	96264	17616	113879		113879
2.1	杆塔工程材料工地运输		2791	2791		2791
2.2	杆塔组立	96264	14824	111088		111088
2.2.2	铁塔、钢管杆组立	96264	14824	111088		111088
3	接地工程	875	627	1502		1502
3.1	接地工程材料工地运输		43	43		43
3.2	接地土石方		276	276		276
3.3	接地安装	875	307	1182		1182
6	辅助工程	329	664	992		992
6.7	杆塔上装的各类辅助生产装置	329	664	992		992
	合计	107728	58312	166041		166041

表4-94　　　　典型方案B1-16其他费用估算表　　　　金额单位：元

序号	工程或费用名称	编制依据及计算说明	合价
2	项目管理费		12221
2.1	管理经费	（安装工程费＋拆除工程费）×3.53%	5861
2.2	招标费	（安装工程费＋拆除工程费）×0.4%	664
2.3	工程监理费	（安装工程费＋拆除工程费）×3.43%	5695
3	项目技术服务费		41139
3.1	前期工作费	安装工程费×2.1%	3487
3.3	工程勘察设计费		36176
3.3.1	勘察费	勘察费×100%	22520
3.3.2	设计费	设计费×100%	13656
3.4	设计文件评审费		845
3.4.1	初步设计文件评审费	基本设计费×3.5%	405
3.4.2	施工图文件评审费	基本设计费×3.8%	440
3.5	施工过程造价咨询及竣工结算审核费	（安装工程费＋拆除工程费）×0.38%	631
	合计		53359

4.16.4 典型方案设备材料表

典型方案 B1−16 设备材料表见表 4−95。

表 4−95 **典型方案 B1−16 设备材料表**

序号	设备或材料名称	单位	数量	备注
	架空线路工程			
一	杆塔工程			
1	××号杆塔			
1.1	杆塔基础			
500080493	商品混凝土 C15	m³	0.432	
500067308	商品混凝土 C25	m³	16.329	
H09010101	钢筋笼	t	0.452	
	地脚螺栓	t	0.136	
500014234	塔材 AC220kV，双回路，角钢，Q420，直线塔	t	11.450	
500023173	标识牌，不锈钢	块	6	
1.4	接地			
500020133	接地铁，圆钢，镀锌，$\phi 10$，不计长度	t	0.190	

4.16.5 典型方案工程量表

典型方案 B1−16 工程量见表 4−96。

表 4−96 **典型方案 B1−16 工程量表**

序号	项目名称	单位	数量	备注
	安装工程			
1	基础工程			
1.1	基础工程材料工地运输			
JYX1−19	人力运输 金具、绝缘子、零星钢材	t·km	0.185	
JYX1−22	人力运输 其他建筑安装材料	t·km	11.415	
JYX1−105	汽车运输 金具、绝缘子、零星钢材 装卸	t	0.617	
JYX1−106	汽车运输 金具、绝缘子、零星钢材 运输	t·km	6.172	
JYX1−107	汽车运输 其他建筑安装材料 装卸	t	38.050	
JYX1−108	汽车运输 其他建筑安装材料 运输	t·km	380.502	
1.2	基础土石方工程			
JYX2−6	线路复测及分坑 直线自立塔	基	1	
1.3	基础砌筑			
1.3.2	现浇基础			
JYX3−72	混凝土搅拌及浇制 保护帽	m³	0.432	

续表

序号	项目名称	单位	数量	备注
1.3.3	灌注桩基础			
JYX3－44	钢筋加工及制作 钢筋笼	t	0.452	
JYX3－94	灌注桩基础 机械推钻 砂土、黏土 孔深20m以内 孔径（m）1.0以内	m	28	
JYX3－169	灌注桩基础 混凝土搅拌及浇制 孔深（m）10以内	m³	16.329	
2	杆塔工程			
2.1	杆塔工程材料工地运输			
JYX1－20	人力运输 角钢塔材	t·km	3.452	
JYX1－101	汽车运输 角钢塔材 装卸	t	11.507	
JYX1－102	汽车运输 角钢塔材 运输	t·km	115.073	
2.2	杆塔组立			
2.2.2	铁塔、钢管杆组立			
JYX4－64	角钢塔 塔全高30m以内 每米塔重（kg）400以内	t	11.450	
3	接地工程			
3.1	接地工程材料工地运输			
JYX1－19	人力运输 金具、绝缘子、零星钢材	t·km	0.060	
JYX1－105	汽车运输 金具、绝缘子、零星钢材 装卸	t	0.201	
JYX1－106	汽车运输 金具、绝缘子、零星钢材 运输	t·km	2.014	
3.2	接地土石方			
JYX2－213	接地槽挖方（或爆破）及回填 普通土	m³	10	
3.3	接地安装			
JYX3－201	接地体加工及制作	t	0.190	
JYX3－204	一般接地体安装 水平接地体敷设	m	40	
JYX3－212	接地电阻测量	基	1	
6	辅助工程			
6.7	杆塔上装的各类辅助生产装置			
JYX1－19	人力运输 金具、绝缘子、零星钢材	t·km	0.039	
JYX1－105	汽车运输 金具、绝缘子、零星钢材 装卸	t	0.128	
JYX1－106	汽车运输 金具、绝缘子、零星钢材 运输	t·km	1.284	
JYX8－33	杆塔附属设施安装 标示牌 35kV及以上	块	6	

4.17 B1-17 新建 220kV 双回直线塔（覆冰 15mm）

4.17.1 典型方案主要内容

本典型方案为新建 1 基 220kV 双回直线塔，内容包括新建塔测量及分坑；基础开挖及回

填；接地沟开挖及回填；基础钢筋制作及加工；混凝土运输、搅拌及浇制；塔材运输及杆塔组立；基础保护帽浇制；接地体运输及敷设；接地电阻测量检查；杆塔附属设施安装。

4.17.2　典型方案主要技术条件

典型方案 B1-17 主要技术条件见表 4-97。

表 4-97　　　　　　　　　　典型方案 B1-17 主要技术条件

方案名称	工程主要技术条件	
新建 220kV 双回直线塔	电压等级	220kV
	杆塔类型	双回路直线
	规格型号	220-GD31S-Z2-27
	地形	100%平地
	气象条件	覆冰 15mm，基本风速 27m/s
	地质条件	100%普通土
	基础	灌注桩
	运距	人力 0.3km，汽车 10km

4.17.3　典型方案估算书

估算投资为总投资，编制依据按 3.2 要求。典型方案 B1-17 估算书包括总估算汇总表、安装工程专业汇总表、其他费用估算表，分别见表 4-98～表 4-100。

表 4-98　　　　　　　　　　典型方案 B1-17 总估算汇总表　　　　　　金额单位：万元

序号	工程或费用名称	含税金额	占工程投资的比例（%）	不含税金额	可抵扣增值税金额
二	安装工程费	21.09	77.37	18.99	2.1
三	拆除工程费				
四	设备购置费				
	其中：编制基准期价差	0.21	0.77	0.21	
五	小计	21.09	77.37	18.99	2.1
	其中：甲供设备材料费	11.29	41.42	10	1.29
六	其他费用	6.17	22.63	5.82	0.35
七	基本预备费				
八	特殊项目				
九	工程投资合计	27.26	100	24.81	2.45
	其中：可抵扣增值税金额	2.45			2.45
	其中：施工费	9.81	35.99	9	0.81

表 4-99　　　　　　　　　**典型方案 B1-17 安装工程专业汇总表**　　　　　　金额单位：元

序号	工程或费用名称	安装工程费			设备购置费	合计
		未计价材料费	安装费	小计		
	安装工程	132208	78734	210941		210941
1	基础工程	18472	58200	76672		76672
1.1	基础工程材料工地运输		9136	9136		9136
1.2	基础土石方工程		141	141		141
1.3	基础砌筑	18472	48924	67396		67396
1.3.2	现浇基础	254	677	932		932
1.3.3	灌注桩基础	18218	48246	66464		66464
2	杆塔工程	112532	19243	131775		131775
2.1	杆塔工程材料工地运输		3263	3263		3263
2.2	杆塔组立	112532	15980	128512		128512
2.2.2	铁塔、钢管杆组立	112532	15980	128512		128512
3	接地工程	875	627	1502		1502
3.1	接地工程材料工地运输		43	43		43
3.2	接地土石方		276	276		276
3.3	接地安装	875	307	1182		1182
6	辅助工程	329	664	992		992
6.7	杆塔上装的各类辅助生产装置	329	664	992		992
	合计	132208	78734	210941		210941

表 4-100　　　　　　　　　**典型方案 B1-17 其他费用估算表**　　　　　　金额单位：元

序号	工程或费用名称	编制依据及计算说明	合价
2	项目管理费		15525
2.1	管理经费	（安装工程费+拆除工程费）×3.53%	7446
2.2	招标费	（安装工程费+拆除工程费）×0.4%	844
2.3	工程监理费	（安装工程费+拆除工程费）×3.43%	7235
3	项目技术服务费		46174
3.1	前期工作费	安装工程费×2.1%	4430
3.3	工程勘察设计费		39869
3.3.1	勘察费	勘察费×100%	22520
3.3.2	设计费	设计费×100%	17349
3.4	设计文件评审费		1073
3.4.1	初步设计文件评审费	基本设计费×3.5%	515
3.4.2	施工图文件评审费	基本设计费×3.8%	559
3.5	施工过程造价咨询及竣工结算审核费	（安装工程费+拆除工程费）×0.38%	802
	合计		61699

4.17.4 典型方案设备材料表

典型方案 B1-17 设备材料表见表 4-101。

表 4-101 典型方案 B1-17 设备材料表

序号	设备或材料名称	单位	数量	备注
	架空线路工程			
一	杆塔工程			
1	××号杆塔			
1.1	杆塔基础			
500080493	商品混凝土 C15	m^3	0.600	
500067308	商品混凝土 C25	m^3	24.196	
H09010101	钢筋笼	t	1.320	
	地脚螺栓	t	0.268	
500014234	塔材 AC220kV，双回路，角钢，Q420，直线塔	t	13.385	
500023173	标识牌，不锈钢	块	6	
1.4	接地			
500020133	接地铁，圆钢，镀锌，ϕ10，不计长度	t	0.190	

4.17.5 典型方案工程量表

典型方案 B1-17 工程量见表 4-102。

表 4-102 典型方案 B1-17 工程量表

序号	项目名称	单位	数量	备注
	安装工程			
1	基础工程			
1.1	基础工程材料工地运输			
JYX1-19	人力运输 金具、绝缘子、零星钢材	t·km	0.501	
JYX1-22	人力运输 其他建筑安装材料	t·km	16.461	
JYX1-105	汽车运输 金具、绝缘子、零星钢材 装卸	t	1.671	
JYX1-106	汽车运输 金具、绝缘子、零星钢材 运输	t·km	16.712	
JYX1-107	汽车运输 其他建筑安装材料 装卸	t	54.869	
JYX1-108	汽车运输 其他建筑安装材料 运输	t·km	548.686	
1.2	基础土石方工程			
JYX2-6	线路复测及分坑 直线自立塔	基	1	
1.3	基础砌筑			
1.3.2	现浇基础			
JYX3-72	混凝土搅拌及浇制 保护帽	m^3	0.600	

续表

序号	项目名称	单位	数量	备注
1.3.3	灌注桩基础			
JYX3－44	钢筋加工及制作 钢筋笼	t	1.320	
JYX3－94	灌注桩基础 机械推钻 砂土、黏土 孔深 20m 以内 孔径（m）1.0 以内	m	40	
JYX3－169	灌注桩基础 混凝土搅拌及浇制 孔深（m）10 以内	m³	24.196	
2	杆塔工程			
2.1	杆塔工程材料工地运输			
JYX1－20	人力运输 角钢塔材	t·km	4.036	
JYX1－101	汽车运输 角钢塔材 装卸	t	13.452	
JYX1－102	汽车运输 角钢塔材 运输	t·km	134.519	
2.2	杆塔组立			
2.2.2	铁塔、钢管杆组立			
JYX4－69	角钢塔 塔全高 50m 以内 每米塔重（kg）400 以内	t	13.385	
3	接地工程			
3.1	接地工程材料工地运输			
JYX1－19	人力运输 金具、绝缘子、零星钢材	t·km	0.060	
JYX1－105	汽车运输 金具、绝缘子、零星钢材 装卸	t	0.201	
JYX1－106	汽车运输 金具、绝缘子、零星钢材 运输	t·km	2.014	
3.2	接地土石方			
JYX2－213	接地槽挖方（或爆破）及回填 普通土	m³	10	
3.3	接地安装			
JYX3－201	接地体加工及制作	t	0.190	
JYX3－204	一般接地体安装 水平接地体敷设	m	40	
JYX3－212	接地电阻测量	基	1	
6	辅助工程			
6.7	杆塔上装的各类辅助生产装置			
JYX1－19	人力运输 金具、绝缘子、零星钢材	t·km	0.039	
JYX1－105	汽车运输 金具、绝缘子、零星钢材 装卸	t	0.128	
JYX1－106	汽车运输 金具、绝缘子、零星钢材 运输	t·km	1.284	
JYX8－33	杆塔附属设施安装 标示牌 35kV 及以上	块	6	

4.18　B1－18 新建 220kV 单回耐张塔（覆冰 10mm）

4.18.1　典型方案主要内容

本典型方案为新建 1 基 220kV 单回耐张塔，内容包括新建塔测量及分坑；基础开挖及回

填；接地沟开挖及回填；基础钢筋制作及加工；混凝土运输、搅拌及浇制；塔材运输及杆塔组立；基础保护帽浇制；接地体运输及敷设；接地电阻测量检查；杆塔附属设施安装。

4.18.2 典型方案主要技术条件

典型方案 B1-18 主要技术条件见表 4-103。

表 4-103 典型方案 B1-18 主要技术条件

方案名称	工程主要技术条件	
新建 220kV 单回耐张塔	电压等级	220kV
	杆塔类型	单回路耐张
	规格型号	220-GD21D-J3-21
	地形	100%平地
	气象条件	覆冰 10mm，基本风速 27m/s
	地质条件	100%普通土
	基础	灌注桩
	运距	人力 0.3km，汽车 10km

4.18.3 典型方案估算书

估算投资为总投资，编制依据按 3.2 要求。典型方案 B1-18 估算书包括总估算汇总表、安装工程专业汇总表、其他费用估算表，分别见表 4-104～表 4-106。

表 4-104 典型方案 B1-18 总估算汇总表 金额单位：万元

序号	工程或费用名称	含税金额	占工程投资的比例（%）	不含税金额	可抵扣增值税金额
二	安装工程费	33.4	79.79	30.33	3.07
三	拆除工程费				
四	设备购置费				
	其中：编制基准期价差	0.52	1.24	0.52	
五	小计	33.4	79.79	30.33	3.07
	其中：甲供设备材料费	9.66	23.08	8.55	1.11
六	其他费用	8.46	20.21	7.98	0.48
七	基本预备费				
八	特殊项目				
九	工程投资合计	41.86	100	38.31	3.55
	其中：可抵扣增值税金额	3.55			3.55
	其中：施工费	23.74	56.71	21.78	1.96

表 4−105 典型方案 B1−18 安装工程专业汇总表 金额单位：元

序号	工程或费用名称	安装工程费			设备购置费	合计
		未计价材料费	安装费	小计		
	安装工程	146913	187118	334031		334031
1	基础工程	49445	170158	219604		219604
1.1	基础工程材料工地运输		32872	32872		32872
1.2	基础土石方工程		199	199		199
1.3	基础砌筑	49445	137087	186532		186532
1.3.2	现浇基础	186	497	683		683
1.3.3	灌注桩基础	49259	136590	185849		185849
2	杆塔工程	96264	15669	111933		111933
2.1	杆塔工程材料工地运输		2791	2791		2791
2.2	杆塔组立	96264	12878	109142		109142
2.2.2	铁塔、钢管杆组立	96264	12878	109142		109142
3	接地工程	875	627	1502		1502
3.1	接地工程材料工地运输		43	43		43
3.2	接地土石方		276	276		276
3.3	接地安装	875	307	1182		1182
6	辅助工程	329	664	992		992
6.7	杆塔上装的各类辅助生产装置	329	664	992		992
	合计	146913	187118	334031		334031

表 4−106 典型方案 B1−18 其他费用估算表 金额单位：元

序号	工程或费用名称	编制依据及计算说明	合价
2	项目管理费		24585
2.1	管理经费	（安装工程费＋拆除工程费）×3.53%	11791
2.2	招标费	（安装工程费＋拆除工程费）×0.4%	1336
2.3	工程监理费	（安装工程费＋拆除工程费）×3.43%	11457
3	项目技术服务费		59976
3.1	前期工作费	安装工程费×2.1%	7015
3.3	工程勘察设计费		49993
3.3.1	勘察费	勘察费×100%	22520
3.3.2	设计费	设计费×100%	27473
3.4	设计文件评审费		1700
3.4.1	初步设计文件评审费	基本设计费×3.5%	815
3.4.2	施工图文件评审费	基本设计费×3.8%	885
3.5	施工过程造价咨询及竣工结算审核费	（安装工程费＋拆除工程费）×0.38%	1269
	合计		84561

4.18.4 典型方案设备材料表

典型方案 B1-18 设备材料表见表 4-107。

表 4-107 **典型方案 B1-18 设备材料表**

序号	设备或材料名称	单位	数量	备注
	架空线路工程			
一	杆塔工程			
1	××号杆塔			
1.1	杆塔基础			
500080493	商品混凝土 C15	m³	0.440	
500067308	商品混凝土 C25	m³	87.118	
H09010101	普通圆钢	t	1.992	
	地脚螺栓	t	0.136	
500014234	塔材 AC220kV，单回路，角钢，Q420，耐张塔	t	11.450	
500023173	标识牌，不锈钢	块	6	
1.4	接地			
500020133	接地铁，圆钢，镀锌，ϕ10，不计长度	t	0.190	

4.18.5 典型方案工程量表

典型方案 B1-18 工程量见表 4-108。

表 4-108 **典型方案 B1-18 工程量表**

序号	项目名称	单位	数量	备注
	安装工程			
1	基础工程			
1.1	基础工程材料工地运输			
JYX1-19	人力运输 金具、绝缘子、零星钢材	t·km	0.675	
JYX1-22	人力运输 其他建筑安装材料	t·km	60.751	
JYX1-105	汽车运输 金具、绝缘子、零星钢材 装卸	t	2.250	
JYX1-106	汽车运输 金具、绝缘子、零星钢材 运输	t·km	22.496	
JYX1-107	汽车运输 其他建筑安装材料 装卸	t	202.502	
JYX1-108	汽车运输 其他建筑安装材料 运输	t·km	2025.020	
1.2	基础土石方工程			
JYX2-7	线路复测及分坑 耐张（转角）自立塔	基	1	
1.3	基础砌筑			
1.3.2	现浇基础			
JYX3-72	混凝土搅拌及浇制 保护帽	m³	0.440	

序号	项目名称	单位	数量	备注
1.3.3	灌注桩基础			
JYX3－43	钢筋加工及制作　一般钢筋	t	1.992	
JYX3－101	灌注桩基础　机械推钻　砂土、黏土　孔深 30m 以内　孔径（m）1.0 以内	m	96	
JYX3－171	灌注桩基础　混凝土搅拌及浇制　孔深（m）30 以内	m³	87.118	
2	杆塔工程			
2.1	杆塔工程材料工地运输			
JYX1－20	人力运输　角钢塔材	t·km	3.452	
JYX1－101	汽车运输　角钢塔材　装卸	t	11.507	
JYX1－102	汽车运输　角钢塔材　运输	t·km	115.073	
2.2	杆塔组立			
2.2.2	铁塔、钢管杆组立			
JYX4－65	角钢塔　塔全高 30m 以内　每米塔重（kg）400 以上	t	11.450	
3	接地工程			
3.1	接地工程材料工地运输			
JYX1－19	人力运输　金具、绝缘子、零星钢材	t·km	0.060	
JYX1－105	汽车运输　金具、绝缘子、零星钢材　装卸	t	0.201	
JYX1－106	汽车运输　金具、绝缘子、零星钢材　运输	t·km	2.014	
3.2	接地土石方			
JYX2－213	接地槽挖方（或爆破）及回填　普通土	m³	10	
3.3	接地安装			
JYX3－201	接地体加工及制作	t	0.190	
JYX3－204	一般接地体安装　水平接地体敷设	m	40	
JYX3－212	接地电阻测量	基	1	
6	辅助工程			
6.7	杆塔上装的各类辅助生产装置			
JYX1－19	人力运输　金具、绝缘子、零星钢材	t·km	0.039	
JYX1－105	汽车运输　金具、绝缘子、零星钢材　装卸	t	0.128	
JYX1－106	汽车运输　金具、绝缘子、零星钢材　运输	t·km	1.284	
JYX8－33	杆塔附属设施安装　标示牌　35kV 及以上	块	6	

4.19　B1－19 新建 220kV 单回耐张塔（覆冰 15mm）

4.19.1　典型方案主要内容

本典型方案为新建 1 基 220kV 单回耐张塔，内容包括新建塔测量及分坑；基础开挖及回

填；接地沟开挖及回填；基础钢筋制作及加工；混凝土运输、搅拌及浇制；塔材运输及杆塔组立；基础保护帽浇制；接地体运输及敷设；接地电阻测量检查；杆塔附属设施安装。

4.19.2 典型方案主要技术条件

典型方案 B1−19 主要技术条件见表 4−109。

表 4−109 典型方案 **B1−19** 主要技术条件

方案名称	工程主要技术条件	
新建 220kV 单回耐张塔	电压等级	220kV
	杆塔类型	单回路耐张
	规格型号	220−GD31D−J3−21
	地形	100%平地
	气象条件	覆冰 15mm，基本风速 27m/s
	地质条件	100%普通土
	基础	灌注桩
	运距	人力 0.3km，汽车 10km

4.19.3 典型方案估算书

估算投资为总投资，编制依据按 3.2 要求。典型方案 B1−19 估算书包括总估算汇总表、安装工程专业汇总表、其他费用估算表，分别见表 4−110～表 4−112。

表 4−110 典型方案 **B1−19** 总估算汇总表 金额单位：万元

序号	工程或费用名称	含税金额	占工程投资的比例（%）	不含税金额	可抵扣增值税金额
二	安装工程费	39.25	80.45	35.69	3.56
三	拆除工程费				
四	设备购置费				
	其中：编制基准期价差	0.59	1.21	0.59	
五	小计	39.25	80.45	35.69	3.56
	其中：甲供设备材料费	10.1	20.7	8.94	1.16
六	其他费用	9.54	19.55	9	0.54
七	基本预备费				
八	特殊项目				
九	工程投资合计	48.79	100	44.69	4.1
	其中：可抵扣增值税金额	4.1			4.1
	其中：施工费	29.15	59.75	26.74	2.41

表 4-111　　　　　典型方案 B1-19 安装工程专业汇总表　　　　金额单位：元

序号	工程或费用名称	安装工程费			设备购置费	合计
		未计价材料费	安装费	小计		
	安装工程	177857	214610	392467		392467
1	基础工程	76018	196111	272129		272129
1.1	基础工程材料工地运输		37455	37455		37455
1.2	基础土石方工程		199	199		199
1.3	基础砌筑	76018	158456	234474		234474
1.3.2	现浇基础	254	677	932		932
1.3.3	灌注桩基础	75764	157779	233543		233543
2	杆塔工程	100636	17209	117844		117844
2.1	杆塔工程材料工地运输		2918	2918		2918
2.2	杆塔组立	100636	14291	114926		114926
2.2.2	铁塔、钢管杆组立	100636	14291	114926		114926
3	接地工程	875	627	1502		1502
3.1	接地工程材料工地运输		43	43		43
3.2	接地土石方		276	276		276
3.3	接地安装	875	307	1182		1182
6	辅助工程	329	664	992		992
6.7	杆塔上装的各类辅助生产装置	329	664	992		992
	合计	177857	214610	392467		392467

表 4-112　　　　　典型方案 B1-19 其他费用估算表　　　　金额单位：元

序号	工程或费用名称	编制依据及计算说明	合价
2	项目管理费		28886
2.1	管理经费	（安装工程费＋拆除工程费）×3.53%	13854
2.2	招标费	（安装工程费＋拆除工程费）×0.4%	1570
2.3	工程监理费	（安装工程费＋拆除工程费）×3.43%	13462
3	项目技术服务费		66529
3.1	前期工作费	安装工程费×2.1%	8242
3.3	工程勘察设计费		54799
3.3.1	勘察费	勘察费×100%	22520
3.3.2	设计费	设计费×100%	32279
3.4	设计文件评审费		1997
3.4.1	初步设计文件评审费	基本设计费×3.5%	957
3.4.2	施工图文件评审费	基本设计费×3.8%	1039
3.5	施工过程造价咨询及竣工结算审核费	（安装工程费＋拆除工程费）×0.38%	1491
	合计		95415

4.19.4 典型方案设备材料表

典型方案 B1-19 设备材料表见表 4-113。

表 4-113　　　　　典型方案 B1-19 设备材料表

序号	设备或材料名称	单位	数量	备注
	架空线路工程			
一	杆塔工程			
1	××号杆塔			
1.1	杆塔基础			
500080493	商品混凝土　C15	m³	0.600	
500067308	商品混凝土　C25	m³	97.356	
H09010101	普通圆钢	t	6.066	
	地脚螺栓	t	0.846	
500014234	塔材　AC220kV，单回路，角钢，Q420，耐张塔	t	11.970	
500023173	标识牌，不锈钢	块	6	
1.4	接地			
500020133	接地铁，圆钢，镀锌，ϕ10，不计长度	t	0.190	

4.19.5 典型方案工程量表

典型方案 B1-19 工程量见表 4-114。

表 4-114　　　　　典型方案 B1-19 工程量表

序号	项目名称	单位	数量	备注
	安装工程			
1	基础工程			
1.1	基础工程材料工地运输			
JYX1-19	人力运输　金具、绝缘子、零星钢材	t·km	2.187	
JYX1-22	人力运输　其他建筑安装材料	t·km	67.309	
JYX1-105	汽车运输　金具、绝缘子、零星钢材　装卸	t	7.289	
JYX1-106	汽车运输　金具、绝缘子、零星钢材　运输	t·km	72.887	
JYX1-107	汽车运输　其他建筑安装材料　装卸	t	224.362	
JYX1-108	汽车运输　其他建筑安装材料　运输	t·km	2243.621	
1.2	基础土石方工程			
JYX2-7	线路复测及分坑　耐张（转角）自立塔	基	1	
1.3	基础砌筑			
1.3.2	现浇基础			
JYX3-72	混凝土搅拌及浇制　保护帽	m³	0.600	

序号	项目名称	单位	数量	备注
1.3.3	灌注桩基础			
JYX3－43	钢筋加工及制作 一般钢筋	t	6.066	
JYX3－101	灌注桩基础 机械推钻 砂土、黏土 孔深 30m 以内 孔径（m）1.0 以内	m	106	
JYX3－171	灌注桩基础 混凝土搅拌及浇制 孔深（m）30 以内	m³	97.356	
2	杆塔工程			
2.1	杆塔工程材料工地运输			
JYX1－20	人力运输 角钢塔材	t·km	3.609	
JYX1－101	汽车运输 角钢塔材 装卸	t	12.030	
JYX1－102	汽车运输 角钢塔材 运输	t·km	120.299	
2.2	杆塔组立			
2.2.2	铁塔、钢管杆组立			
JYX4－69	角钢塔 塔全高 50m 以内 每米塔重（kg）400 以内	t	11.970	
3	接地工程			
3.1	接地工程材料工地运输			
JYX1－19	人力运输 金具、绝缘子、零星钢材	t·km	0.060	
JYX1－105	汽车运输 金具、绝缘子、零星钢材 装卸	t	0.201	
JYX1－106	汽车运输 金具、绝缘子、零星钢材 运输	t·km	2.014	
3.2	接地土石方			
JYX2－213	接地槽挖方（或爆破）及回填 普通土	m³	10	
3.3	接地安装			
JYX3－201	接地体加工及制作	t	0.190	
JYX3－204	一般接地体安装 水平接地体敷设	m	40	
JYX3－212	接地电阻测量	基	1	
6	辅助工程			
6.7	杆塔上装的各类辅助生产装置			
JYX1－19	人力运输 金具、绝缘子、零星钢材	t·km	0.039	
JYX1－105	汽车运输 金具、绝缘子、零星钢材 装卸	t	0.128	
JYX1－106	汽车运输 金具、绝缘子、零星钢材 运输	t·km	1.284	
JYX8－33	杆塔附属设施安装 标示牌 35kV 及以上	块	6	

4.20 B1－20 新建 220kV 双回耐张塔（覆冰 10mm）

4.20.1 典型方案主要内容

本典型方案为新建 1 基 220kV 双回耐张塔，内容包括新建塔测量及分坑；基础开挖及回

填；接地沟开挖及回填；基础钢筋制作及加工；混凝土运输、搅拌及浇制；塔材运输及杆塔组立；基础保护帽浇制；接地体运输及敷设；接地电阻测量检查；杆塔附属设施安装。

4.20.2 典型方案主要技术条件

典型方案 B1-20 主要技术条件见表 4-115。

表 4-115　　　　　　　　典型方案 B1-20 主要技术条件

方案名称	工程主要技术条件	
新建 220kV 双回耐张塔	电压等级	220kV
	杆塔类型	双回路耐张
	规格型号	220-GD21S-J3-21
	地形	100%平地
	气象条件	覆冰 10mm，基本风速 27m/s
	地质条件	100%普通土
	基础	灌注桩
	运距	人力 0.3km，汽车 10km

4.20.3 典型方案估算书

估算投资为总投资，编制依据按 3.2 要求。典型方案 B1-20 估算书包括总估算汇总表、安装工程专业汇总表、其他费用估算表，分别见表 4-116～表 4-118。

表 4-116　　　　　　　　典型方案 B1-20 总估算汇总表　　　　　　　　金额单位：万元

序号	工程或费用名称	含税金额	占工程投资的比例（%）	不含税金额	可抵扣增值税金额
二	安装工程费	49.67	81.23	44.98	4.69
三	拆除工程费				
四	设备购置费				
	其中：编制基准期价差	0.67	1.1	0.67	
五	小计	49.67	81.23	44.98	4.69
	其中：甲供设备材料费	18.31	29.94	16.21	2.1
六	其他费用	11.48	18.77	10.83	0.65
七	基本预备费				
八	特殊项目				
九	工程投资合计	61.15	100	55.81	5.34
	其中：可抵扣增值税金额	5.34			5.34
	其中：施工费	31.35	51.27	28.76	2.59

表 4−117　　　　　　　　典型方案 B1−20 安装工程专业汇总表　　　　金额单位：元

序号	工程或费用名称	安装工程费			设备购置费	合计
		未计价材料费	安装费	小计		
	安装工程	251461	245206	496666		496666
1	基础工程	67302	214121	281423		281423
1.1	基础工程材料工地运输		41364	41364		41364
1.2	基础土石方工程		199	199		199
1.3	基础砌筑	67302	172558	239859		239859
1.3.2	现浇基础	186	497	683		683
1.3.3	灌注桩基础	67115	172061	239176		239176
2	杆塔工程	182817	29758	212575		212575
2.1	杆塔工程材料工地运输		5301	5301		5301
2.2	杆塔组立	182817	24457	207274		207274
2.2.2	铁塔、钢管杆组立	182817	24457	207274		207274
3	接地工程	1013	663	1676		1676
3.1	接地工程材料工地运输		50	50		50
3.2	接地土石方		276	276		276
3.3	接地安装	1013	337	1350		1350
6	辅助工程	329	664	992		992
6.7	杆塔上装的各类辅助生产装置	329	664	992		992
	合计	251461	245206	496666		496666

表 4−118　　　　　　　　典型方案 B1−20 其他费用估算表　　　　金额单位：元

序号	工程或费用名称	编制依据及计算说明	合价
2	项目管理费		36555
2.1	管理经费	（安装工程费＋拆除工程费）×3.53%	17532
2.2	招标费	（安装工程费＋拆除工程费）×0.4%	1987
2.3	工程监理费	（安装工程费＋拆除工程费）×3.43%	17036
3	项目技术服务费		78213
3.1	前期工作费	安装工程费×2.1%	10430
3.3	工程勘察设计费		63369
3.3.1	勘察费	勘察费×100%	22520
3.3.2	设计费	设计费×100%	40849
3.4	设计文件评审费		2527
3.4.1	初步设计文件评审费	基本设计费×3.5%	1212
3.4.2	施工图文件评审费	基本设计费×3.8%	1315
3.5	施工过程造价咨询及竣工结算审核费	（安装工程费＋拆除工程费）×0.38%	1887
	合计		114768

4.20.4 典型方案设备材料表

典型方案 B1–20 设备材料表见表 4–119。

表 4–119   **典型方案 B1–20 设备材料表**

序号	设备或材料名称	单位	数量	备注
	架空线路工程			
一	杆塔工程			
1	××号杆塔			
1.1	杆塔基础			
500080493	商品混凝土 C15	m³	0.440	
500067308	商品混凝土 C25	m³	109.002	
H09010101	钢筋笼	t	2.676	
	地脚螺栓	t	1.232	
500014234	塔材 AC220kV，双回路，角钢，Q420，耐张塔	t	21.745	
500023173	标识牌，不锈钢	块	6	
1.4	接地			
500020133	接地铁圆钢，镀锌，φ10，不计长度	t	0.220	

4.20.5 典型方案工程量表

典型方案 B1–20 工程量见表 4–120。

表 4–120   **典型方案 B1–20 工程量表**

序号	项目名称	单位	数量	备注
	安装工程			
1	基础工程			
1.1	基础工程材料工地运输			
JYX1–19	人力运输 金具、绝缘子、零星钢材	t·km	1.226	
JYX1–22	人力运输 其他建筑安装材料	t·km	75.937	
JYX1–105	汽车运输 金具、绝缘子、零星钢材 装卸	t	4.087	
JYX1–106	汽车运输 金具、绝缘子、零星钢材 运输	t·km	40.871	
JYX1–107	汽车运输 其他建筑安装材料 装卸	t	253.124	
JYX1–108	汽车运输 其他建筑安装材料 运输	t·km	2531.240	
1.2	基础土石方工程			
JYX2–7	线路复测及分坑 耐张（转角）自立塔	基	1	
1.3	基础砌筑			
1.3.2	现浇基础			
JYX3–72	混凝土搅拌及浇制 保护帽	m³	0.440	

序号	项目名称	单位	数量	备注
1.3.3	灌注桩基础			
JYX3－44	钢筋加工及制作 钢筋笼	t	2.676	
JYX3－101	灌注桩基础 机械推钻 砂土、黏土 孔深30m以内 孔径（m）1.0以内	m	120	
JYX3－171	灌注桩基础 混凝土搅拌及浇制 孔深（m）30以内	m³	109.002	
2	杆塔工程			
2.1	杆塔工程材料工地运输			
JYX1－20	人力运输 角钢塔材	t·km	6.556	
JYX1－101	汽车运输 角钢塔材 装卸	t	21.854	
JYX1－102	汽车运输 角钢塔材 运输	t·km	218.537	
2.2	杆塔组立			
2.2.2	铁塔、钢管杆组立			
JYX4－65	角钢塔 塔全高30m以内 每米塔重（kg）400以上	t	21.745	
3	接地工程			
3.1	接地工程材料工地运输			
JYX1－19	人力运输 金具、绝缘子、零星钢材	t·km	0.070	
JYX1－105	汽车运输 金具、绝缘子、零星钢材 装卸	t	0.233	
JYX1－106	汽车运输 金具、绝缘子、零星钢材 运输	t·km	2.332	
3.2	接地土石方			
JYX2－213	接地槽挖方（或爆破）及回填 普通土	m³	10	
3.3	接地安装			
JYX3－201	接地体加工及制作	t	0.220	
JYX3－204	一般接地体安装 水平接地体敷设	m	40	
JYX3－212	接地电阻测量	基	1	
6	辅助工程			
6.7	杆塔上装的各类辅助生产装置			
JYX1－19	人力运输 金具、绝缘子、零星钢材	t·km	0.039	
JYX1－105	汽车运输 金具、绝缘子、零星钢材 装卸	t	0.128	
JYX1－106	汽车运输 金具、绝缘子、零星钢材 运输	t·km	1.284	
JYX8－33	杆塔附属设施安装 标示牌 35kV及以上	块	6	

4.21　B1-21 新建 220kV 双回耐张塔（覆冰 15mm）

4.21.1　典型方案主要内容

本典型方案为新建 1 基 220kV 双回耐张塔，内容包括新建塔测量及分坑；基础开挖及回

填；接地沟开挖及回填；基础钢筋制作及加工；混凝土运输、搅拌及浇制；塔材运输及杆塔组立；基础保护帽浇制；接地体运输及敷设；接地电阻测量检查；杆塔附属设施安装。

4.21.2 典型方案主要技术条件

典型方案 B1−21 主要技术条件见表 4−121。

表 4−121　　　　　　　　　　典型方案 B1−21 主要技术条件

方案名称	工程主要技术条件	
新建 220kV 双回耐张塔	电压等级	220kV
	杆塔类型	双回路耐张
	规格型号	220−GD31S−J3−21
	地形	100%平地
	气象条件	覆冰 15mm，基本风速 27m/s
	地质条件	100%普通土
	基础	灌注桩
	运距	人力 0.3km，汽车 10km

4.21.3 典型方案估算书

估算投资为总投资，编制依据按 3.2 要求。典型方案 B1−21 估算书包括总估算汇总表、安装工程专业汇总表、其他费用估算表，分别见表 4−122～表 4−124。

表 4−122　　　　　　　　典型方案 B1−21 总估算汇总表　　　　　金额单位：万元

序号	工程或费用名称	含税金额	占工程投资的比例（%）	不含税金额	可抵扣增值税金额
二	安装工程费	64.53	81.92	58.51	6.02
三	拆除工程费				
四	设备购置费				
	其中：编制基准期价差	0.83	1.05	0.83	
五	小计	64.53	81.92	58.51	6.02
	其中：甲供设备材料费	21.57	27.38	19.1	2.47
六	其他费用	14.24	18.08	13.43	0.81
七	基本预备费				
八	特殊项目				
九	工程投资合计	78.77	100	71.94	6.83
	其中：可抵扣增值税金额	6.83			6.83
	其中：施工费	42.96	54.54	39.41	3.55

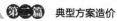

表 4-123　　　　　**典型方案 B1-21 安装工程专业汇总表**　　　　金额单位：元

序号	工程或费用名称	安装工程费			设备购置费	合计
		未计价材料费	安装费	小计		
	安装工程	335976	309282	645258		645258
1	基础工程	119289	272096	391384		391384
1.1	基础工程材料工地运输		59790	59790		59790
1.2	基础土石方工程		199	199		199
1.3	基础砌筑	119289	212106	331395		331395
1.3.2	现浇基础	254	677	932		932
1.3.3	灌注桩基础	119035	211429	330464		330464
2	杆塔工程	215345	35859	251205		251205
2.1	杆塔工程材料工地运输		6244	6244		6244
2.2	杆塔组立	215345	29615	244961		244961
2.2.2	铁塔、钢管杆组立	215345	29615	244961		244961
3	接地工程	1013	663	1676		1676
3.1	接地工程材料工地运输		50	50		50
3.2	接地土石方		276	276		276
3.3	接地安装	1013	337	1350		1350
6	辅助工程	329	664	992		992
6.7	杆塔上装的各类辅助生产装置	329	664	992		992
	合计	335976	309282	645258		645258

表 4-124　　　　　**典型方案 B1-21 其他费用估算表**　　　　金额单位：元

序号	工程或费用名称	编制依据及计算说明	合价
2	项目管理费		47491
2.1	管理经费	（安装工程费＋拆除工程费）×3.53%	22778
2.2	招标费	（安装工程费＋拆除工程费）×0.4%	2581
2.3	工程监理费	（安装工程费＋拆除工程费）×3.43%	22132
3	项目技术服务费		94875
3.1	前期工作费	安装工程费×2.1%	13550
3.3	工程勘察设计费		75590
3.3.1	勘察费	勘察费×100%	22520
3.3.2	设计费	设计费×100%	53070
3.4	设计文件评审费		3283
3.4.1	初步设计文件评审费	基本设计费×3.5%	1574
3.4.2	施工图文件评审费	基本设计费×3.8%	1709
3.5	施工过程造价咨询及竣工结算审核费	（安装工程费＋拆除工程费）×0.38%	2452
	合计		142366

4.21.4　典型方案设备材料表

典型方案 B1–21 设备材料表见表 4–125。

表 4–125　　　　　　　**典型方案 B1–21 设备材料表**

序号	设备或材料名称	单位	数量	备注
	架空线路工程			
一	杆塔工程			
1	××号杆塔			
1.1	杆塔基础			
500080493	商品混凝土　C15	m³	0.600	
500067308	商品混凝土　C25	m³	158.020	
H09010101	钢筋笼	t	9.060	
	地脚螺栓	t	1.298	
500014234	塔材　AC220kV，双回路，角钢，Q420，耐张塔	t	25.614	
500023173	标识牌，不锈钢	块	6	
1.4	接地			
500020133	接地铁圆钢，镀锌，$\phi10$，不计长度	t	0.220	

4.21.5　典型方案工程量表

典型方案 B1–21 工程量见表 4–126。

表 4–126　　　　　　　**典型方案 B1–21 工程量表**

序号	项目名称	单位	数量	备注
	安装工程			
1	基础工程			
1.1	基础工程材料工地运输			
JYX1–19	人力运输　金具、绝缘子、零星钢材	t·km	3.277	
JYX1–22	人力运输　其他建筑安装材料	t·km	107.734	
JYX1–105	汽车运输　金具、绝缘子、零星钢材　装卸	t	10.923	
JYX1–106	汽车运输　金具、绝缘子、零星钢材　运输	t·km	109.232	
JYX1–107	汽车运输　其他建筑安装材料　装卸	t	359.114	
JYX1–108	汽车运输　其他建筑安装材料　运输	t·km	3591.142	
1.2	基础土石方工程			
JYX2–7	线路复测及分坑　耐张（转角）自立塔	基	1	
1.3	基础砌筑			
1.3.2	现浇基础			
JYX3–72	混凝土搅拌及浇制　保护帽	m³	0.600	

序号	项目名称	单位	数量	备注
1.3.3	灌注桩基础			
JYX3－44	钢筋加工及制作　钢筋笼	t	9.060	
JYX3－102	灌注桩基础　机械推钻　砂土、黏土　孔深 30m 以内　孔径（m）1.2 以内	m	52	
JYX3－103	灌注桩基础　机械推钻　砂土、黏土　孔深 30m 以内　孔径（m）1.4 以内	m	48	
JYX3－171	灌注桩基础　混凝土搅拌及浇制　孔深（m）30 以内	m³	158.020	
2	杆塔工程			
2.1	杆塔工程材料工地运输			
JYX1－20	人力运输　角钢塔材	t·km	7.723	
JYX1－101	汽车运输　角钢塔材　装卸	t	25.742	
JYX1－102	汽车运输　角钢塔材　运输	t·km	257.421	
2.2	杆塔组立			
2.2.2	铁塔、钢管杆组立			
JYX4－70	角钢塔　塔全高 50m 以内　每米塔重（kg）800 以内	t	25.614	
3	接地工程			
3.1	接地工程材料工地运输			
JYX1－19	人力运输　金具、绝缘子、零星钢材	t·km	0.070	
JYX1－105	汽车运输　金具、绝缘子、零星钢材　装卸	t	0.233	
JYX1－106	汽车运输　金具、绝缘子、零星钢材　运输	t·km	2.332	
3.2	接地土石方			
JYX2－213	接地槽挖方（或爆破）及回填　普通土	m³	10	
3.3	接地安装			
JYX3－201	接地体加工及制作	t	0.220	
JYX3－204	一般接地体安装　水平接地体敷设	m	40	
JYX3－212	接地电阻测量	基	1	
6	辅助工程			
6.7	杆塔上装的各类辅助生产装置			
JYX1－19	人力运输　金具、绝缘子、零星钢材	t·km	0.039	
JYX1－105	汽车运输　金具、绝缘子、零星钢材　装卸	t	0.128	
JYX1－106	汽车运输　金具、绝缘子、零星钢材　运输	t·km	1.284	
JYX8－33	杆塔附属设施安装　标示牌　35kV 及以上	块	6	

4.22　B1-22 新建 500kV 单回直线塔（覆冰 10mm）

4.22.1　典型方案主要内容

本典型方案为新建 1 基 500kV 单回直线塔，内容包括新建塔测量及分坑；基础开挖及回

填；接地沟开挖及回填；基础钢筋制作及加工；混凝土运输、搅拌及浇制；塔材运输及杆塔组立；基础保护帽浇制；接地体运输及敷设；接地电阻测量检查；杆塔附属设施安装。

4.22.2　典型方案主要技术条件

典型方案 B1-22 主要技术条件见表 4-127。

表 4-127　　　　　　　　　　　　**典型方案 B1-22 主要技术条件**

方案名称	工程主要技术条件	
新建 500kV 单回直线塔	电压等级	500kV
	杆塔类型	单回路直线
	规格型号	500-KC21D-ZBC3-39
	地形	100%平地
	气象条件	覆冰 10mm，基本风速 27m/s
	地质条件	100%普通土
	基础	灌注桩
	运距	人力 0.3km，汽车 10km

4.22.3　典型方案估算书

估算投资为总投资，编制依据按 3.2 要求。典型方案 B1-22 估算书包括总估算汇总表、安装工程专业汇总表、其他费用估算表，分别见表 4-128～表 4-130。

表 4-128　　　　　　　　　　　　**典型方案 B1-22 总估算汇总表**　　　　　　金额单位：万元

序号	工程或费用名称	含税金额	占工程投资的比例（%）	不含税金额	可抵扣增值税金额
二	安装工程费	35.75	76.41	32.28	3.47
三	拆除工程费				
四	设备购置费				
	其中：编制基准期价差	0.41	0.88	0.41	
五	小计	35.75	76.41	32.28	3.47
	其中：甲供设备材料费	16.25	34.73	14.39	1.86
六	其他费用	11.04	23.59	10.42	0.62
七	基本预备费				
八	特殊项目				
九	工程投资合计	46.79	100	42.7	4.09
	其中：可抵扣增值税金额	4.09			4.09
	其中：施工费	19.5	41.68	17.89	1.61

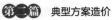

表 4–129　　　　　　典型方案 B1–22 安装工程专业汇总表　　　　　金额单位：元

序号	工程或费用名称	安装工程费			设备购置费	合计
		未计价材料费	安装费	小计		
	安装工程	214014	143507	357521		357521
1	基础工程	51073	115259	166331		166331
1.1	基础工程材料工地运输		23066	23066		23066
1.2	基础土石方工程		141	141		141
1.3	基础砌筑	51073	92052	143124		143124
1.3.2	现浇基础	254	679	933		933
1.3.3	灌注桩基础	50818	91373	142192		142192
2	杆塔工程	162261	27056	189317		189317
2.1	杆塔工程材料工地运输		4719	4719		4719
2.2	杆塔组立	162261	22336	184598		184598
2.2.2	铁塔、钢管杆组立	162261	22336	184598		184598
3	接地工程	461	749	1209		1209
3.1	接地工程材料工地运输		23	23		23
3.2	接地土石方		497	497		497
3.3	接地安装	461	229	689		689
6	辅助工程	219	444	663		663
6.7	杆塔上装的各类辅助生产装置	219	444	663		663
	合计	214014	143507	357521		357521

表 4–130　　　　　　典型方案 B1–22 其他费用估算表　　　　　金额单位：元

序号	工程或费用名称	编制依据及计算说明	合价
2	项目管理费		26314
2.1	管理经费	（安装工程费＋拆除工程费）×3.53%	12620
2.2	招标费	（安装工程费＋拆除工程费）×0.4%	1430
2.3	工程监理费	（安装工程费＋拆除工程费）×3.43%	12263
3	项目技术服务费		84043
3.1	前期工作费	安装工程费×2.1%	7508
3.3	工程勘察设计费		73358
3.3.1	勘察费	勘察费×100%	43953
3.3.2	设计费	设计费×100%	29405
3.4	设计文件评审费		1819
3.4.1	初步设计文件评审费	基本设计费×3.5%	872
3.4.2	施工图文件评审费	基本设计费×3.8%	947
3.5	施工过程造价咨询及竣工结算审核费	（安装工程费＋拆除工程费）×0.38%	1359
	合计		110357

4.22.4 典型方案设备材料表

典型方案 B1-22 设备材料表见表 4-131。

表 4-131 典型方案 B1-22 设备材料表

序号	设备或材料名称	单位	数量	备注
	架空线路工程			
一	杆塔工程			
1	××号杆塔			
1.1	杆塔基础			
500080493	商品混凝土 C15	m³	0.600	
500067308	商品混凝土 C25	m³	60.400	
H09010101	钢筋笼	t	4.672	
	地脚螺栓	t	0.440	
500014245	塔材 AC500kV，单回路，角钢，Q420，直线塔	t	19.300	
500023173	标识牌，不锈钢	块	4	
1.4	接地			
500020133	接地铁，圆钢，镀锌，ϕ10，不计长度	t	0.100	

4.22.5 典型方案工程量表

典型方案 B1-22 工程量见表 4-132。

表 4-132 典型方案 B1-22 工程量表

序号	项目名称	单位	数量	备注
	安装工程			
1	基础工程			
1.1	基础工程材料工地运输			
JYX1-19	人力运输 金具、绝缘子、零星钢材	t·km	1.620	
JYX1-22	人力运输 其他建筑安装材料	t·km	40.973	
JYX1-105	汽车运输 金具、绝缘子、零星钢材 装卸	t	5.399	
JYX1-106	汽车运输 金具、绝缘子、零星钢材 运输	t·km	53.989	
JYX1-107	汽车运输 其他建筑安装材料 装卸	t	136.578	
JYX1-108	汽车运输 其他建筑安装材料 运输	t·km	1365.781	
1.2	基础土石方工程			
JYX2-6	线路复测及分坑 直线自立塔	基	1	
1.3	基础砌筑			
1.3.2	现浇基础			
JYX3-72	混凝土搅拌及浇制 保护帽	m³	0.600	

续表

序号	项目名称	单位	数量	备注
1.3.3	灌注桩基础			
JYX3－44	钢筋加工及制作 钢筋笼	t	4.672	
JYX3－94	灌注桩基础 机械推钻 砂土、黏土 孔深20m以内 孔径（m）1.0以内	m	64	
JYX3－170	灌注桩基础 混凝土搅拌及浇制 孔深（m）20以内	m³	60.400	
2	杆塔工程			
2.1	杆塔工程材料工地运输			
JYX1－20	人力运输 角钢塔材	t·km	5.819	
JYX1－101	汽车运输 角钢塔材 装卸	t	19.397	
JYX1－102	汽车运输 角钢塔材 运输	t·km	193.965	
2.2	杆塔组立			
2.2.2	铁塔、钢管杆组立			
JYX4－70	角钢塔 塔全高50m以内 每米塔重（kg）800以内	t	19.300	
3	接地工程			
3.1	接地工程材料工地运输			
JYX1－19	人力运输 金具、绝缘子、零星钢材	t·km	0.032	
JYX1－105	汽车运输 金具、绝缘子、零星钢材 装卸	t	0.106	
JYX1－106	汽车运输 金具、绝缘子、零星钢材 运输	t·km	1.060	
3.2	接地土石方			
JYX2－213	接地槽挖方（或爆破）及回填 普通土	m³	18	
3.3	接地安装			
JYX3－201	接地体加工及制作	t	0.100	
JYX3－204	一般接地体安装 水平接地体敷设	m	50	
JYX3－212	接地电阻测量	基	1	
6	辅助工程			
6.7	杆塔上装的各类辅助生产装置			
JYX1－19	人力运输 金具、绝缘子、零星钢材	t·km	0.026	
JYX1－105	汽车运输 金具、绝缘子、零星钢材 装卸	t	0.086	
JYX1－106	汽车运输 金具、绝缘子、零星钢材 运输	t·km	0.856	
JYX8－33	杆塔附属设施安装 标示牌 35kV及以上	块	4	

4.23 B1－23 新建500kV单回直线塔（覆冰15mm）

4.23.1 典型方案主要内容

本典型方案为新建1基500kV单回直线塔，内容包括新建塔测量及分坑；基础开挖及回填；接地沟开挖及回填；基础钢筋制作及加工；混凝土运输、搅拌及浇制；塔材运输及杆塔组立；基础保护帽浇制；接地体运输及敷设；接地电阻测量检查；杆塔附属设施安装。

4.23.2 典型方案主要技术条件

典型方案 B1-23 主要技术条件见表 4-133。

表 4-133　　　　　　　　　典型方案 B1-23 主要技术条件

方案名称	工程主要技术条件	
新建 500kV 单回直线塔	电压等级	500kV
	杆塔类型	单回路直线
	规格型号	500-MC31D-ZBC3-39
	地形	100%平地
	气象条件	覆冰 15mm，基本风速 27m/s
	地质条件	100%普通土
	基础	灌注桩
	运距	人力 0.3km，汽车 10km

4.23.3 典型方案估算书

估算投资为总投资，编制依据按 3.2 要求。典型方案 B1-23 估算书包括总估算汇总表、安装工程专业汇总表、其他费用估算表，分别见表 4-134～表 4-136。

表 4-134　　　　　　　　　典型方案 B1-23 总估算汇总表　　　　　　金额单位：万元

序号	工程或费用名称	含税金额	占工程投资的比例（%）	不含税金额	可抵扣增值税金额
二	安装工程费	43.72	77.74	39.42	4.3
三	拆除工程费				
四	设备购置费				
	其中：编制基准期价差	0.44	0.78	0.44	
五	小计	43.72	77.74	39.42	4.3
	其中：甲供设备材料费	21.62	38.44	19.14	2.48
六	其他费用	12.52	22.26	11.81	0.71
七	基本预备费				
八	特殊项目				
九	工程投资合计	56.24	100	51.23	5.01
	其中：可抵扣增值税金额	5.01			5.01
	其中：施工费	22.1	39.3	20.28	1.82

表 4-135　　　　　**典型方案 B1-23 安装工程专业汇总表**　　　　　金额单位：元

序号	工程或费用名称	安装工程费			设备购置费	合计
		未计价材料费	安装费	小计		
	安装工程	280931	156293	437225		437225
1	基础工程	64268	119087	183354		183354
1.1	基础工程材料工地运输		22885	22885		22885
1.2	基础土石方工程		141	141		141
1.3	基础砌筑	64268	96060	160328		160328
1.3.2	现浇基础	254	679	933		933
1.3.3	灌注桩基础	64013	95382	159395		159395
2	杆塔工程	215984	36014	251998		251998
2.1	杆塔工程材料工地运输		6282	6282		6282
2.2	杆塔组立	215984	29732	245716		245716
2.2.2	铁塔、钢管杆组立	215984	29732	245716		245716
3	接地工程	461	749	1209		1209
3.1	接地工程材料工地运输		23	23		23
3.2	接地土石方		497	497		497
3.3	接地安装	461	229	689		689
6	辅助工程	219	444	663		663
6.7	杆塔上装的各类辅助生产装置	219	444	663		663
	合计	280931	156293	437225		437225

表 4-136　　　　　**典型方案 B1-23 其他费用估算表**　　　　　金额单位：元

序号	工程或费用名称	编制依据及计算说明	合价
2	项目管理费		32180
2.1	管理经费	（安装工程费+拆除工程费）×3.53%	15434
2.2	招标费	（安装工程费+拆除工程费）×0.4%	1749
2.3	工程监理费	（安装工程费+拆除工程费）×3.43%	14997
3	项目技术服务费		92981
3.1	前期工作费	安装工程费×2.1%	9182
3.3	工程勘察设计费		79913
3.3.1	勘察费	勘察费×100%	43953
3.3.2	设计费	设计费×100%	35960
3.4	设计文件评审费		2225
3.4.1	初步设计文件评审费	基本设计费×3.5%	1067
3.4.2	施工图文件评审费	基本设计费×3.8%	1158
3.5	施工过程造价咨询及竣工结算审核费	（安装工程费+拆除工程费）×0.38%	1661
	合计		125161

4.23.4 典型方案设备材料表

典型方案 B1-23 设备材料表见表 4-137。

表 4-137 典型方案 B1-23 设备材料表

序号	设备或材料名称	单位	数量	备注
	架空线路工程			
一	杆塔工程			
1	××号杆塔			
1.1	杆塔基础			
500080493	商品混凝土　C15	m³	0.600	
500067308	商品混凝土　C25	m³	76.237	
H09010101	钢筋笼	t	5.872	
	地脚螺栓	t	0.600	
500014245	塔材　AC500kV，单回路，角钢，Q420，直线塔	t	25.690	
500023173	标识牌，不锈钢	块	4	
1.4	接地			
500020133	接地铁，圆钢，镀锌，φ10，不计长度	t	0.100	

4.23.5 典型方案工程量表

典型方案 B1-23 工程量见表 4-138。

表 4-138 典型方案 B1-23 工程量表

序号	项目名称	单位	数量	备注
	安装工程			
1	基础工程			
1.1	基础工程材料工地运输			
JYX1-19	人力运输　金具、绝缘子、零星钢材	t·km	2.035	
JYX1-22	人力运输　其他建筑安装材料	t·km	40.075	
JYX1-105	汽车运输　金具、绝缘子、零星钢材　装卸	t	6.785	
JYX1-106	汽车运输　金具、绝缘子、零星钢材　运输	t·km	67.846	
JYX1-107	汽车运输　其他建筑安装材料　装卸	t	133.583	
JYX1-108	汽车运输　其他建筑安装材料　运输	t·km	1335.831	
1.2	基础土石方工程			
JYX2-6	线路复测及分坑　直线自立塔	基	1	
1.3	基础砌筑			
1.3.2	现浇基础			
JYX3-72	混凝土搅拌及浇制　保护帽	m³	0.600	

序号	项目名称	单位	数量	备注
1.3.3	灌注桩基础			
JYX3－44	钢筋加工及制作 钢筋笼	t	5.872	
JYX3－94	灌注桩基础 机械推钻 砂土、黏土 孔深 20m 以内 孔径（m）1.0 以内	m	56	
JYX3－170	灌注桩基础 混凝土搅拌及浇制 孔深（m）20 以内	m³	76.237	
2	杆塔工程			
2.1	杆塔工程材料工地运输			
JYX1－20	人力运输 角钢塔材	t·km	7.746	
JYX1－101	汽车运输 角钢塔材 装卸	t	25.818	
JYX1－102	汽车运输 角钢塔材 运输	t·km	258.185	
2.2	杆塔组立			
2.2.2	铁塔、钢管杆组立			
JYX4－70	角钢塔 塔全高 50m 以内 每米塔重（kg）800 以内	t	25.690	
3	接地工程			
3.1	接地工程材料工地运输			
JYX1－19	人力运输 金具、绝缘子、零星钢材	t·km	0.032	
JYX1－105	汽车运输 金具、绝缘子、零星钢材 装卸	t	0.106	
JYX1－106	汽车运输 金具、绝缘子、零星钢材 运输	t·km	1.060	
3.2	接地土石方			
JYX2－213	接地槽挖方（或爆破）及回填 普通土	m³	18	
3.3	接地安装			
JYX3－201	接地体加工及制作	t	0.100	
JYX3－204	一般接地体安装 水平接地体敷设	m	50	
JYX3－212	接地电阻测量	基	1	
6	辅助工程			
6.7	杆塔上装的各类辅助生产装置			
JYX1－19	人力运输 金具、绝缘子、零星钢材	t·km	0.026	
JYX1－105	汽车运输 金具、绝缘子、零星钢材 装卸	t	0.086	
JYX1－106	汽车运输 金具、绝缘子、零星钢材 运输	t·km	0.856	
JYX8－33	杆塔附属设施安装 标示牌 35kV 及以上	块	4	

4.24 B1－24 新建 500kV 单回直线塔（覆冰 20mm）

4.24.1 典型方案主要内容

本典型方案为新建 1 基 500kV 单回直线塔，内容包括新建塔测量及分坑；基础开挖及回

填；接地沟开挖及回填；基础钢筋制作及加工；混凝土运输、搅拌及浇制；塔材运输及杆塔组立；基础保护帽浇制；接地体运输及敷设；接地电阻测量检查；杆塔附属设施安装。

4.24.2　典型方案主要技术条件

典型方案 B1-24 主要技术条件见表 4-139。

表 4-139　　　　　　　　　　典型方案 B1-24 主要技术条件

方案名称	工程主要技术条件	
新建 500kV 单回直线塔	电压等级	500kV
	杆塔类型	单回路直线
	规格型号	5E10-ZC2-45
	地形	100% 山地
	气象条件	覆冰 20mm，基本风速 27m/s
	地质条件	10% 普通土、20% 松砂石、70% 岩石
	基础	挖孔桩
	运距	人力 0.8km，汽车 10km

4.24.3　典型方案估算书

估算投资为总投资，编制依据按 3.2 要求。典型方案 B1-24 估算书包括总估算汇总表、安装工程专业汇总表、其他费用估算表，分别见表 4-140~表 4-142。

表 4-140　　　　　　　　　典型方案 B1-24 总估算汇总表　　　　　　金额单位：万元

序号	工程或费用名称	含税金额	占工程投资的比例（%）	不含税金额	可抵扣增值税金额
二	安装工程费	78.23	80.52	70.46	7.77
三	拆除工程费				
四	设备购置费				
	其中：编制基准期价差	0.77	0.79	0.77	
五	小计	78.23	80.52	70.46	7.77
	其中：甲供设备材料费	40.73	41.92	36.06	4.67
六	其他费用	18.93	19.48	17.86	1.07
七	基本预备费				
八	特殊项目				
九	工程投资合计	97.16	100	88.32	8.84
	其中：可抵扣增值税金额	8.84			8.84
	其中：施工费	37.5	38.6	34.4	3.1

表 4-141　　　　　　　　　**典型方案 B1-24 安装工程专业汇总表**　　　　　　金额单位：元

序号	工程或费用名称	安装工程费			设备购置费	合计
		未计价材料费	安装费	小计		
	安装工程	480681	301647	782328		782328
1	基础工程	71700	169163	240863		240863
1.1	基础工程材料工地运输		73757	73757		73757
1.2	基础土石方工程		43176	43176		43176
1.3	基础砌筑	71700	52230	123930		123930
1.3.2	现浇基础	71700	52230	123930		123930
2	杆塔工程	407049	126573	533623		533623
2.1	杆塔工程材料工地运输		35233	35233		35233
2.2	杆塔组立	407049	91340	498389		498389
2.2.2	铁塔、钢管杆组立	407049	91340	498389		498389
3	接地工程	1658	5204	6862		6862
3.1	接地工程材料工地运输		244	244		244
3.2	接地土石方		4407	4407		4407
3.3	接地安装	1658	552	2211		2211
6	辅助工程	274	706	980		980
6.7	杆塔上装的各类辅助生产装置	274	706	980		980
	合计	480681	301647	782328		782328

表 4-142　　　　　　　　　**典型方案 B1-24 其他费用估算表**　　　　　　　金额单位：元

序号	工程或费用名称	编制依据及计算说明	合价
2	项目管理费		57579
2.1	管理经费	（安装工程费＋拆除工程费）×3.53%	27616
2.2	招标费	（安装工程费＋拆除工程费）×0.4%	3129
2.3	工程监理费	（安装工程费＋拆除工程费）×3.43%	26834
3	项目技术服务费		131679
3.1	前期工作费	安装工程费×2.1%	16429
3.3	工程勘察设计费		108296
3.3.1	勘察费	勘察费×100%	43953
3.3.2	设计费	设计费×100%	64343
3.4	设计文件评审费		3981
3.4.1	初步设计文件评审费	基本设计费×3.5%	1908
3.4.2	施工图文件评审费	基本设计费×3.8%	2072
3.5	施工过程造价咨询及竣工结算审核费	（安装工程费＋拆除工程费）×0.38%	2973
	合计		189258

4.24.4　典型方案设备材料表

典型方案 B1−24 设备材料表见表 4−143。

表 4−143　　典型方案 B1−24 设备材料表

序号	设备或材料名称	单位	数量	备注
	架空线路工程			
一	杆塔工程			
1	××号杆塔			
1.1	杆塔基础			
500080493	商品混凝土　C15	m³	0.600	
500067308	商品混凝土　C25	m³	70.534	
H09010101	钢筋笼	t	7.560	
	地脚螺栓	t	1.028	
500014245	塔材　AC500kV，单回路，角钢，Q420，直线塔	t	48.416	
500023173	标识牌，不锈钢	块	5	
1.4	接地			
500020133	接地铁，圆钢，镀锌，φ10，不计长度	t	0.360	

4.24.5　典型方案工程量表

典型方案 B1−24 工程量见表 4−144。

表 4−144　　典型方案 B1−24 工程量表

序号	项目名称	单位	数量	备注
	安装工程			
1	基础工程			
1.1	基础工程材料工地运输			
JYX1−19	人力运输　金具、绝缘子、零星钢材	t·km	7.276	
JYX1−22	人力运输　其他建筑安装材料	t·km	106.597	
JYX1−105	汽车运输　金具、绝缘子、零星钢材　装卸	t	9.095	
JYX1−106	汽车运输　金具、绝缘子、零星钢材　运输	t·km	90.949	
JYX1−107	汽车运输　其他建筑安装材料　装卸	t	133.247	
JYX1−108	汽车运输　其他建筑安装材料　运输	t·km	1332.468	
1.2	基础土石方工程			
JYX2−6	线路复测及分坑　直线自立塔	基	1	
JYX2−95	挖孔基础人工挖方（或爆破）普通土　坑径 1500mm 以内　坑深（m）10.0 以内	m³	6.592	
JYX2−135	挖孔基础人工挖方（或爆破）松砂石　坑径 1500mm 以内　坑深（m）10.0 以内	m³	13.184	

续表

序号	项目名称	单位	数量	备注
JYX2－175	挖孔基础人工挖方（或爆破）岩石（人工开凿）坑径1500mm以内 坑深（m）10.0以内	m³	46.144	
1.3	基础砌筑			
1.3.2	现浇基础			
JYX3－72	混凝土搅拌及浇制 保护帽	m³	0.600	
JYX3－44	钢筋加工及制作 钢筋笼	t	7.560	
JYX3－173	灌注桩基础 商品混凝土浇制 孔深（m）10以内	m³	70.534	
2	杆塔工程			
2.1	杆塔工程材料工地运输			
JYX1－20	人力运输 角钢塔材	t·km	38.926	
JYX1－101	汽车运输 角钢塔材 装卸	t	48.658	
JYX1－102	汽车运输 角钢塔材 运输	t·km	486.581	
2.2	杆塔组立			
2.2.2	铁塔、钢管杆组立			
JYX4－78	角钢塔 塔全高70m以内 每米塔重（kg）1200以内	t	48.416	
3	接地工程			
3.1	接地工程材料工地运输			
JYX1－19	人力运输 金具、绝缘子、零星钢材	t·km	0.305	
JYX1－105	汽车运输 金具、绝缘子、零星钢材 装卸	t	0.382	
JYX1－106	汽车运输 金具、绝缘子、零星钢材 运输	t·km	3.816	
3.2	接地土石方			
JYX2－213	接地槽挖方（或爆破）及回填 普通土	m³	1.800	
JYX2－216	接地槽挖方（或爆破）及回填 松砂土	m³	3.600	
JYX2－219	接地槽挖方（或爆破）及回填 岩石 人工开凿	m³	12.600	
3.3	接地安装			
JYX3－201	接地体加工及制作	t	0.360	
JYX3－204	一般接地体安装 水平接地体敷设	m	50	
JYX3－212	接地电阻测量	基	1	
6	辅助工程			
6.7	杆塔上装的各类辅助生产装置			
JYX1－19	人力运输 金具、绝缘子、零星钢材	t·km	0.086	
JYX1－105	汽车运输 金具、绝缘子、零星钢材 装卸	t	0.107	
JYX1－106	汽车运输 金具、绝缘子、零星钢材 运输	t·km	1.070	
JYX8－33	杆塔附属设施安装 标示牌 35kV及以上	块	5	

4.25　B1-25 新建 500kV 双回直线塔（覆冰 10mm）

4.25.1　典型方案主要内容

本典型方案为新建 1 基 500kV 双回直线塔，内容包括新建塔测量及分坑；基础开挖及回填；接地沟开挖及回填；基础钢筋制作及加工；混凝土运输、搅拌及浇制；塔材运输及杆塔组立；基础保护帽浇制；接地体运输及敷设；接地电阻测量检查；杆塔附属设施安装。

4.25.2　典型方案主要技术条件

典型方案 B1-25 主要技术条件见表 4-145。

表 4-145　　　　　　　　　　典型方案 B1-25 主要技术条件

方案名称	工程主要技术条件	
新建 500kV 双回直线塔	电压等级	500kV
	杆塔类型	双回路直线
	规格型号	500-KC21S-Z3-39
	地形	100%平地
	气象条件	覆冰 10mm，基本风速 27m/s
	地质条件	100%普通土
	基础	灌注桩
	运距	人力 0.3km，汽车 10km

4.25.3　典型方案估算书

估算投资为总投资，编制依据按 3.2 要求。典型方案 B1-25 估算书包括总估算汇总表、安装工程专业汇总表、其他费用估算表，分别见表 4-146～表 4-148。

表 4-146　　　　　　　　　　典型方案 B1-25 总估算汇总表　　　　　　　　金额单位：万元

序号	工程或费用名称	含税金额	占工程投资的比例（%）	不含税金额	可抵扣增值税金额
二	安装工程费	71.39	80.17	64.37	7.02
三	拆除工程费				
四	设备购置费				
	其中：编制基准期价差	0.79	0.89	0.79	
五	小计	71.39	80.17	64.37	7.02
	其中：甲供设备材料费	35.01	39.31	30.99	4.02
六	其他费用	17.66	19.83	16.66	1
七	基本预备费				
八	特殊项目				

续表

序号	工程或费用名称	含税金额	占工程投资的比例（%）	不含税金额	可抵扣增值税金额
九	工程投资合计	89.05	100	81.03	8.02
	其中：可抵扣增值税金额	8.02			8.02
	其中：施工费	36.39	40.86	33.39	3

表 4－147　　　　　　　典型方案 B1－25 安装工程专业汇总表　　　　金额单位：元

序号	工程或费用名称	安装工程费			设备购置费	合计
		未计价材料费	安装费	小计		
	安装工程	441839	272101	713939		713939
1	基础工程	90844	213115	303959		303959
1.1	基础工程材料工地运输		40192	40192		40192
1.2	基础土石方工程		141	141		141
1.3	基础砌筑	90844	172782	263626		263626
1.3.2	现浇基础	254	679	933		933
1.3.3	灌注桩基础	90590	172103	262693		262693
2	杆塔工程	349745	57062	406807		406807
2.1	杆塔工程材料工地运输		10172	10172		10172
2.2	杆塔组立	349745	46890	396635		396635
2.2.2	铁塔、钢管杆组立	349745	46890	396635		396635
3	接地工程	921	1257	2178		2178
3.1	接地工程材料工地运输		46	46		46
3.2	接地土石方		883	883		883
3.3	接地安装	921	328	1249		1249
6	辅助工程	329	667	995		995
6.7	杆塔上装的各类辅助生产装置	329	667	995		995
	合计	441839	272101	713939		713939

表 4－148　　　　　　　典型方案 B1－25 其他费用估算表　　　　金额单位：元

序号	工程或费用名称	编制依据及计算说明	合价
2	项目管理费		52546
2.1	管理经费	（安装工程费＋拆除工程费）×3.53%	25202
2.2	招标费	（安装工程费＋拆除工程费）×0.4%	2856
2.3	工程监理费	（安装工程费＋拆除工程费）×3.43%	24488
3	项目技术服务费		124010
3.1	前期工作费	安装工程费×2.1%	14993

续表

序号	工程或费用名称	编制依据及计算说明	合价
3.3	工程勘察设计费		102672
3.3.1	勘察费	勘察费×100%	43953
3.3.2	设计费	设计费×100%	58719
3.4	设计文件评审费		3633
3.4.1	初步设计文件评审费	基本设计费×3.5%	1742
3.4.2	施工图文件评审费	基本设计费×3.8%	1891
3.5	施工过程造价咨询及竣工结算审核费	（安装工程费＋拆除工程费）×0.38%	2713
	合计		176556

4.25.4 典型方案设备材料表

典型方案 B1−25 设备材料表见表 4−149。

表 4−149   **典型方案 B1−25 设备材料表**

序号	设备或材料名称	单位	数量	备注
	架空线路工程			
一	杆塔工程			
1	××号杆塔			
1.1	杆塔基础			
500080493	商品混凝土 C15	m³	0.600	
500067308	商品混凝土 C25	m³	102.800	
H09010101	钢筋笼	t	8.366	
	地脚螺栓	t	1.248	
500014245	塔材 AC500kV，双回路，角钢，Q420，直线塔	t	41.600	
500023173	标识牌，不锈钢	块	6	
1.4	接地			
500020133	接地铁，圆钢，镀锌，ϕ10，不计长度	t	0.200	

4.25.5 典型方案工程量表

典型方案 B1−25 工程量见表 4−150。

表 4−150   **典型方案 B1−25 工程量表**

序号	项目名称	单位	数量	备注
	安装工程			
1	基础工程			

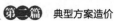

续表

序号	项目名称	单位	数量	备注
1.1	基础工程材料工地运输			
JYX1－19	人力运输 金具、绝缘子、零星钢材	t·km	3.041	
JYX1－22	人力运输 其他建筑安装材料	t·km	71.101	
JYX1－105	汽车运输 金具、绝缘子、零星钢材 装卸	t	10.137	
JYX1－106	汽车运输 金具、绝缘子、零星钢材 运输	t·km	101.369	
JYX1－107	汽车运输 其他建筑安装材料 装卸	t	237.002	
JYX1－108	汽车运输 其他建筑安装材料 运输	t·km	2370.021	
1.2	基础土石方工程			
JYX2－6	线路复测及分坑 直线自立塔	基	1	
1.3	基础砌筑			
1.3.2	现浇基础			
JYX3－72	混凝土搅拌及浇制 保护帽	m³	0.600	
1.3.3	灌注桩基础			
JYX3－44	钢筋加工及制作 钢筋笼	t	8.368	
JYX3－101	灌注桩基础 机械推钻 砂土、黏土 孔深30m以内 孔径（m）1.0以内	m	112	
JYX3－171	灌注桩基础 混凝土搅拌及浇制 孔深（m）30以内	m³	102.801	
2	杆塔工程			
2.1	杆塔工程材料工地运输			
JYX1－20	人力运输 角钢塔材	t·km	12.542	
JYX1－101	汽车运输 角钢塔材 装卸	t	41.808	
JYX1－102	汽车运输 角钢塔材 运输	t·km	418.080	
2.2	杆塔组立			
2.2.2	铁塔、钢管杆组立			
JYX4－71	角钢塔 塔全高50m以内 每米塔重（kg）1200以内	t	41.600	
3	接地工程			
3.1	接地工程材料工地运输			
JYX1－19	人力运输 金具、绝缘子、零星钢材	t·km	0.064	
JYX1－105	汽车运输 金具、绝缘子、零星钢材 装卸	t	0.212	
JYX1－106	汽车运输 金具、绝缘子、零星钢材 运输	t·km	2.120	
3.2	接地土石方			
JYX2－213	接地槽挖方（或爆破）及回填 普通土	m³	32	
3.3	接地安装			

续表

序号	项目名称	单位	数量	备注
JYX3-201	接地体加工及制作	t	0.200	
JYX3-204	一般接地体安装　水平接地体敷设	m	50	
JYX3-212	接地电阻测量	基	1	
6	辅助工程			
6.7	杆塔上装的各类辅助生产装置			
JYX1-19	人力运输　金具、绝缘子、零星钢材	t·km	0.039	
JYX1-105	汽车运输　金具、绝缘子、零星钢材　装卸	t	0.128	
JYX1-106	汽车运输　金具、绝缘子、零星钢材　运输	t·km	1.284	
JYX8-33	杆塔附属设施安装　标示牌　35kV及以上	块	6	

4.26　B1-26 新建 500kV 双回直线塔（覆冰 15mm）

4.26.1　典型方案主要内容

本典型方案为新建 1 基 500kV 双回直线塔，内容包括新建塔测量及分坑；基础开挖及回填；接地沟开挖及回填；基础钢筋制作及加工；混凝土运输、搅拌及浇制；塔材运输及杆塔组立；基础保护帽浇制；接地体运输及敷设；接地电阻测量检查；杆塔附属设施安装。

4.26.2　典型方案主要技术条件

典型方案 B1-26 主要技术条件见表 4-151。

表 4-151　　　　　　　　　　典型方案 B1-26 主要技术条件

方案名称	工程主要技术条件	
新建 500kV 双回直线塔	电压等级	500kV
	杆塔类型	双回路直线
	规格型号	500-KC31S-ZC3-39
	地形	100%平地
	气象条件	覆冰 15mm，基本风速 27m/s
	地质条件	100%普通土
	基础	灌注桩
	运距	人力 0.3km，汽车 10km

4.26.3　典型方案估算书

估算投资为总投资，编制依据按 3.2 要求。典型方案 B1-26 估算书包括总估算汇总表、安装工程专业汇总表、其他费用估算表，分别见表 4-152～表 4-154。

表 4-152　　　　　　　　**典型方案 B1-26 总估算汇总表**　　　　　金额单位：万元

序号	工程或费用名称	含税金额	占工程投资的比例（%）	不含税金额	可抵扣增值税金额
二	安装工程费	77.92	80.5	70.34	7.58
三	拆除工程费				
四	设备购置费				
	其中：编制基准期价差	0.88	0.91	0.88	
五	小计	77.92	80.5	70.34	7.58
	其中：甲供设备材料费	35.68	36.86	31.59	4.09
六	其他费用	18.87	19.5	17.8	1.07
七	基本预备费				
八	特殊项目				
九	工程投资合计	96.79	100	88.14	8.65
	其中：可抵扣增值税金额	8.65			8.65
	其中：施工费	42.24	43.64	38.75	3.49

表 4-153　　　　　　　　**典型方案 B1-26 安装工程专业汇总表**　　　　　金额单位：元

序号	工程或费用名称	安装工程费			设备购置费	合计
		未计价材料费	安装费	小计		
	安装工程	472532	306643	779175		779175
1	基础工程	114812	246370	361181		361181
1.1	基础工程材料工地运输		51570	51570		51570
1.2	基础土石方工程		141	141		141
1.3	基础砌筑	114812	194659	309470		309470
1.3.2	现浇基础	254	679	933		933
1.3.3	灌注桩基础	114557	193980	308538		308538
2	杆塔工程	356471	58349	414820		414820
2.1	杆塔工程材料工地运输		10368	10368		10368
2.2	杆塔组立	356471	47982	404452		404452
2.2.2	铁塔、钢管杆组立	356471	47982	404452		404452
3	接地工程	921	1257	2178		2178
3.1	接地工程材料工地运输		46	46		46
3.2	接地土石方		883	883		883
3.3	接地安装	921	328	1249		1249
6	辅助工程	329	667	995		995
6.7	杆塔上装的各类辅助生产装置	329	667	995		995
	合计	472532	306643	779175		779175

表 4-154　　　　　　　　典型方案 B1-26 其他费用估算表　　　　　　金额单位：元

序号	工程或费用名称	编制依据及计算说明	合价
2	项目管理费		57347
2.1	管理经费	（安装工程费+拆除工程费）×3.53%	27505
2.2	招标费	（安装工程费+拆除工程费）×0.4%	3117
2.3	工程监理费	（安装工程费+拆除工程费）×3.43%	26726
3	项目技术服务费		131325
3.1	前期工作费	安装工程费×2.1%	16363
3.3	工程勘察设计费		108037
3.3.1	勘察费	勘察费×100%	43953
3.3.2	设计费	设计费×100%	64084
3.4	设计文件评审费		3965
3.4.1	初步设计文件评审费	基本设计费×3.5%	1901
3.4.2	施工图文件评审费	基本设计费×3.8%	2064
3.5	施工过程造价咨询及竣工结算审核费	（安装工程费+拆除工程费）×0.38%	2961
	合计		188672

4.26.4　典型方案设备材料表

典型方案 B1-26 设备材料表见表 4-155。

表 4-155　　　　　　　　　典型方案 B1-26 设备材料表

序号	设备或材料名称	单位	数量	备注
	架空线路工程			
一	杆塔工程			
1	××号杆塔			
1.1	杆塔基础			
500080493	商品混凝土　C15	m³	0.600	
500067308	商品混凝土　C25	m³	132.257	
H09010101	钢筋笼	t	10.468	
	地脚螺栓	t	1.464	
500014245	塔材　AC500kV，双回路，角钢，Q420，直线塔	t	42.400	
500023173	标识牌，不锈钢	块	6	
1.4	接地			
500020133	接地铁，圆钢，镀锌，φ10，不计长度	t	0.200	

4.26.5 典型方案工程量表

典型方案 B1-26 工程量见表 4-156。

表 4-156 **典型方案 B1-26 工程量表**

序号	项目名称	单位	数量	备注
	安装工程			
1	基础工程			
1.1	基础工程材料工地运输			
JYX1-19	人力运输 金具、绝缘子、零星钢材	t·km	3.775	
JYX1-22	人力运输 其他建筑安装材料	t·km	91.399	
JYX1-105	汽车运输 金具、绝缘子、零星钢材 装卸	t	12.582	
JYX1-106	汽车运输 金具、绝缘子、零星钢材 运输	t·km	125.821	
JYX1-107	汽车运输 其他建筑安装材料 装卸	t	304.665	
JYX1-108	汽车运输 其他建筑安装材料 运输	t·km	3046.647	
1.2	基础土石方工程			
JYX2-6	线路复测及分坑 直线自立塔	基	1	
1.3	基础砌筑			
1.3.2	现浇基础			
JYX3-72	混凝土搅拌及浇制 保护帽	m³	0.600	
1.3.3	灌注桩基础			
JYX3-44	钢筋加工及制作 钢筋笼	t	10.468	
JYX3-102	灌注桩基础 机械推钻 砂土、黏土 孔深 30m 以内 孔径（m）1.2 以内	m	100	
JYX3-171	灌注桩基础 混凝土搅拌及浇制 孔深（m）30 以内	m³	132.257	
2	杆塔工程			
2.1	杆塔工程材料工地运输			
JYX1-20	人力运输 角钢塔材	t·km	12.784	
JYX1-101	汽车运输 角钢塔材 装卸	t	42.612	
JYX1-102	汽车运输 角钢塔材 运输	t·km	426.120	
2.2	杆塔组立			
2.2.2	铁塔、钢管杆组立			
JYX4-77	角钢塔 塔全高 70m 以内 每米塔重（kg）800 以内	t	42.400	
3	接地工程			
3.1	接地工程材料工地运输			
JYX1-19	人力运输 金具、绝缘子、零星钢材	t·km	0.064	
JYX1-105	汽车运输 金具、绝缘子、零星钢材 装卸	t	0.212	

序号	项目名称	单位	数量	备注
JYX1-106	汽车运输　金具、绝缘子、零星钢材　运输	t·km	2.120	
3.2	接地土石方			
JYX2-213	接地槽挖方（或爆破）及回填　普通土	m³	32	
3.3	接地安装			
JYX3-201	接地体加工及制作	t	0.200	
JYX3-204	一般接地体安装　水平接地体敷设	m	50	
JYX3-212	接地电阻测量	基	1	
6	辅助工程			
6.7	杆塔上装的各类辅助生产装置			
JYX1-19	人力运输　金具、绝缘子、零星钢材	t·km	0.039	
JYX1-105	汽车运输　金具、绝缘子、零星钢材　装卸	t	0.128	
JYX1-106	汽车运输　金具、绝缘子、零星钢材　运输	t·km	1.284	
JYX8-33	杆塔附属设施安装　标示牌　35kV及以上	块	6	

4.27　B1-27新建500kV单回耐张塔（覆冰10mm）

4.27.1　典型方案主要内容

本典型方案为新建1基500kV单回耐张塔，内容包括新建塔测量及分坑；基础开挖及回填；接地沟开挖及回填；基础钢筋制作及加工；混凝土运输、搅拌及浇制；塔材运输及杆塔组立；基础保护帽浇制；接地体运输及敷设；接地电阻测量检查；杆塔附属设施安装。

4.27.2　典型方案主要技术条件

典型方案B1-27主要技术条件见表4-157。

表4-157　　　　　　　**典型方案B1-27主要技术条件**

方案名称	工程主要技术条件	
	电压等级	500kV
	杆塔类型	单回路耐张
	规格型号	500-KD21D-J1-27
	地形	100%平地
新建500kV单回耐张塔	气象条件	覆冰10mm，基本风速27m/s
	地质条件	100%普通土
	基础	灌注桩
	运距	人力0.3km，汽车10km

4.27.3 典型方案估算书

估算投资为总投资，编制依据按 3.2 要求。典型方案 B1-27 估算书包括总估算汇总表、安装工程专业汇总表、其他费用估算表，分别见表 4-158～表 4-160。

表 4-158 典型方案 B1-27 总估算汇总表　　　　　　　金额单位：万元

序号	工程或费用名称	含税金额	占工程投资的比例（%）	不含税金额	可抵扣增值税金额
二	安装工程费	47.55	78.23	43.09	4.46
三	拆除工程费				
四	设备购置费				
	其中：编制基准期价差	0.66	1.09	0.66	
五	小计	47.55	78.23	43.09	4.46
	其中：甲供设备材料费	16.5	27.15	14.61	1.89
六	其他费用	13.23	21.77	12.48	0.75
七	基本预备费				
八	特殊项目				
九	工程投资合计	60.78	100	55.57	5.21
	其中：可抵扣增值税金额	5.21			5.21
	其中：施工费	31.05	51.09	28.49	2.56

表 4-159 典型方案 B1-27 安装工程专业汇总表　　　　　　　金额单位：元

序号	工程或费用名称	安装工程费			设备购置费	合计
		未计价材料费	安装费	小计		
	安装工程	248192	227324	475516		475516
1	基础工程	82729	198269	280998		280998
1.1	基础工程材料工地运输		37282	37282		37282
1.2	基础土石方工程		200	200		200
1.3	基础砌筑	82729	160787	243516		243516
1.3.2	现浇基础	254	679	933		933
1.3.3	灌注桩基础	82475	160108	242583		242583
2	杆塔工程	164784	27476	192260		192260
2.1	杆塔工程材料工地运输		4792	4792		4792
2.2	杆塔组立	164784	22684	187467		187467
2.2.2	铁塔、钢管杆组立	164784	22684	187467		187467
3	接地工程	461	1135	1596		1596
3.1	接地工程材料工地运输		23	23		23
3.2	接地土石方		883	883		883

续表

序号	工程或费用名称	安装工程费			设备购置费	合计
		未计价材料费	安装费	小计		
3.3	接地安装	461	229	689		689
6	辅助工程	219	444	663		663
6.7	杆塔上装的各类辅助生产装置	219	444	663		663
	合计	248192	227324	475516		475516

表 4–160　　　　　**典型方案 B1–27 其他费用估算表**　　　　金额单位：元

序号	工程或费用名称	编制依据及计算说明	合价
2	项目管理费		34998
2.1	管理经费	（安装工程费＋拆除工程费）×3.53%	16786
2.2	招标费	（安装工程费＋拆除工程费）×0.4%	1902
2.3	工程监理费	（安装工程费＋拆除工程费）×3.43%	16310
3	项目技术服务费		97275
3.1	前期工作费	安装工程费×2.1%	9986
3.3	工程勘察设计费		83062
3.3.1	勘察费	勘察费×100%	43953
3.3.2	设计费	设计费×100%	39109
3.4	设计文件评审费		2419
3.4.1	初步设计文件评审费	基本设计费×3.5%	1160
3.4.2	施工图文件评审费	基本设计费×3.8%	1259
3.5	施工过程造价咨询及竣工结算审核费	（安装工程费＋拆除工程费）×0.38%	1807
	合计		132273

4.27.4　典型方案设备材料表

典型方案 B1–27 设备材料表见表 4–161。

表 4–161　　　　　**典型方案 B1–27 设备材料表**

序号	设备或材料名称	单位	数量	备注
	架空线路工程			
一	杆塔工程			
1	××号杆塔			
1.1	杆塔基础			

序号	设备或材料名称	单位	数量	备注
500080493	商品混凝土　C15	m³	0.600	
500067308	商品混凝土　C25	m³	96	
H09010101	钢筋笼	t	7.920	
	地脚螺栓	t	0.568	
500014245	塔材　AC500kV，单回路，角钢，Q420，耐张塔	t	19.600	
500023173	标识牌，不锈钢	块	4	
1.4	接地			
500020133	接地铁，圆钢，镀锌，φ10，不计长度	t	0.100	

4.27.5　典型方案工程量表

典型方案 B1－27 工程量见表 4－162。

表 4－162　　　　　　　　　**典型方案 B1－27 工程量表**

序号	项目名称	单位	数量	备注
	安装工程			
1	基础工程			
1.1	基础工程材料工地运输			
JYX1－19	人力运输　金具、绝缘子、零星钢材	t·km	2.692	
JYX1－22	人力运输　其他建筑安装材料	t·km	66.127	
JYX1－105	汽车运输　金具、绝缘子、零星钢材　装卸	t	8.972	
JYX1－106	汽车运输　金具、绝缘子、零星钢材　运输	t·km	89.717	
JYX1－107	汽车运输　其他建筑安装材料　装卸	t	220.425	
JYX1－108	汽车运输　其他建筑安装材料　运输	t·km	2204.248	
1.2	基础土石方工程			
JYX2－7	线路复测及分坑　耐张（转角）自立塔	基	1	
1.3	基础砌筑			
1.3.2	现浇基础			
JYX3－72	混凝土搅拌及浇制　保护帽	m³	0.600	
1.3.3	灌注桩基础			
JYX3－44	钢筋加工及制作　钢筋笼	t	7.920	
JYX3－101	灌注桩基础　机械推钻　砂土、黏土　孔深 30m 以内 孔径（m）1.0 以内	m	104	
JYX3－171	灌注桩基础　混凝土搅拌及浇制　孔深（m）30 以内	m³	96.001	

序号	项目名称	单位	数量	备注
2	杆塔工程			
2.1	杆塔工程材料工地运输			
JYX1－20	人力运输　角钢塔材	t·km	5.909	
JYX1－101	汽车运输　角钢塔材　装卸	t	19.698	
JYX1－102	汽车运输　角钢塔材　运输	t·km	196.980	
2.2	杆塔组立			
2.2.2	铁塔、钢管杆组立			
JYX4－70	角钢塔　塔全高50m以内　每米塔重（kg）800以内	t	19.600	
3	接地工程			
3.1	接地工程材料工地运输			
JYX1－19	人力运输　金具、绝缘子、零星钢材	t·km	0.032	
JYX1－105	汽车运输　金具、绝缘子、零星钢材　装卸	t	0.106	
JYX1－106	汽车运输　金具、绝缘子、零星钢材　运输	t·km	1.060	
3.2	接地土石方			
JYX2－213	接地槽挖方（或爆破）及回填　普通土	m³	32	
3.3	接地安装			
JYX3－201	接地体加工及制作	t	0.100	
JYX3－204	一般接地体安装　水平接地体敷设	m	50	
JYX3－212	接地电阻测量	基	1	
6	辅助工程			
6.7	杆塔上装的各类辅助生产装置			
JYX1－19	人力运输　金具、绝缘子、零星钢材	t·km	0.026	
JYX1－105	汽车运输　金具、绝缘子、零星钢材　装卸	t	0.086	
JYX1－106	汽车运输　金具、绝缘子、零星钢材　运输	t·km	0.856	
JYX8－33	杆塔附属设施安装　标示牌　35kV及以上	块	4	

4.28　B1-28 新建 500kV 单回耐张塔（覆冰 15mm）

4.28.1　典型方案主要内容

本典型方案为新建1基500kV单回耐张塔，内容包括新建塔测量及分坑；基础开挖及回填；接地沟开挖及回填；基础钢筋制作及加工；混凝土运输、搅拌及浇制；塔材运输及杆塔组立；基础保护帽浇制；接地体运输及敷设；接地电阻测量检查；杆塔附属设施安装。

4.28.2 典型方案主要技术条件

典型方案 B1-28 主要技术条件见表 4-163。

表 4-163   典型方案 B1-28 主要技术条件

方案名称	工程主要技术条件	
新建 500kV 单回耐张塔	电压等级	500kV
	杆塔类型	单回路耐张
	规格型号	500-KC31D-J1-27
	地形	100%平地
	气象条件	覆冰 15mm，基本风速 27m/s
	地质条件	100%普通土
	基础	灌注桩
	运距	人力 0.3km，汽车 10km

4.28.3 典型方案估算书

估算投资为总投资，编制依据按 3.2 要求。典型方案 B1-28 估算书包括总估算汇总表、安装工程专业汇总表、其他费用估算表，分别见表 4-164～表 4-166。

表 4-164   典型方案 B1-28 总估算汇总表   金额单位：万元

序号	工程或费用名称	含税金额	占工程投资的比例（%）	不含税金额	可抵扣增值税金额
二	安装工程费	50.57	78.57	45.8	4.77
三	拆除工程费				
四	设备购置费				
	其中：编制基准期价差	0.68	1.06	0.68	
五	小计	50.57	78.57	45.8	4.77
	其中：甲供设备材料费	18.64	28.96	16.5	2.14
六	其他费用	13.79	21.43	13.01	0.78
七	基本预备费				
八	特殊项目				
九	工程投资合计	64.36	100	58.81	5.55
	其中：可抵扣增值税金额	5.55			5.55
	其中：施工费	31.93	49.61	29.29	2.64

表 4-165　　　　　　　典型方案 B1-28 安装工程专业汇总表　　　　　　金额单位：元

序号	工程或费用名称	安装工程费			设备购置费	合计
		未计价材料费	安装费	小计		
	安装工程	270362	235344	505706		505706
1	基础工程	83460	202714	286173		286173
1.1	基础工程材料工地运输		42841	42841		42841
1.2	基础土石方工程		200	200		200
1.3	基础砌筑	83460	159673	243133		243133
1.3.2	现浇基础	254	679	933		933
1.3.3	灌注桩基础	83206	158994	242200		242200
2	杆塔工程	186222	31051	217273		217273
2.1	杆塔工程材料工地运输		5416	5416		5416
2.2	杆塔组立	186222	25635	211857		211857
2.2.2	铁塔、钢管杆组立	186222	25635	211857		211857
3	接地工程	461	1135	1596		1596
3.1	接地工程材料工地运输		23	23		23
3.2	接地土石方		883	883		883
3.3	接地安装	461	229	689		689
6	辅助工程	219	444	663		663
6.7	杆塔上装的各类辅助生产装置	219	444	663		663
	合计	270362	235344	505706		505706

表 4-166　　　　　　　典型方案 B1-28 其他费用估算表　　　　　　金额单位：元

序号	工程或费用名称	编制依据及计算说明	合价
2	项目管理费		37220
2.1	管理经费	（安装工程费＋拆除工程费）×3.53%	17851
2.2	招标费	（安装工程费＋拆除工程费）×0.4%	2023
2.3	工程监理费	（安装工程费＋拆除工程费）×3.43%	17346
3	项目技术服务费		100660
3.1	前期工作费	安装工程费×2.1%	10620
3.3	工程勘察设计费		85545
3.3.1	勘察费	勘察费×100%	43953
3.3.2	设计费	设计费×100%	41592
3.4	设计文件评审费		2573
3.4.1	初步设计文件评审费	基本设计费×3.5%	1234
3.4.2	施工图文件评审费	基本设计费×3.8%	1339
3.5	施工过程造价咨询及竣工结算审核费	（安装工程费＋拆除工程费）×0.38%	1922
	合计		137880

4.28.4 典型方案设备材料表

典型方案 B1-28 设备材料表见表 4-167。

表 4-167 典型方案 B1-28 设备材料表

序号	设备或材料名称	单位	数量	备注
	架空线路工程			
一	杆塔工程			
1	××号杆塔			
1.1	杆塔基础			
500080493	商品混凝土 C15	m³	0.600	
500067308	商品混凝土 C25	m³	113.303	
H09010101	钢筋笼	t	6.080	
	地脚螺栓	t	0.879	
500014245	塔材 AC500kV，单回路，角钢，Q420，耐张塔	t	22.150	
500023173	标识牌，不锈钢	块	4	
1.4	接地			
500020133	接地铁，圆钢，镀锌，φ10，不计长度	t	0.100	

4.28.5 典型方案工程量表

典型方案 B1-28 工程量见表 4-168。

表 4-168 典型方案 B1-28 工程量表

序号	项目名称	单位	数量	备注
	安装工程			
1	基础工程			
1.1	基础工程材料工地运输			
JYX1-19	人力运输 金具、绝缘子、零星钢材	t·km	2.201	
JYX1-22	人力运输 其他建筑安装材料	t·km	77.190	
JYX1-105	汽车运输 金具、绝缘子、零星钢材 装卸	t	7.338	
JYX1-106	汽车运输 金具、绝缘子、零星钢材 运输	t·km	73.380	
JYX1-107	汽车运输 其他建筑安装材料 装卸	t	257.300	
JYX1-108	汽车运输 其他建筑安装材料 运输	t·km	2573.002	
1.2	基础土石方工程			
JYX2-7	线路复测及分坑 耐张（转角）自立塔	基	1	
1.3	基础砌筑			
1.3.2	现浇基础			
JYX3-72	混凝土搅拌及浇制 保护帽	m³	0.600	

序号	项目名称	单位	数量	备注
1.3.3	灌注桩基础			
JYX3－44	钢筋加工及制作　钢筋笼	t	6.080	
JYX3－102	灌注桩基础　机械推钻　砂土、黏土　孔深30m以内　孔径（m）1.2以内	m	84	
JYX3－171	灌注桩基础　混凝土搅拌及浇制　孔深（m）30以内	m^3	113.303	
2	杆塔工程			
2.1	杆塔工程材料工地运输			
JYX1－20	人力运输　角钢塔材	t·km	6.678	
JYX1－101	汽车运输　角钢塔材　装卸	t	22.261	
JYX1－102	汽车运输　角钢塔材　运输	t·km	222.608	
2.2	杆塔组立			
2.2.2	铁塔、钢管杆组立			
JYX4－70	角钢塔　塔全高50m以内　每米塔重（kg）800以内	t	22.150	
3	接地工程			
3.1	接地工程材料工地运输			
JYX1－19	人力运输　金具、绝缘子、零星钢材	t·km	0.032	
JYX1－105	汽车运输　金具、绝缘子、零星钢材　装卸	t	0.106	
JYX1－106	汽车运输　金具、绝缘子、零星钢材　运输	t·km	1.060	
3.2	接地土石方			
JYX2－213	接地槽挖方（或爆破）及回填　普通土	m^3	32	
3.3	接地安装			
JYX3－201	接地体加工及制作	t	0.100	
JYX3－204	一般接地体安装　水平接地体敷设	m	50	
JYX3－212	接地电阻测量	基	1	
6	辅助工程			
6.7	杆塔上装的各类辅助生产装置			
JYX1－19	人力运输　金具、绝缘子、零星钢材	t·km	0.026	
JYX1－105	汽车运输　金具、绝缘子、零星钢材　装卸	t	0.086	
JYX1－106	汽车运输　金具、绝缘子、零星钢材　运输	t·km	0.856	
JYX8－33	杆塔附属设施安装　标示牌　35kV及以上	块	4	

4.29　B1-29 新建 500kV 单回耐张塔（覆冰 20mm）

4.29.1　典型方案主要内容

本典型方案为新建 1 基 500kV 单回耐张塔，内容包括新建塔测量及分坑；基础开挖及回

填；接地沟开挖及回填；基础钢筋制作及加工；混凝土运输、搅拌及浇制；塔材运输及杆塔组立；基础保护帽浇制；接地体运输及敷设；接地电阻测量检查；杆塔附属设施安装。

4.29.2 典型方案主要技术条件

典型方案 B1–29 主要技术条件见表 4–169。

表 4–169   典型方案 B1–29 主要技术条件

方案名称	工程主要技术条件	
新建 500kV 单回耐张塔	电压等级	500kV
	杆塔类型	单回路耐张
	规格型号	5E10–JC1–39
	地形	100%山地
	气象条件	覆冰 20mm，基本风速 27m/s
	地质条件	10%普通土、20%松砂石、70%岩石
	基础	挖孔桩
	运距	人力 0.8km，汽车 10km

4.29.3 典型方案估算书

估算投资为总投资，编制依据按 3.2 要求。典型方案 B1–29 估算书包括总估算汇总表、安装工程专业汇总表、其他费用估算表，分别见表 4–170～表 4–172。

表 4–170   典型方案 B1–29 总估算汇总表   金额单位：万元

序号	工程或费用名称	含税金额	占工程投资的比例（%）	不含税金额	可抵扣增值税金额
二	安装工程费	99.41	81.3	89.68	9.73
三	拆除工程费				
四	设备购置费				
	其中：编制基准期价差	1.06	0.87	1.06	
五	小计	99.41	81.3	89.68	9.73
	其中：甲供设备材料费	47.45	38.81	42.01	5.44
六	其他费用	22.86	18.7	21.57	1.29
七	基本预备费				
八	特殊项目				
九	工程投资合计	122.27	100	111.25	11.02
	其中：可抵扣增值税金额	11.02			11.02
	其中：施工费	51.96	42.5	47.67	4.29

表 4-171　　　　　　　　　　典型方案 B1-29 安装工程专业汇总表　　　　　　　　金额单位：元

序号	工程或费用名称	安装工程费			设备购置费	合计
		未计价材料费	安装费	小计		
	安装工程	580805	413281	994086		994086
1	基础工程	104624	256473	361097		361097
1.1	基础工程材料工地运输		116981	116981		116981
1.2	基础土石方工程		61546	61546		61546
1.3	基础砌筑	104624	77946	182570		182570
1.3.2	现浇基础	104624	77946	182570		182570
2	杆塔工程	474249	147470	621719		621719
2.1	杆塔工程材料工地运输		41051	41051		41051
2.2	杆塔组立	474249	106419	580668		580668
2.2.2	铁塔、钢管杆组立	474249	106419	580668		580668
3	接地工程	1658	8632	10290		10290
3.1	接地工程材料工地运输		244	244		244
3.2	接地土石方		7835	7835		7835
3.3	接地安装	1658	552	2211		2211
6	辅助工程	274	706	980		980
6.7	杆塔上装的各类辅助生产装置	274	706	980		980
	合计	580805	413281	994086		994086

表 4-172　　　　　　　　　　典型方案 B1-29 其他费用估算表　　　　　　　　金额单位：元

序号	工程或费用名称	编制依据及计算说明	合价
2	项目管理费		73165
2.1	管理经费	（安装工程费+拆除工程费）×3.53%	35091
2.2	招标费	（安装工程费+拆除工程费）×0.4%	3976
2.3	工程监理费	（安装工程费+拆除工程费）×3.43%	34097
3	项目技术服务费		155424
3.1	前期工作费	安装工程费×2.1%	20876
3.3	工程勘察设计费		125713
3.3.1	勘察费	勘察费×100%	43953
3.3.2	设计费	设计费×100%	81760
3.4	设计文件评审费		5058
3.4.1	初步设计文件评审费	基本设计费×3.5%	2425
3.4.2	施工图文件评审费	基本设计费×3.8%	2633
3.5	施工过程造价咨询及竣工结算审核费	（安装工程费+拆除工程费）×0.38%	3778
	合计		228589

4.29.4 典型方案设备材料表

典型方案 B1−29 设备材料表见表 4−173。

表 4−173 典型方案 **B1−29** 设备材料表

序号	设备或材料名称	单位	数量	备注
	架空线路工程			
一	杆塔工程			
1	××号杆塔			
1.1	杆塔基础			
500080493	商品混凝土　C15	m³	0.600	
500067308	商品混凝土　C25	m³	113.463	
H09010101	钢筋笼	t	9.360	
	地脚螺栓	t	2.204	
500014245	塔材　AC500kV，单回路，角钢，Q420，耐张塔	t	56.409	
500023173	标识牌，不锈钢	块	5	
1.4	接地			
500020133	接地铁，圆钢，镀锌，ϕ10，不计长度	t	0.360	

4.29.5 典型方案工程量表

典型方案 B1−29 工程量见表 4−174。

表 4−174 典型方案 **B1−29** 工程量表

序号	项目名称	单位	数量	备注
	安装工程			
1	基础工程			
1.1	基础工程材料工地运输			
JYX1−19	人力运输　金具、绝缘子、零星钢材	t·km	9.764	
JYX1−22	人力运输　其他建筑安装材料	t·km	171.299	
JYX1−105	汽车运输　金具、绝缘子、零星钢材　装卸	t	12.206	
JYX1−106	汽车运输　金具、绝缘子、零星钢材　运输	t·km	122.056	
JYX1−107	汽车运输　其他建筑安装材料　装卸	t	214.124	
JYX1−108	汽车运输　其他建筑安装材料　运输	t·km	2141.239	
1.2	基础土石方工程			
JYX2−7	线路复测及分坑　耐张（转角）自立塔	基	1	
JYX2−100	挖孔基础人工挖方（或爆破）普通土　坑径 2000mm 以内坑深（m）10.0 以内	m³	10.604	
JYX2−140	挖孔基础人工挖方（或爆破）松砂石　坑径 2000mm 以内坑深（m）10.0 以内	m³	21.208	

续表

序号	项目名称	单位	数量	备注
JYX2－180	挖孔基础人工挖方（或爆破）岩石（人工开凿）坑径2000mm以内 坑深（m）10.0以内	m³	74.228	
1.3	基础砌筑			
1.3.2	现浇基础			
JYX3－44	钢筋加工及制作 钢筋笼	t	9.360	
JYX3－72	混凝土搅拌及浇制 保护帽	m³	0.600	
JYX3－173	灌注桩基础 商品混凝土浇制 孔深（m）10以内	m³	113.463	
2	杆塔工程			
2.1	杆塔工程材料工地运输			
JYX1－20	人力运输 角钢塔材	t·km	45.353	
JYX1－101	汽车运输 角钢塔材 装卸	t	56.691	
JYX1－102	汽车运输 角钢塔材 运输	t·km	566.91	
2.2	杆塔组立			
2.2.2	铁塔、钢管杆组立			
JYX4－78	角钢塔 塔全高70m以内 每米塔重（kg）1200以内	t	56.409	
3	接地工程			
3.1	接地工程材料工地运输			
JYX1－19	人力运输 金具、绝缘子、零星钢材	t·km	0.305	
JYX1－105	汽车运输 金具、绝缘子、零星钢材 装卸	t	0.382	
JYX1－106	汽车运输 金具、绝缘子、零星钢材 运输	t·km	3.816	
3.2	接地土石方			
JYX2－213	接地槽挖方（或爆破）及回填 普通土	m³	3.2	
JYX2－216	接地槽挖方（或爆破）及回填 松砂土	m³	6.4	
JYX2－219	接地槽挖方（或爆破）及回填 岩石 人工开凿	m³	22.4	
3.3	接地安装			
JYX3－201	接地体加工及制作	t	0.360	
JYX3－204	一般接地体安装 水平接地体敷设	m	50	
JYX3－212	接地电阻测量	基	1	
6	辅助工程			
6.7	杆塔上装的各类辅助生产装置			
JYX1－19	人力运输 金具、绝缘子、零星钢材	t·km	0.086	
JYX1－105	汽车运输 金具、绝缘子、零星钢材 装卸	t	0.107	
JYX1－106	汽车运输 金具、绝缘子、零星钢材 运输	t·km	1.070	
JYX8－33	杆塔附属设施安装 标示牌 35kV及以上	块	5	

4.30　B1-30 新建 500kV 双回耐张塔（覆冰 10mm）

4.30.1　典型方案主要内容

本典型方案为新建 1 基 500kV 双回耐张塔，内容包括新建塔测量及分坑；基础开挖及回填；接地沟开挖及回填；基础钢筋制作及加工；混凝土运输、搅拌及浇制；塔材运输及杆塔组立；基础保护帽浇制；接地体运输及敷设；接地电阻测量检查；杆塔附属设施安装。

4.30.2　典型方案主要技术条件

典型方案 B1-30 主要技术条件见表 4-175。

表 4-175　　　　　　　　　　典型方案 B1-30 主要技术条件

方案名称	工程主要技术条件	
新建 500kV 双回耐张塔	电压等级	500kV
	杆塔类型	双回路耐张
	规格型号	500-KD21S-J1-27
	地形	100%平地
	气象条件	覆冰 10mm，基本风速 27m/s
	地质条件	100%普通土
	基础	灌注桩
	运距	人力 0.3km，汽车 10km

4.30.3　典型方案估算书

估算投资为总投资，编制依据按 3.2 要求。典型方案 B1-30 估算书包括总估算汇总表、安装工程专业汇总表、其他费用估算表，分别见表 4-176～表 4-178。

表 4-176　　　　　　　　　典型方案 B1-30 总估算汇总表　　　　　　　金额单位：万元

序号	工程或费用名称	含税金额	占工程投资的比例（%）	不含税金额	可抵扣增值税金额
二	安装工程费	93.57	81.13	84.34	9.23
三	拆除工程费				
四	设备购置费				
	其中：编制基准期价差	0.98	0.85	0.98	
五	小计	93.57	81.13	84.34	9.23
	其中：甲供设备材料费	46.86	40.63	41.49	5.37
六	其他费用	21.77	18.87	20.54	1.23
七	基本预备费				
八	特殊项目				
九	工程投资合计	115.34	100	104.88	10.46
	其中：可抵扣增值税金额	10.46			10.46
	其中：施工费	46.71	40.5	42.85	3.86

表 4−177　　　　　　　　**典型方案 B1−30 安装工程专业汇总表**　　　　金额单位：元

序号	工程或费用名称	安装工程费			设备购置费	合计
		未计价材料费	安装费	小计		
	安装工程	593770	341953	935723		935723
1	基础工程	124232	265544	389777		389777
1.1	基础工程材料工地运输		55494	55494		55494
1.2	基础土石方工程		200	200		200
1.3	基础砌筑	124232	209850	334083		334083
1.3.2	现浇基础	254	679	933		933
1.3.3	灌注桩基础	123978	209172	333150		333150
2	杆塔工程	468288	74485	542773		542773
2.1	杆塔工程材料工地运输		13620	13620		13620
2.2	杆塔组立	468288	60865	529153		529153
2.2.2	铁塔、钢管杆组立	468288	60865	529153		529153
3	接地工程	921	1257	2178		2178
3.1	接地工程材料工地运输		46	46		46
3.2	接地土石方		883	883		883
3.3	接地安装	921	328	1249		1249
6	辅助工程	329	667	995		995
6.7	杆塔上装的各类辅助生产装置	329	667	995		995
	合计	593770	341953	935723		935723

表 4−178　　　　　　　　**典型方案 B1−30 其他费用估算表**　　　　金额单位：元

序号	工程或费用名称	编制依据及计算说明	合价
2	项目管理费		68869
2.1	管理经费	（安装工程费＋拆除工程费）×3.53%	33031
2.2	招标费	（安装工程费＋拆除工程费）×0.4%	3743
2.3	工程监理费	（安装工程费＋拆除工程费）×3.43%	32095
3	项目技术服务费		148879
3.1	前期工作费	安装工程费×2.1%	19650
3.3	工程勘察设计费		120912
3.3.1	勘察费	勘察费×100%	43953
3.3.2	设计费	设计费×100%	76959
3.4	设计文件评审费		4761
3.4.1	初步设计文件评审费	基本设计费×3.5%	2283
3.4.2	施工图文件评审费	基本设计费×3.8%	2478
3.5	施工过程造价咨询及竣工结算审核费	（安装工程费＋拆除工程费）×0.38%	3556
	合计		217749

4.30.4 典型方案设备材料表

典型方案 B1–30 设备材料表见表 4–179。

表 4–179　　　　典型方案 B1–30 设备材料表

序号	设备或材料名称	单位	数量	备注
	架空线路工程			
一	杆塔工程			
1	××号杆塔			
1.1	杆塔基础			
500080493	商品混凝土　C15	m³	0.600	
500067308	商品混凝土　C25	m³	140.000	
H09010101	钢筋笼	t	11.956	
	地脚螺栓	t	1.248	
500014245	塔材　AC500kV，双回路，角钢，Q420，耐张塔	t	55.700	
500023173	标识牌，不锈钢	块	6	
1.4	接地			
500020133	接地铁，圆钢，镀锌，ϕ10，不计长度	t	0.200	

4.30.5 典型方案工程量表

典型方案 B1–30 工程量见表 4–180。

表 4–180　　　　　典型方案 B1–30 工程量表

序号	项目名称	单位	数量	备注
	安装工程			
1	基础工程			
1.1	基础工程材料工地运输			
JYX1–19	人力运输　金具、绝缘子、零星钢材	t·km	4.182	
JYX1–22	人力运输　其他建筑安装材料	t·km	98.192	
JYX1–105	汽车运输　金具、绝缘子、零星钢材　装卸	t	13.940	
JYX1–106	汽车运输　金具、绝缘子、零星钢材　运输	t·km	139.401	
JYX1–107	汽车运输　其他建筑安装材料　装卸	t	327.308	
JYX1–108	汽车运输　其他建筑安装材料　运输	t·km	3273.080	
1.2	基础土石方工程			
JYX2–7	线路复测及分坑　耐张（转角）自立塔	基	1	
1.3	基础砌筑			
1.3.2	现浇基础			
JYX3–72	混凝土搅拌及浇制　保护帽	m³	0.600	

续表

序号	项目名称	单位	数量	备注
1.3.3	灌注桩基础			
JYX3-44	钢筋加工及制作　钢筋笼	t	11.956	
JYX3-102	灌注桩基础　机械推钻　砂土、黏土　孔深30m以内　孔径（m）1.2以内	m	108	
JYX3-171	灌注桩基础　混凝土搅拌及浇制　孔深（m）30以内	m³	140.002	
2	杆塔工程			
2.1	杆塔工程材料工地运输			
JYX1-20	人力运输　角钢塔材	t·km	16.794	
JYX1-101	汽车运输　角钢塔材　装卸	t	55.979	
JYX1-102	汽车运输　角钢塔材　运输	t·km	559.785	
2.2	杆塔组立			
2.2.2	铁塔、钢管杆组立			
JYX4-72	角钢塔　塔全高50m以内　每米塔重（kg）1600以内	t	55.700	
3	接地工程			
3.1	接地工程材料工地运输			
JYX1-19	人力运输　金具、绝缘子、零星钢材	t·km	0.064	
JYX1-105	汽车运输　金具、绝缘子、零星钢材　装卸	t	0.212	
JYX1-106	汽车运输　金具、绝缘子、零星钢材　运输	t·km	2.120	
3.2	接地土石方			
JYX2-213	接地槽挖方（或爆破）及回填　普通土	m³	32	
3.3	接地安装			
JYX3-201	接地体加工及制作	t	0.200	
JYX3-204	一般接地体安装　水平接地体敷设	m	50	
JYX3-212	接地电阻测量	基	1	
6	辅助工程			
6.7	杆塔上装的各类辅助生产装置			
JYX1-19	人力运输　金具、绝缘子、零星钢材	t·km	0.039	
JYX1-105	汽车运输　金具、绝缘子、零星钢材　装卸	t	0.128	
JYX1-106	汽车运输　金具、绝缘子、零星钢材　运输	t·km	1.284	
JYX8-33	杆塔附属设施安装　标示牌　35kV及以上	块	6	

4.31　B1-31新建500kV双回耐张塔（覆冰15mm）

4.31.1　典型方案主要内容

本典型方案为新建1基500kV双回耐张塔，内容包括新建塔测量及分坑；基础开挖及回

填；接地沟开挖及回填；基础钢筋制作及加工；混凝土运输、搅拌及浇制；塔材运输及杆塔组立；基础保护帽浇制；接地体运输及敷设；接地电阻测量检查；杆塔附属设施安装。

4.31.2 典型方案主要技术条件

典型方案 B1-31 主要技术条件见表 4-181。

表 4-181　　　　　　　　　　典型方案 B1-31 主要技术条件

方案名称	工程主要技术条件	
新建 500kV 双回耐张塔	电压等级	500kV
	杆塔类型	双回路耐张
	规格型号	500-KC31S-JC1-27
	地形	100%平地
	气象条件	覆冰 15mm，基本风速 27m/s
	地质条件	100%普通土
	基础	灌注桩
	运距	人力 0.3km，汽车 10km

4.31.3 典型方案估算书

估算投资为总投资，编制依据按 3.2 要求。典型方案 B1-31 估算书包括总估算汇总表、安装工程专业汇总表、其他费用估算表，分别见表 4-182～表 4-184。

表 4-182　　　　　　　　　典型方案 B1-31 总估算汇总表　　　　　　　金额单位：万元

序号	工程或费用名称	含税金额	占工程投资的比例（%）	不含税金额	可抵扣增值税金额
二	安装工程费	124.68	82.22	112.69	11.99
三	拆除工程费				
四	设备购置费				
	其中：编制基准期价差	1.48	0.98	1.48	
五	小计	124.68	82.22	112.69	11.99
	其中：甲供设备材料费	52.7	34.75	46.65	6.05
六	其他费用	26.96	17.78	25.43	1.53
七	基本预备费				
八	特殊项目				
九	工程投资合计	151.64	100	138.12	13.52
	其中：可抵扣增值税金额	13.52			13.52
	其中：施工费	71.97	47.46	66.03	5.94

表 4−183　　**典型方案 B1−31 安装工程专业汇总表**　　金额单位：元

序号	工程或费用名称	安装工程费			设备购置费	合计
		未计价材料费	安装费	小计		
	安装工程	729716	517079	1246794		1246794
1	基础工程	201747	430115	631862		631862
1.1	基础工程材料工地运输		104937	104937		104937
1.2	基础土石方工程		200	200		200
1.3	基础砌筑	201747	324978	526725		526725
1.3.2	现浇基础	254	679	933		933
1.3.3	灌注桩基础	201493	324300	525793		525793
2	杆塔工程	526719	85040	611759		611759
2.1	杆塔工程材料工地运输		15319	15319		15319
2.2	杆塔组立	526719	69721	596440		596440
2.2.2	铁塔、钢管杆组立	526719	69721	596440		596440
3	接地工程	921	1257	2178		2178
3.1	接地工程材料工地运输		46	46		46
3.2	接地土石方		883	883		883
3.3	接地安装	921	328	1249		1249
6	辅助工程	329	667	995		995
6.7	杆塔上装的各类辅助生产装置	329	667	995		995
	合计	729716	517079	1246794		1246794

表 4−184　　**典型方案 B1−31 其他费用估算表**　　金额单位：元

序号	工程或费用名称	编制依据及计算说明	合价
2	项目管理费		91764
2.1	管理经费	（安装工程费＋拆除工程费）×3.53%	44012
2.2	招标费	（安装工程费＋拆除工程费）×0.4%	4987
2.3	工程监理费	（安装工程费＋拆除工程费）×3.43%	42765
3	项目技术服务费		177825
3.1	前期工作费	安装工程费×2.1%	26183
3.3	工程勘察设计费		140906
3.3.1	勘察费	勘察费×100%	43953
3.3.2	设计费	设计费×100%	96953
3.4	设计文件评审费		5998
3.4.1	初步设计文件评审费	基本设计费×3.5%	2876
3.4.2	施工图文件评审费	基本设计费×3.8%	3122
3.5	施工过程造价咨询及竣工结算审核费	（安装工程费＋拆除工程费）×0.38%	4738
	合计		269589

4.31.4 典型方案设备材料表

典型方案 B1-31 设备材料表见表 4-185。

表 4-185　　　　　　　　典型方案 B1-31 设备材料表

序号	设备或材料名称	单位	数量	备注
	架空线路工程			
一	杆塔工程			
1	××号杆塔			
1.1	杆塔基础			
500080493	商品混凝土　C15	m³	0.600	
500067308	商品混凝土　C25	m³	277.945	
H09010101	钢筋笼	t	14.800	
	地脚螺栓	t	1.680	
500014245	塔材　AC500kV，双回路，角钢，Q420，耐张塔	t	62.650	
500023173	标识牌，不锈钢	块	6	
1.4	接地			
500020133	接地铁，圆钢，镀锌，φ10，不计长度	t	0.200	

4.31.5 典型方案工程量表

典型方案 B1-31 工程量见表 4-186。

表 4-186　　　　　　　　典型方案 B1-31 工程量表

序号	项目名称	单位	数量	备注
	安装工程			
1	基础工程			
1.1	基础工程材料工地运输			
JYX1-19	人力运输　金具、绝缘子、零星钢材	t·km	5.218	
JYX1-22	人力运输　其他建筑安装材料	t·km	189.308	
JYX1-105	汽车运输　金具、绝缘子、零星钢材　装卸	t	17.393	
JYX1-106	汽车运输　金具、绝缘子、零星钢材　运输	t·km	173.933	
JYX1-107	汽车运输　其他建筑安装材料　装卸	t	631.025	
JYX1-108	汽车运输　其他建筑安装材料　运输	t·km	6310.253	
1.2	基础土石方工程			
JYX2-7	线路复测及分坑　耐张（转角）自立塔	基	1	
1.3	基础砌筑			
1.3.2	现浇基础			
JYX3-72	混凝土搅拌及浇制　保护帽	m³	0.600	

续表

序号	项目名称	单位	数量	备注
1.3.3	灌注桩基础			
JYX3－44	钢筋加工及制作　钢筋笼	t	14.800	
JYX3－104	灌注桩基础　机械推钻　砂土、黏土　孔深30m以内　孔径（m）1.6以内	m	116	
JYX3－171	灌注桩基础　混凝土搅拌及浇制　孔深（m）30以内	m³	277.945	
2	杆塔工程			
2.1	杆塔工程材料工地运输			
JYX1－20	人力运输　角钢塔材	t·km	18.889	
JYX1－101	汽车运输　角钢塔材　装卸	t	62.963	
JYX1－102	汽车运输　角钢塔材　运输	t·km	629.633	
2.2	杆塔组立			
2.2.2	铁塔、钢管杆组立			
JYX4－72	角钢塔　塔全高50m以内　每米塔重（kg）1600以内	t	62.650	
3	接地工程			
3.1	接地工程材料工地运输			
JYX1－19	人力运输　金具、绝缘子、零星钢材	t·km	0.064	
JYX1－105	汽车运输　金具、绝缘子、零星钢材　装卸	t	0.212	
JYX1－106	汽车运输　金具、绝缘子、零星钢材　运输	t·km	2.120	
3.2	接地土石方			
JYX2－213	接地槽挖方（或爆破）及回填　普通土	m³	32	
3.3	接地安装			
JYX3－201	接地体加工及制作	t	0.200	
JYX3－204	一般接地体安装　水平接地体敷设	m	50	
JYX3－212	接地电阻测量	基	1	
6	辅助工程			
6.7	杆塔上装的各类辅助生产装置			
JYX1－19	人力运输　金具、绝缘子、零星钢材	t·km	0.039	
JYX1－105	汽车运输　金具、绝缘子、零星钢材　装卸	t	0.128	
JYX1－106	汽车运输　金具、绝缘子、零星钢材　运输	t·km	1.284	
JYX8－33	杆塔附属设施安装　标示牌　35kV及以上	块	6	

第5章 更换架空导线

典型方案说明 □--□

按照电压等级、导线型式分为35～500kV不同电压等级不同类型的更换架空导线典型方案。所有方案工作范围只包含拆除和新架导线主体工程（含档内金具拆装），不包含跨越措施。

5.1 B2-1更换35kV架空导线（单回）

5.1.1 典型方案主要内容

本典型方案为更换35kV单回路导线1km，内容包括原导线防振锤等附件拆除；原导线拆除；导线运输、检查及展放；导线张力放线场地平整；导线张力放线引绳展放；导线张力放线施工；导线接头连接；导线紧线施工及弧度观测；导线金具等运输与检查；导线防振锤等附件安装施工。

5.1.2 典型方案主要技术条件

典型方案B2-1主要技术条件见表5-1。

表5-1　　　　　　　　　　　典型方案B2-1主要技术条件

方案名称	工程主要技术条件	
更换35kV架空导线	电压等级	35kV
	导线类型	钢芯铝绞线
	是否跨越	否
	规格型号	1×JL/G1A，240/30
	地形	100%平地
	气象条件	覆冰10mm，基本风速29m/s
	运距	人力0.3km，汽车10km

5.1.3 典型方案估算书

估算投资为总投资，编制依据按3.2要求。典型方案B2-1估算书包括总估算汇总表、安装工程专业汇总表、拆除工程专业汇总表、其他费用估算表，分别见表5-2～表5-5。

表5-2　　　　　　　　　　　典型方案B2-1总估算汇总表　　　　　　　　金额单位：万元

序号	工程或费用名称	含税金额	占工程投资的比例（%）	不含税金额	可抵扣增值税金额
二	安装工程费	9.66	81.59	8.66	1
三	拆除工程费	0.36	3.04	0.33	0.03

续表

序号	工程或费用名称	含税金额	占工程投资的比例（%）	不含税金额	可抵扣增值税金额
四	设备购置费				
	其中：编制基准期价差	0.12	1.01	0.12	
五	小计	10.02	84.63	8.99	1.03
	其中：甲供设备材料费	6.33	53.46	5.6	0.73
六	其他费用	1.82	15.37	1.72	0.1
七	基本预备费				
八	特殊项目				
九	工程投资合计	11.84	100	10.71	1.13
	其中：可抵扣增值税金额	1.13			1.13
	其中：施工费	3.69	31.17	3.39	0.3

表 5-3   **典型方案 B2-1 安装工程专业汇总表**   金额单位：元

序号	工程或费用名称	安装工程费			设备购置费	合计
		主要材料费	安装费	小计		
	安装工程	63313	33269	96582		96582
4	架线工程	59916	32634	92551		92551
4.1	架线工程材料工地运输		703	703		703
4.2	导地线架设	59916	31931	91847		91847
5	附件工程	3396	635	4031		4031
5.1	附件安装工程材料工地运输		49	49		49
5.2	绝缘子串及金具安装	3396	586	3982		3982
5.2.1	耐张绝缘子串及金具安装	3396	586	3982		3982
	合计	63313	33269	96582		96582

表 5-4   **典型方案 B2-1 拆除工程专业汇总表**   金额单位：元

序号	工程或费用名称	拆除工程费
	拆除工程	3627
4	架线工程	3386
4.2	导地线	3386
5	附件工程	241
5.2	绝缘子串及金具拆除	241
	合计	3627

表 5-5　　　　　　　　　　典型方案 B2-1 其他费用估算表　　　　　　　　金额单位：元

序号	工程或费用名称	编制依据及计算说明	合价
2	项目管理费		7375
2.1	管理经费	（安装工程费＋拆除工程费）×3.53%	3537
2.2	招标费	（安装工程费＋拆除工程费）×0.4%	401
2.3	工程监理费	（安装工程费＋拆除工程费）×3.43%	3437
3	项目技术服务费		10844
3.1	前期工作费	安装工程费×2.1%	2028
3.3	工程勘察设计费		7943
3.3.2	设计费	设计费×100%	7943
3.4	设计文件评审费		491
3.4.1	初步设计文件评审费	基本设计费×3.5%	236
3.4.2	施工图文件评审费	基本设计费×3.8%	256
3.5	施工过程造价咨询及竣工结算审核费	（安装工程费＋拆除工程费）×0.38%	381
	合计		18219

5.1.4　典型方案设备材料表

典型方案 B2-1 设备材料表见表 5-6。

表 5-6　　　　　　　　　　典型方案 B2-1 设备材料表

序号	设备或材料名称	单位	数量	备注
	架空线路工程			
二	导地线			
1	导线			
1.1	导线			
500026702	钢芯铝绞线　JL/G1A，240/30	t	2.931	单回路
三	附件			
2	金具			
2.3	保护金具			
500126117	保护金具-防振锤，FDNJ-3/4	副	30	

5.1.5　典型方案工程量表

典型方案 B2-1 工程量见表 5-7。

表 5-7　　　　　　　　　　　　典型方案 B2-1 工程量表

序号	项目名称	单位	数量	备注
	安装工程			
4	架线工程			
4.1	架线工程材料工地运输			
JYX1-89	汽车运输　线材　每件重　4000kg 以内　装卸	t	3.398	
JYX1-90	汽车运输　线材　每件重　4000kg 以内　运输	t·km	33.976	
4.2	导地线架设			
JYX5-61	35kV 及以上导线、避雷线架设　张力架设　牵、张场场地建设　场地平整　单导线/OPGW	处	1	
JYX5-66	35kV 及以上导线、避雷线架设　张力架设　牵、张场场地建设　钢板铺设　单导线/OPGW	处	1	
JYX5-72	35kV 及以上导线、避雷线架设　张力架设　导引绳展放飞行器展放	km	1	
JYX5-78	35kV 及以上导线、避雷线架设　张力架设　张力放、紧线交流线路　导线（mm²）300 以内	km/三相	1	
5	附件工程			
5.1	附件安装工程材料工地运输			
JYX1-19	人力运输　金具、绝缘子、零星钢材	t·km	0.068	
JYX1-105	汽车运输　金具、绝缘子、零星钢材　装卸	t	0.228	
JYX1-106	汽车运输　金具、绝缘子、零星钢材　运输	t·km	2.281	
5.2	绝缘子串及金具安装			
5.2.1	耐张绝缘子串及金具安装			
调 JYX6-103 R×1.2 C×1.2 J×1.2	防振锤　单导线	个	30	
	拆除工程			
4	架线工程			
4.2	导地线			
CYX3-12	避雷线、导线一般拆除　导线截面（mm²）240 以内	km/三相	1	
5	附件工程			
5.2	绝缘子串及金具			
CYX4-80	防振锤拆除　单导线	个	30	

5.2　B2-2 更换 66kV 架空导线（双回）

5.2.1　典型方案主要内容

本典型方案为更换 66kV 双回路导线 1km，内容包括原导线防振锤等附件拆除；原导线拆除；导线运输、检查及展放；导线张力放线场地平整；导线张力放线引绳展放；导线张力放线施工；导线接头连接；导线紧线施工及弛度观测；导线金具等运输与检查；导线防振锤等附件安装施工。

5.2.2 典型方案主要技术条件

典型方案 B2-2 主要技术条件见表 5-8。

表 5-8 典型方案 B2-2 主要技术条件

方案名称	工程主要技术条件	
更换 66kV 架空导线	电压等级	66kV
	导线类型	钢芯铝绞线
	是否跨越	否
	规格型号	1×JL/G1A，300/40
	地形	100%平地
	气象条件	覆冰 10mm，基本风速 27m/s
	运距	人运 0.3km，汽运 10km

5.2.3 典型方案估算书

估算投资为总投资，编制依据按 3.2 要求。典型方案 B2-2 估算书包括总估算汇总表、安装工程专业汇总表、拆除工程专业汇总表、其他费用估算表，分别见表 5-9～表 5-12。

表 5-9 典型方案 B2-2 总估算汇总表 金额单位：万元

序号	工程或费用名称	含税金额	占工程投资的比例（%）	不含税金额	可抵扣增值税金额
二	安装工程费	20.84	81.03	18.62	2.22
三	拆除工程费	0.94	3.65	0.86	0.08
四	设备购置费				
	其中：编制基准期价差	0.19	0.74	0.19	
五	小计	21.78	84.68	19.48	2.3
	其中：甲供设备材料费	15.47	60.15	13.69	1.78
六	其他费用	3.94	15.32	3.72	0.22
七	基本预备费				
八	特殊项目				
九	工程投资合计	25.72	100	23.2	2.52
	其中：可抵扣增值税金额	2.52			2.52
	其中：施工费	6.3	24.49	5.78	0.52

表 5-10　　　　　　　　典型方案 B2-2 安装工程专业汇总表　　　　　　金额单位：元

序号	工程或费用名称	安装工程费			设备购置费	合计
		未计价材料费	安装费	小计		
	安装工程	154726	53626	208352		208352
4	架线工程	141195	50693	191889		191889
4.1	架线工程材料工地运输		1677	1677		1677
4.2	导地线架设	141195	49016	190211		190211
5	附件工程	13531	2933	16464		16464
5.1	附件安装工程材料工地运输		140	140		140
5.2	绝缘子串及金具安装	13531	2792	16323		16323
5.2.1	耐张绝缘子串及金具安装	13531	2792	16323		16323
	合计	154726	53626	208352		208352

表 5-11　　　　　　　　典型方案 B2-2 拆除工程专业汇总表　　　　　　金额单位：元

序号	工程或费用名称	拆除工程费
	拆除工程	9364
4	架线工程	8189
4.2	导地线架设	8189
5	附件工程	1175
5.2	绝缘子串及金具安装	1175
5.2.1	耐张绝缘子串及金具安装	1175
	合计	9364

表 5-12　　　　　　　　典型方案 B2-2 其他费用估算表　　　　　　金额单位：元

序号	工程或费用名称	编制依据及计算说明	合价
2	项目管理费		16024
2.1	管理经费	（安装工程费＋拆除工程费）×3.53%	7685
2.2	招标费	（安装工程费＋拆除工程费）×0.4%	871
2.3	工程监理费	（安装工程费＋拆除工程费）×3.43%	7468
3	项目技术服务费		23399
3.1	前期工作费	安装工程费×2.1%	4375
3.3	工程勘察设计费		17136
3.3.2	设计费	设计费×100%	17136
3.4	设计文件评审费		1060
3.4.1	初步设计文件评审费	基本设计费×3.5%	508
3.4.2	施工图文件评审费	基本设计费×3.8%	552
3.5	施工过程造价咨询及竣工结算审核费	（安装工程费＋拆除工程费）×0.38%	827
	合计		39423

5.2.4 典型方案设备材料表

典型方案 B2-2 设备材料表见表 5-13。

表 5-13 典型方案 B2-2 设备材料表

序号	设备或材料名称	单位	数量	备注
	架空线路工程			
二	导地线			
4	架线工程			
4.2	导地线架设			
500030943	钢芯铝绞线，JL/G1A，300/40	t	6.990	
500126118	保护金具-防振锤，FDNJ-4/5	副	60	
500118430	保护金具-间隔棒，FJG-220/24	支	6	

5.2.5 典型方案工程量表

典型方案 B2-2 工程量见表 5-14。

表 5-14 典型方案 B2-2 工程量表

序号	项目名称	单位	数量	备注
	安装工程			
4	架线工程			
4.1	架线工程材料工地运输			
JYX1-89	汽车运输 线材 每件重 4000kg 以内 装卸	t	8.103	
JYX1-90	汽车运输 线材 每件重 4000kg 以内 运输	t·km	81.028	
4.2	导地线架设			
JYX5-61	35kV 及以上导线、避雷线架设 张力架设 牵、张场场地建设 场地平整 单导线/OPGW	处	2	
JYX5-72	35kV 及以上导线、避雷线架设 张力架设 导引绳展放 飞行器展放	km	2	
调 JYX5-78 R×1.75 C×2 J×1.75	35kV 及以上导线、避雷线架设 张力架设 张力放、紧线 交流线路 导线（mm²）300 以内	km/三相	1	
5	附件工程			
5.1	附件安装工程材料工地运输			
JYX1-19	人力运输 金具、绝缘子、零星钢材	t·km	0.195	
JYX1-105	汽车运输 金具、绝缘子、零星钢材 装卸	t	0.652	
JYX1-106	汽车运输 金具、绝缘子、零星钢材 运输	t·km	6.516	
5.2	绝缘子串及金具安装			
5.2.1	耐张绝缘子串及金具安装			

序号	项目名称	单位	数量	备注
JYX6－103	防振锤　单导线	个	60	
JYX6－113	相间间隔棒　110kV	组	6	
	拆除工程			
4	架线工程			
4.2	导地线架设			
调 CYX3－13 R×1.75 C×2 J×1.75	避雷线、导线一般拆除　导线截面（mm²）300以内	km/三相	1	
5	附件工程			
5.2	绝缘子串及金具安装			
5.2.1	耐张绝缘子串及金具安装			
CYX4－80	防振锤拆除　单导线	个	60	
CYX4－86	相间间隔棒拆除　110kV	组	6	

5.3　B2－3 更换 110kV 架空导线（单回）

5.3.1　典型方案主要内容

本典型方案为更换 110kV 单回路导线 1km，内容包括原导线防振锤等附件拆除；原导线拆除；导线运输、检查及展放；导线张力放线场地平整；导线张力放线引绳展放；导线张力放线施工；导线接头连接；导线紧线施工及弛度观测；导线金具等运输与检查；导线防振锤等附件安装施工。

5.3.2　典型方案主要技术条件

典型方案 B2－3 主要技术条件见表 5－15。

表 5－15　　　　　　　　　　　　典型方案 B2－3 主要技术条件

方案名称	工程主要技术条件	
更换 110kV 架空导线	电压等级	110kV
	导线类型	钢芯铝绞线
	是否跨越	否
	规格型号	1×JL/G1A，300/40
	地形	100%平地
	气象条件	覆冰 10mm，基本风速 27m/s
	运距	人力 0.3km，汽车 10km

5.3.3 典型方案估算书

估算投资为总投资，编制依据按 3.2 要求。典型方案 B2-3 估算书包括总估算汇总表、安装工程专业汇总表、拆除工程专业汇总表、其他费用估算表，分别见表 5-16～表 5-19。

表 5-16   **典型方案 B2-3 总估算汇总表**   金额单位：万元

序号	工程或费用名称	含税金额	占工程投资的比例（%）	不含税金额	可抵扣增值税金额
二	安装工程费	10.53	80.94	9.44	1.09
三	拆除工程费	0.49	3.77	0.45	0.04
四	设备购置费				
	其中：编制基准期价差	0.13	1	0.13	
五	小计	11.02	84.7	9.89	1.13
	其中：甲供设备材料费	7.21	55.42	6.39	0.82
六	其他费用	1.99	15.3	1.88	0.11
七	基本预备费				
八	特殊项目				
九	工程投资合计	13.01	100	11.77	1.24
	其中：可抵扣增值税金额	1.24			1.24
	其中：施工费	3.81	29.29	3.5	0.31

表 5-17   **典型方案 B2-3 安装工程专业汇总表**   金额单位：元

序号	工程或费用名称	安装工程费			设备购置费	合计
		主要材料费	安装费	小计		
	安装工程	72093	33252	105344		105344
4	架线工程	68882	32744	101625		101625
4.1	架线工程材料工地运输		813	813		813
4.2	导地线架设	68882	31931	100813		100813
5	附件工程	3211	508	3719		3719
5.1	附件安装工程材料工地运输		39	39		39
5.2	绝缘子串及金具安装	3211	468	3680		3680
5.2.1	耐张绝缘子串及金具安装	3211	468	3680		3680
	合计	72093	33252	105344		105344

表 5-18　　　　　　　　　典型方案 B2-3 拆除工程专业汇总表　　　　　金额单位：元

序号	工程或费用名称	拆除工程费
	拆除工程	4855
4	架线工程	4662
4.2	导地线	4662
5	附件工程	193
5.2	绝缘子串及金具拆除	193
	合计	4855

表 5-19　　　　　　　　　典型方案 B2-3 其他费用估算表　　　　　金额单位：元

序号	工程或费用名称	编制依据及计算说明	合价
2	项目管理费		8111
2.1	管理经费	（安装工程费+拆除工程费）×3.53%	3890
2.2	招标费	（安装工程费+拆除工程费）×0.4%	441
2.3	工程监理费	（安装工程费+拆除工程费）×3.43%	3780
3	项目技术服务费		12212
3.1	前期工作费	安装工程费×2.1%	2212
3.3	工程勘察设计费		8664
3.3.2	设计费	设计费×100%	8664
3.4	设计文件评审费		536
3.4.1	初步设计文件评审费	基本设计费×3.5%	257
3.4.2	施工图文件评审费	基本设计费×3.8%	279
3.5	施工过程造价咨询及竣工结算审核费	（安装工程费+拆除工程费）×0.38%	419
	合计		19942

5.3.4　典型方案设备材料表

典型方案 B2-3 设备材料表见表 5-20。

表 5-20　　　　　　　　　典型方案 B2-3 设备材料表

序号	设备或材料名称	单位	数量	备注
	架空线路工程			
二	导地线			
1	导线			
1.1	导线			
500026702	钢芯铝绞线，JL/G1A，300/40	t	3.400	单回路
三	附件			
2	金具			
2.3	保护金具			
500126118	111 FDNJ-4/5	副	24	

5.3.5 典型方案工程量表

典型方案 B2-3 工程量见表 5-21。

表 5-21　　　　　　　　　典型方案 B2-3 工程量表

序号	项目名称	单位	数量	备注
	安装工程			
4	架线工程			
4.1	架线工程材料工地运输			
JYX1-89	汽车运输　线材　每件重　4000kg 以内　装卸	t	3.926	
JYX1-90	汽车运输　线材　每件重　4000kg 以内　运输	t·km	39.256	
4.2	导地线架设			
JYX5-61	35kV 及以上导线、避雷线架设　张力架设　牵、张场场地建设　场地平整　单导线/OPGW	处	1	
JYX5-66	35kV 及以上导线、避雷线架设　张力架设　牵、张场场地建设　钢板铺设　单导线/OPGW	处	1	
JYX5-72	35kV 及以上导线、避雷线架设　张力架设　导引绳展放　飞行器展放	km	1	
JYX5-78	35kV 及以上导线、避雷线架设　张力架设　张力放、紧线　交流线路　导线（mm²）300 以内	km/三相	1	
5	附件工程			
5.1	附件安装工程材料工地运输			
JYX1-19	人力运输　金具、绝缘子、零星钢材	t·km	0.055	
JYX1-105	汽车运输　金具、绝缘子、零星钢材　装卸	t	0.182	
JYX1-106	汽车运输　金具、绝缘子、零星钢材　运输	t·km	1.825	
5.2	绝缘子串及金具安装			
5.2.1	耐张绝缘子串及金具安装			
调 JYX6-103 R×1.2 C×1.2 J×1.2	防振锤　单导线	个	24	
	拆除工程			
4	架线工程			
4.2	导地线			
CYX3-13	避雷线、导线一般拆除　导线截面（mm²）300 以内	km/三相	1	
5	附件工程			
5.2	绝缘子串及金具			
CYX4-80	防振锤拆除　单导线	个	24	

5.4 B2-4更换220kV架空导线（单回）

5.4.1 典型方案主要内容

本典型方案为更换220kV单回路导线1km，内容包括原导线防振锤等附件拆除；原导线拆除；导线运输、检查及展放；导线张力放线场地平整；导线张力放线引绳展放；导线张力放线施工；导线接头连接；导线紧线施工及弛度观测；导线金具等运输与检查；导线防振锤、间隔棒等附件安装施工。

5.4.2 典型方案主要技术条件

典型方案B2-4主要技术条件见表5-22。

表5-22　　　　　　　　　　　　典型方案B2-4主要技术条件

方案名称	工程主要技术条件	
更换220kV架空导线	电压等级	220kV
	导线类型	导线
	是否跨越	否
	规格型号	2×JL/G1A，400/35
	地形	100%平地
	气象条件	覆冰10mm，基本风速27m/s
	运距	人力0.3km，汽车10km

5.4.3 典型方案估算书

估算投资为总投资，编制依据按3.2要求。典型方案B2-4估算书包括总估算汇总表、安装工程专业汇总表、拆除工程专业汇总表、其他费用估算表，分别见表5-23～表5-26。

表5-23　　　　　　　　　　　　典型方案B2-4总估算汇总表　　　　　　　　金额单位：万元

序号	工程或费用名称	含税金额	占工程投资的比例（%）	不含税金额	可抵扣增值税金额
二	安装工程费	23.31	81.22	20.81	2.5
三	拆除工程费	0.98	3.41	0.9	0.08
四	设备购置费				
	其中：编制基准期价差	0.19	0.66	0.19	
五	小计	24.29	84.63	21.71	2.58
	其中：甲供设备材料费	18.53	64.56	16.42	2.11
六	其他费用	4.41	15.37	4.16	0.25
七	基本预备费				
八	特殊项目				
九	工程投资合计	28.70	100	25.87	2.83
	其中：可抵扣增值税金额	2.83			2.83
	其中：施工费	5.76	20.07	5.28	0.48

表 5−24 典型方案 B2−4 安装工程专业汇总表　　　　　金额单位：元

序号	工程或费用名称	安装工程费			设备购置费	合计
		主要材料费	安装费	小计		
	安装工程	185285	47837	233122		233122
4	架线工程	177875	46795	224670		224670
4.1	架线工程材料工地运输		2010	2010		2010
4.2	导地线架设	177875	44785	222660		222660
5	附件工程	7410	1041	8452		8452
5.1	附件安装工程材料工地运输		90	90		90
5.2	绝缘子串及金具安装	7410	951	8362		8362
5.2.1	耐张绝缘子串及金具安装	7410	951	8362		8362
	合计	185285	47837	233122		233122

表 5−25 典型方案 B2−4 拆除工程专业汇总表　　　　　金额单位：元

序号	工程或费用名称	拆除工程费
	拆除工程	9791
4	架线工程	9375
4.2	导地线	9375
5	附件工程	416
5.2	绝缘子串及金具拆除	416
	合计	9791

表 5−26 典型方案 B2−4 其他费用估算表　　　　　金额单位：元

序号	工程或费用名称	编制依据及计算说明	合价
2	项目管理费		17878
2.1	管理经费	（安装工程费＋拆除工程费）×3.53%	8575
2.2	招标费	（安装工程费＋拆除工程费）×0.4%	972
2.3	工程监理费	（安装工程费＋拆除工程费）×3.43%	8332
3	项目技术服务费		26178
3.1	前期工作费	安装工程费×2.1%	4896
3.3	工程勘察设计费		19173
3.3.2	设计费	设计费×100%	19173
3.4	设计文件评审费		1186
3.4.1	初步设计文件评审费	基本设计费×3.5%	569
3.4.2	施工图文件评审费	基本设计费×3.8%	617
3.5	施工过程造价咨询及竣工结算审核费	（安装工程费＋拆除工程费）×0.38%	923
	合计		44057

5.4.4 典型方案设备材料表

典型方案 B2-4 设备材料表见表 5-27。

表 5-27　　　　　　　　　典型方案 B2-4 设备材料表

序号	设备或材料名称	单位	数量	备注
	架空线路工程			
二	导地线			
1	导线			
1.1	导线			
500026707	钢芯铝绞线，JL/G1A，400/35	t	8.400	单回路
三	附件			
2	金具			
2.3	保护金具			
500126118	保护金具－防振锤，FDNJ-4/5	副	48	
500130734	保护金具－间隔棒，FJZS-240/27	支	6	跳线用

5.4.5 典型方案工程量表

典型方案 B2-4 工程量见表 5-28。

表 5-28　　　　　　　　　典型方案 B2-4 工程量表

序号	项目名称	单位	数量	备注
	安装工程			
4	架线工程			
4.1	架线工程材料工地运输			
JYX1-89	汽车运输　线材　每件重　4000kg 以内　装卸	t	9.699	
JYX1-90	汽车运输　线材　每件重　4000kg 以内　运输	t·km	96.986	
4.2	导地线架设			
JYX5-62	35kV 及以上导线、避雷线架设　张力架设　牵、张场场地建设　场地平整　二分裂导线	处	1	
JYX5-67	35kV 及以上导线、避雷线架设　张力架设　牵、张场场地建设　钢板铺设　二分裂导线	处	1	
JYX5-72	35kV 及以上导线、避雷线架设　张力架设　导引绳展放飞行器展放	km	1	
JYX5-85	35kV 及以上导线、避雷线架设　张力架设　张力放、紧线交流线路　导线（mm²）2×400 以内	km/三相	1	
5	附件工程			
5.1	附件安装工程材料工地运输			
JYX1-19	人力运输　金具、绝缘子、零星钢材	t·km	0.125	

序号	项目名称	单位	数量	备注
JYX1-105	汽车运输 金具、绝缘子、零星钢材 装卸	t	0.417	
JYX1-106	汽车运输 金具、绝缘子、零星钢材 运输	t·km	4.170	
5.2	绝缘子串及金具安装			
5.2.1	耐张绝缘子串及金具安装			
JYX6-108	导线间隔棒 双分裂	个	12	
调 JYX6-104 R×1.2 C×1.2 J×1.2	防振锤 双分裂导线	个	48	
	拆除工程			
4	架线工程			
4.2	导地线			
CYX3-18	避雷线、导线一般拆除 导线截面（mm²）2×400 以内	km/三相	1	
CYX4-81	防振锤拆除 四分裂以下导线	个	48	
CYX4-83	导线间隔棒拆除 四分裂以下导线	个	6	

5.5 B2-5 更换 500kV 架空导线（单回）

5.5.1 典型方案主要内容

本典型方案为更换 500kV 单回路导线 1km，内容包括原导线防振锤等附件拆除；原导线拆除；导线运输、检查及展放；导线张力放线场地平整；导线张力放线引绳展放；导线张力放线施工；导线接头连接；导线紧线施工及弛度观测；导线金具等运输与检查；导线防振锤、间隔棒等附件安装施工。

5.5.2 典型方案主要技术条件

典型方案 B2-5 主要技术条件见表 5-29。

表 5-29 　　　　　　　　　　典型方案 B2-5 主要技术条件

方案名称	工程主要技术条件	
更换 500kV 架空导线	电压等级	500kV
	导线类型	导线
	是否跨越	否
	规格型号	4×JL/G1A，630/45
	地形	100%平地
	气象条件	覆冰 10mm，基本风速 27m/s
	运距	人力 0.3km，汽车 10km

5.5.3 典型方案估算书

估算投资为总投资，编制依据按 3.2 要求。典型方案 B2-5 估算书包括总估算汇总表、安装工程专业汇总表、拆除工程专业汇总表、其他费用估算表，分别见表 5-30～表 5-33。

表 5-30　　　　　　　　　　典型方案 B2-5 总估算汇总表　　　　　金额单位：万元

序号	工程或费用名称	含税金额	占工程投资的比例（%）	不含税金额	可抵扣增值税金额
二	安装工程费	66.65	81.04	59.17	7.48
三	拆除工程费	2.98	3.62	2.73	0.25
四	设备购置费				
	其中：编制基准期价差	0.46	0.56	0.46	
五	小计	69.63	84.67	61.9	7.73
	其中：甲供设备材料费	58.24	70.82	51.46	6.78
六	其他费用	12.61	15.33	11.9	0.71
七	基本预备费				
八	特殊项目				
九	工程投资合计	82.24	100	73.8	8.44
	其中：可抵扣增值税金额	8.44			8.44
	其中：施工费	11.39	13.85	10.45	0.94

表 5-31　　　　　　　　　　典型方案 B2-5 安装工程专业汇总表　　　　　金额单位：元

序号	工程或费用名称	安装工程费			设备购置费	合计
		主要材料费	安装费	小计		
	安装工程	582351	84145	666496		666496
4	架线工程	552957	80200	633157		633157
4.1	架线工程材料工地运输		6876	6876		6876
4.2	导地线架设	552957	73324	626281		626281
5	附件工程	29394	3945	33339		33339
5.1	附件安装工程材料工地运输		231	231		231
5.2	绝缘子串及金具安装	29394	3713	33107		33107
5.2.1	耐张绝缘子串及金具安装	29394	3713	33107		33107
	合计	582351	84145	666496		666496

表 5–32 典型方案 B2–5 拆除工程专业汇总表 金额单位：元

序号	工程或费用名称	拆除工程费
	拆除工程	29796
4	架线工程	28721
4.2	导地线	28721
5	附件工程	1075
5.2	绝缘子串及金具拆除	1075
	合计	29796

表 5–33 典型方案 B2–5 其他费用估算表 金额单位：元

序号	工程或费用名称	编制依据及计算说明	合价
2	项目管理费		51247
2.1	管理经费	（安装工程费＋拆除工程费）×3.53%	24579
2.2	招标费	（安装工程费＋拆除工程费）×0.4%	2785
2.3	工程监理费	（安装工程费＋拆除工程费）×3.43%	23883
3	项目技术服务费		74850
3.1	前期工作费	安装工程费×2.1%	13996
3.3	工程勘察设计费		54817
3.3.2	设计费	设计费×100%	54817
3.4	设计文件评审费		3391
3.4.1	初步设计文件评审费	基本设计费×3.5%	1626
3.4.2	施工图文件评审费	基本设计费×3.8%	1765
3.5	施工过程造价咨询及竣工结算审核费	（安装工程费＋拆除工程费）×0.38%	2646
	合计		126097

5.5.4 典型方案设备材料表

典型方案 B2–5 设备材料表见表 5–34。

表 5–34 典型方案 B2–5 设备材料表

序号	设备或材料名称	单位	数量	备注
	架空线路工程			
二	导地线			
1	导线			
1.1	导线			
500014616	钢芯铝绞线，JL/G1A，630/45	t	25.449	单回路
三	附件			

序号	设备或材料名称	单位	数量	备注
2	金具			
2.3	保护金具			
500130761	保护金具-间隔棒，FJZ-445/34B	支	60	
500126118	保护金具-防振锤 FDNJ-4/5	个	72	

5.5.5 典型方案工程量表

典型方案 B2-5 工程量见表 5-35。

表 5-35　　　　　　　　典型方案 B2-5 工程量表

序号	项目名称	单位	数量	备注
	安装工程			
4	架线工程			
4.1	架线工程材料工地运输			
JYX1-91	汽车运输　线材　每件重 8000kg 以上　装卸	t	29.442	
JYX1-92	汽车运输　线材　每件重 8000kg 以上　运输	t·km	294.423	
4.2	导地线架设			
JYX5-63	35kV 及以上导线、避雷线架设　张力架设　牵、张场场地建设　场地平整　四分裂导线	处	1	
JYX5-68	35kV 及以上导线、避雷线架设　张力架设　牵、张场场地建设　钢板铺设　四分裂导线	处	1	
JYX5-72	35kV 及以上导线、避雷线架设　张力架设　导引绳展放　飞行器展放	km	1	
JYX5-95	35kV 及以上导线、避雷线架设　张力架设　张力放、紧线　交流线路　导线（mm²）4×630 以内	km/三相	1	
5	附件工程			
5.1	附件安装工程材料工地运输			
JYX1-19	人力运输　金具、绝缘子、零星钢材	t·km	0.321	
JYX1-105	汽车运输　金具、绝缘子、零星钢材　装卸	t	1.069	
JYX1-106	汽车运输　金具、绝缘子、零星钢材　运输	t·km	10.687	
5.2	绝缘子串及金具安装			
5.2.1	耐张绝缘子串及金具安装			
调 JYX6-105 R×1.2 C×1.2 J×1.2	防振锤　四分裂导线	个	72	

续表

序号	项目名称	单位	数量	备注
JYX6－109	导线间隔棒　四分裂	个	60	
	拆除工程			
4	架线工程			
4.2	导地线			
CYX3－38	避雷线（OPGW）、导线张力拆除　导线截面（mm²） 4×500 以上	km/三相	1	
5	附件工程			
5.2	绝缘子串及金具拆除			
CYX4－83	导线间隔棒拆除　四分裂以下导线	个	60	

第6章　更换架空地线

按照电压等级、地线型式分为 35～500kV 不同电压等级不同型式的更换架空地线典型方案，以及 220kV 和 500kV 更换 OPGW 光缆典型方案。所有方案工作范围只包含拆除和新架地线主体工程（含档内金具拆装），不包含跨越措施。

6.1　B3-1更换35kV架空地线（单根）

6.1.1　典型方案主要内容

本典型方案为更换 35kV 线路地线 1km。内容包括原地线防振锤等附件拆除；原地线拆除；地线运输、检查及展放；地线张力放线；地线接头连接；地线紧线施工及弛度观测；地线金具等运输与检查；地线防振锤等附件安装施工。

6.1.2　典型方案主要技术条件

典型方案 B3-1 主要技术条件见表 6-1。

表 6-1　　　　　　　　　　典型方案 B3-1 主要技术条件

方案名称	工程主要技术条件	
更换 35kV 架空地线	电压等级	35kV
	导线类型	架空地线
	是否跨越	否
	规格型号	GJ-50
	地形	100%平地
	气象条件	覆冰 10mm，基本风速 29m/s
	运距	人力 0.3km，汽车 10km

6.1.3　典型方案估算书

估算投资为总投资，编制依据按 3.2 要求。典型方案 B3-1 估算书包括总估算汇总表、安装工程专业汇总表、拆除工程专业汇总表、其他费用估算表，分别见表 6-2～表 6-5。

表 6-2　　　　　　　　　　典型方案 B3-1 总估算汇总表　　　　　　　金额单位：万元

序号	工程或费用名称	含税金额	占工程投资的比例（%）	不含税金额	可抵扣增值税金额
二	安装工程费	1.6	84.66	1.46	0.14
三	拆除工程费	0.09	4.76	0.08	0.01

序号	工程或费用名称	含税金额	占工程投资的比例（%）	不含税金额	可抵扣增值税金额
四	设备购置费				
	其中：编制基准期价差	0.04	2.12	0.04	
五	小计	1.69	89.42	1.54	0.15
	其中：甲供设备材料费	0.4	21.16	0.35	0.05
六	其他费用	0.2	10.58	0.19	0.01
七	基本预备费				
八	特殊项目				
九	工程投资合计	1.89	100	1.73	0.16
	其中：可抵扣增值税金额	0.16			0.16
	其中：施工费	1.29	68.25	1.18	0.11

表6-3　　　　　　　　　　典型方案 B3-1 安装工程专业汇总表　　　　　　金额单位：元

序号	工程或费用名称	安装工程费			设备购置费	合计
		主要材料费	安装费	小计		
	安装工程	4003	12027	16030		16030
4	架线工程	3422	11774	15196		15196
4.1	架线工程材料工地运输		62	62		62
4.2	导地线架设	3422	11712	15134		15134
5	附件工程	580	254	834		834
5.1	附件安装工程材料工地运输		20	20		20
5.2	绝缘子串及金具安装	580	234	815		815
5.2.1	耐张绝缘子串及金具安装	580	234	815		815
	合计	4003	12027	16030		16030

表6-4　　　　　　　　　　典型方案 B3-1 拆除工程专业汇总表　　　　　　金额单位：元

序号	工程或费用名称	拆除工程费
	拆除工程	889
4	架线工程	793
4.2	导地线	793
5	附件工程	96
5.2	绝缘子串及金具	96
	合计	889

表6-5　　　　　　　　　　典型方案 B3-1 其他费用估算表　　　　金额单位：元

序号	工程或费用名称	编制依据及计算说明	合价
2	项目管理费		1245
2.1	管理经费	（安装工程费＋拆除工程费）×3.53%	597
2.2	招标费	（安装工程费＋拆除工程费）×0.4%	68
2.3	工程监理费	（安装工程费＋拆除工程费）×3.43%	580
3	项目技术服务费		748
3.1	前期工作费	安装工程费×2.1%	337
3.3	工程勘察设计费		201
3.3.2	设计费	设计费×100%	201
3.4	设计文件评审费		146
3.4.1	初步设计文件评审费	基本设计费×3.5%	70
3.4.2	施工图文件评审费	基本设计费×3.8%	76
3.5	施工过程造价咨询及竣工结算审核费	（安装工程费＋拆除工程费）×0.38%	64
	合计		1993

6.1.4　典型方案设备材料表

典型方案 B3-1 设备材料表见表6-6。

表6-6　　　　　　　　　　典型方案 B3-1 设备材料表

序号	设备或材料名称	单位	数量	备注
	架空线路工程			
二	导地线			
2	地线			
500065916	钢绞线，1×19-9.0-1270-B，50，镀锌	t	0.389	
500126120	保护金具-防振锤，FDNJ-2/G	个	12	

6.1.5　典型方案工程量表

典型方案 B3-1 工程量见表6-7。

表6-7　　　　　　　　　　典型方案 B3-1 工程量表

序号	项目名称	单位	数量	备注
	安装工程			
4	架线工程			
4.1	架线工程材料工地运输			
JYX1-85	汽车运输　线材　每件重 1000kg 以内　装卸	t	0.406	

续表

序号	项目名称	单位	数量	备注
JYX1-86	汽车运输 线材 每件重 1000kg 以内 运输	t·km	4.058	
4.2	导地线架设			
JYX5-72	35kV 及以上导线、避雷线架设 张力架设 导引绳展放 飞行器展放	km	1	
JYX5-61	35kV 及以上导线、避雷线架设 张力架设 牵、张场 场地建设 场地平整 单导线/OPGW	处	1	
JYX5-74	35kV 及以上导线、避雷线架设 张力架设 张力放、紧线 单根避雷线（mm²）钢绞线 100 以内	km	1	
5	附件工程			
5.1	附件安装工程材料工地运输			
JYX1-19	人力运输 金具、绝缘子、零星钢材	t·km	0.027	
JYX1-105	汽车运输 金具、绝缘子、零星钢材 装卸	t	0.091	
JYX1-106	汽车运输 金具、绝缘子、零星钢材 运输	t·km	0.912	
5.2	绝缘子串及金具安装			
5.2.1	耐张绝缘子串及金具安装			
调 JYX6-103 R×1.2 C×1.2 J×1.2	防振锤 单导线	个	12	
	拆除工程			
4	架线工程			
4.2	导地线			
CYX3-2	避雷线、导线一般拆除 单根避雷线（mm²）钢绞线 50 以内	km	1	
5	附件工程			
5.2	绝缘子串及金具			
CYX4-80	防振锤拆除 单导线	个	12	

6.2　B3-2 更换 66kV 架空地线（双根）

6.2.1　典型方案主要内容

本典型方案为更换 66kV 线路地线 1km，内容包括原地线防振锤等附件拆除；原地线拆除；地线运输、检查及展放；地线张力放线；地线接头连接；地线紧线施工及弛度观测；地线金具等运输与检查；地线防振锤等附件安装施工。

6.2.2　典型方案主要技术条件

典型方案 B3-2 主要技术条件见表 6-8。

表 6-8 典型方案 B3-2 主要技术条件

方案名称	工程主要技术条件	
更换 66kV 架空地线	电压等级	66kV
	导线类型	地线
	是否跨越	否
	规格型号	JLB40-80
	地形	100%平地
	气象条件	覆冰 10mm，基本风速 27m/s
	运距	人运 0.3km，汽运 10km

6.2.3 典型方案估算书

估算投资为总投资，编制依据按 3.2 要求。典型方案 B3-2 估算书包括总估算汇总表、安装工程专业汇总表、拆除工程专业汇总表、其他费用估算表，分别见表 6-9~表 6-12。

表 6-9 典型方案 B3-2 总估算汇总表 金额单位：万元

序号	工程或费用名称	含税金额	占工程投资的比例（%）	不含税金额	可抵扣增值税金额
二	安装工程费	2.12	80	1.91	0.21
三	拆除工程费	0.12	4.53	0.11	0.01
四	设备购置费				
	其中：编制基准期价差	0.04	1.51	0.04	
五	小计	2.24	84.53	2.02	0.22
	其中：甲供设备材料费	0.92	34.72	0.81	0.11
六	其他费用	0.41	15.47	0.39	0.02
七	基本预备费				
八	特殊项目				
九	工程投资合计	2.65	100	2.41	0.24
	其中：可抵扣增值税金额	0.24			0.24
	其中：施工费	1.32	49.81	1.21	0.11

表 6-10 典型方案 B3-2 安装工程专业汇总表 金额单位：元

序号	工程或费用名称	安装工程费			设备购置费	合计
		未计价材料费	安装费	小计		
	安装工程	9205	12040	21245		21245
4	架线工程	8531	11777	20308		20308
4.1	架线工程材料工地运输		66	66		66

续表

序号	工程或费用名称	安装工程费			设备购置费	合计
		未计价材料费	安装费	小计		
4.2	导地线架设	8531	11712	20242		20242
5	附件工程	675	262	937		937
5.1	附件安装工程材料工地运输		28	28		28
5.2	绝缘子串及金具安装	675	234	909		909
5.2.1	耐张绝缘子串及金具安装	675	234	909		909
	合计	9205	12040	21245		21245

表 6-11　　　　　　　　典型方案 B3-2 拆除工程专业汇总表　　　　　　金额单位：元

序号	工程或费用名称	拆除工程费
	拆除工程	1159
4	架线工程	1063
4.2	导地线架设	1063
5	附件工程	96
5.2	绝缘子串及金具安装	96
5.2.1	耐张绝缘子串及金具安装	96
	合计	1159

表 6-12　　　　　　　　　　典型方案 B3-2 其他费用估算表　　　　　　金额单位：元

序号	工程或费用名称	编制依据及计算说明	合价
2	项目管理费		1649
2.1	管理经费	（安装工程费＋拆除工程费）×3.53%	791
2.2	招标费	（安装工程费＋拆除工程费）×0.4%	90
2.3	工程监理费	（安装工程费＋拆除工程费）×3.43%	768
3	项目技术服务费		2425
3.1	前期工作费	安装工程费×2.1%	446
3.3	工程勘察设计费		1747
3.3.2	设计费	设计费×100%	1747
3.4	设计文件评审费		146
3.4.1	初步设计文件评审费	基本设计费×3.5%	70
3.4.2	施工图文件评审费	基本设计费×3.8%	76
3.5	施工过程造价咨询及竣工结算审核费	（安装工程费＋拆除工程费）×0.38%	85
	合计		4074

6.2.4　典型方案设备材料表

典型方案 B3-2 设备材料表见表 6-13。

表 6-13　　　　　　　　　　　典型方案 B3-2 设备材料表

序号	设备或材料名称	单位	数量	备注
	架空线路工程			
二	导地线			
2	地线			
500062181	铝包钢绞线，JLB40-80	t	0.412	
500126184	线路　防振锤 FRYJ-1/3	件	12	

6.2.5　典型方案工程量表

典型方案 B3-2 工程量见表 6-14。

表 6-14　　　　　　　　　　　典型方案 B3-2 工程量表

序号	项目名称	单位	数量	备注
	安装工程			
4	架线工程			
4.1	架线工程材料工地运输			
JYX1-85	汽车运输　线材　每件重 1000kg 以内　装卸	t	0.430	
JYX1-86	汽车运输　线材　每件重 1000kg 以内　运输	t·km	4.298	
4.2	导地线架设			
JYX5-61	35kV 及以上导线、避雷线架设　张力架设　牵、张场场地建设　场地平整　单导线/OPGW	处	1	
JYX5-72	35kV 及以上导线、避雷线架设　张力架设　导引绳展放　飞行器展放	km	1	
JYX5-74	35kV 及以上导线、避雷线架设　张力架设　张力放、紧线　单根避雷线（mm²）钢绞线 100 以内	km	1	
5	附件工程			
5.1	附件安装工程材料工地运输			
JYX1-19	人力运输　金具、绝缘子、零星钢材	t·km	0.039	
JYX1-105	汽车运输　金具、绝缘子、零星钢材　装卸	t	0.130	
JYX1-106	汽车运输　金具、绝缘子、零星钢材　运输	t·km	1.303	
	拆除工程			
4	架线工程			
4.2	导地线架设			
CYX3-4	避雷线、导线一般拆除　单根避雷线（mm²）钢绞线 100 以内	km	1	

序号	项目名称	单位	数量	备注
5	附件工程			
5.2	绝缘子串及金具安装			
5.2.1	耐张绝缘子串及金具安装			
调 JYX6－103 R×1.2 C×1.2 J×1.2	防振锤 单导线	个	12	
	拆除工程			
4	架线工程			
4.2	导地线			
CYX3－4	避雷线、导线一般拆除 单根避雷线（mm²）钢绞线 100以内	km	1	
5	附件工程			
5.2	绝缘子串及金具			
CYX4－80	防振锤拆除 单导线	个	12	

6.3 B3－3 更换 110kV 架空地线（单根）

6.3.1 典型方案主要内容

本典型方案为更换 110kV 线路地线 1km，内容包括原地线防振锤等附件拆除；原地线拆除；地线运输、检查及展放；地线张力放线；地线接头连接；地线紧线施工及弛度观测；地线金具等运输与检查；地线防振锤等附件安装施工。

6.3.2 典型方案主要技术条件

典型方案 B3－3 主要技术条件见表 6－15。

表 6－15   **典型方案 B3－3 主要技术条件**

方案名称	工程主要技术条件	
更换 110kV 架空地线	电压等级	110kV
	导线类型	架空地线
	是否跨越	否
	规格型号	JLB40－80
	气象条件	覆冰 10mm，基本风速 27m/s
	运距	人力 0.3km，汽车 10km

6.3.3 典型方案估算书

估算投资为总投资，编制依据按 3.2 要求。典型方案 B3－3 估算书包括总估算汇总表、安装工程专业汇总表、拆除工程专业汇总表、其他费用估算表，分别见表 6-16～表 6-19。

表 6-16　　典型方案 B3-3 总估算汇总表　　金额单位：万元

序号	工程或费用名称	含税金额	占工程投资的比例（%）	不含税金额	可抵扣增值税金额
二	安装工程费	2.06	85.83	1.86	0.2
三	拆除工程费	0.09	3.75	0.08	0.01
四	设备购置费				
	其中：编制基准期价差	0.04	1.67	0.04	
五	小计	2.15	89.58	1.94	0.21
	其中：甲供设备材料费	0.86	35.83	0.76	0.1
六	其他费用	0.25	10.42	0.24	0.01
七	基本预备费				
八	特殊项目				
九	工程投资合计	2.40	100	2.18	0.22
	其中：可抵扣增值税金额	0.22			0.22
	其中：施工费	1.29	53.75	1.18	0.11

表 6-17　　典型方案 B3-3 安装工程专业汇总表　　金额单位：元

序号	工程或费用名称	安装工程费			设备购置费	合计
		未计价材料费	安装费	小计		
	安装工程	8557	12029	20586		20586
4	架线工程	7878	11775	19653		19653
4.1	架线工程材料工地运输		64	64		64
4.2	导地线架设	7878	11712	19590		19590
5	附件工程	679	254	933		933
5.1	附件安装工程材料工地运输		20	20		20
5.2	绝缘子串及金具安装	679	234	913		913
5.2.1	耐张绝缘子串及金具安装	679	234	913		913
	合计	8557	12029	20586		20586

表 6-18　　典型方案 B3-3 拆除工程专业汇总表　　金额单位：元

序号	工程或费用名称	拆除工程费
	拆除工程	889
4	架线工程	793
4.2	导地线	793
5	附件工程	96
5.2	绝缘子串及金具	96
	合计	889

表6-19 典型方案B3-3其他费用估算表 金额单位：元

序号	工程或费用名称	编制依据及计算说明	合价
2	项目管理费		1581
2.1	管理经费	（安装工程费＋拆除工程费）×3.53%	758
2.2	招标费	（安装工程费＋拆除工程费）×0.4%	86
2.3	工程监理费	（安装工程费＋拆除工程费）×3.43%	737
3	项目技术服务费		918
3.1	前期工作费	安装工程费×2.1%	432
3.3	工程勘察设计费		258
3.3.2	设计费	设计费×100%	258
3.4	设计文件评审费		146
3.4.1	初步设计文件评审费	基本设计费×3.5%	70
3.4.2	施工图文件评审费	基本设计费×3.8%	76
3.5	施工过程造价咨询及竣工结算审核费	（安装工程费＋拆除工程费）×0.38%	82
	合计		2499

6.3.4 典型方案设备材料表

典型方案B3-3设备材料表见表6-20。

表6-20 典型方案B3-3设备材料表

序号	设备或材料名称	单位	数量	备注
	架空线路工程			
二	导地线			
2	地线			
500062181	铝包钢绞线，JLB40，80 JLB40，80	t	0.400	
500126184	保护金具-防振锤，FRYJ-1/3	个	12	

6.3.5 典型方案工程量表

典型方案B3-3工程量见表6-21。

表6-21 典型方案B3-3工程量表

序号	项目名称	单位	数量	备注
	安装工程			
4	架线工程			
4.1	架线工程材料工地运输			
JYX1-85	汽车运输 线材 每件重 1000kg 以内 装卸	t	0.417	

序号	项目名称	单位	数量	备注
JYX1-86	汽车运输 线材 每件重 1000kg 以内 运输	t·km	4.172	
4.2	导地线架设			
JYX5-72	35kV 及以上导线、避雷线架设 张力架设 导引绳展放 飞行器展放	km	1	
JYX5-61	35kV 及以上导线、避雷线架设 张力架设 牵、张场场地建设 场地平整 单导线/OPGW	处	1	
JYX5-74	35kV 及以上导线、避雷线架设 张力架设 张力放、紧线 单根避雷线（mm²）钢绞线 100 以内	km	1	
5	附件工程			
5.1	附件安装工程材料工地运输			
JYX1-19	人力运输 金具、绝缘子、零星钢材	t·km	0.027	
JYX1-105	汽车运输 金具、绝缘子、零星钢材 装卸	t	0.091	
JYX1-106	汽车运输 金具、绝缘子、零星钢材 运输	t·km	0.912	
5.2	绝缘子串及金具安装			
5.2.1	耐张绝缘子串及金具安装			
调 JYX6-103 R×1.2 C×1.2 J×1.2	防振锤 单导线	个	12	
	拆除工程			
4	架线工程			
4.2	导地线			
CYX3-2	避雷线、导线一般拆除 单根避雷线（mm²）钢绞线 50 以内	km	1	
5	附件工程			
5.2	绝缘子串及金具			
CYX4-80	防振锤拆除 单导线	个	12	

6.4 B3-4 更换 220kV 架空地线（单根）

6.4.1 典型方案主要内容

本典型方案为更换 220kV 线路地线 1km。内容包括原地线防振锤等附件拆除；原地线拆除；地线运输、检查及展放；地线张力放线；地线接头连接；地线紧线施工及弛度观测；地线金具等运输与检查；地线防振锤等附件安装施工。

6.4.2 典型方案主要技术条件

典型方案 B3-4 主要技术条件见表 6-22。

表 6-22　　　　　　　　　典型方案 B3-4 主要技术条件

方案名称	工程主要技术条件	
更换 220kV 架空地线	电压等级	220kV
	导线类型	地线
	是否跨越	否
	规格型号	JLB40-150
	地形	100%平地
	气象条件	覆冰 10mm，基本风速 27m/s
	运距	人力 0.3km，汽车 10km

6.4.3　典型方案估算书

估算投资为总投资，编制依据按 3.2 要求。典型方案 B3-4 估算书包括总估算汇总表、安装工程专业汇总表、拆除工程专业汇总表、其他费用估算表，分别见表 6-23～表 6-26。

表 6-23　　　　　　　　　典型方案 B3-4 总估算汇总表　　　　　　　金额单位：万元

序号	工程或费用名称	含税金额	占工程投资的比例（%）	不含税金额	可抵扣增值税金额
二	安装工程费	2.73	85.58	2.46	0.27
三	拆除工程费	0.13	4.08	0.12	0.01
四	设备购置费				
	其中：编制基准期价差	0.04	1.25	0.04	
五	小计	2.86	89.66	2.58	0.28
	其中：甲供设备材料费	1.43	44.83	1.27	0.16
六	其他费用	0.33	10.34	0.31	0.02
七	基本预备费				
八	特殊项目				
九	工程投资合计	3.19	100	2.89	0.3
	其中：可抵扣增值税金额	0.3			0.3
	其中：施工费	1.43	44.83	1.31	0.12

表 6-24　　　　　　　　　典型方案 B3-4 安装工程专业汇总表　　　　　　金额单位：元

序号	工程或费用名称	安装工程费			设备购置费	合计
		主要材料费	安装费	小计		
	安装工程	14296	13006	27301		27301
4	架线工程	13956	12879	26835		26835
4.1	架线工程材料工地运输		139	139		139
4.2	导地线架设	13956	12739	26695		26695

续表

序号	工程或费用名称	安装工程费			设备购置费	合计
		主要材料费	安装费	小计		
5	附件工程	340	127	467		467
5.1	附件安装工程材料工地运输		10	10		10
5.2	绝缘子串及金具安装	340	117	457		457
5.2.1	耐张绝缘子串及金具安装	340	117	457		457
	合计	14296	13006	27301		27301

表 6-25　　　　　　　　　**典型方案 B3-4 拆除工程专业汇总表**　　　　　金额单位：元

序号	工程或费用名称	拆除工程费
	拆除工程	1275
4	架线工程	1227
4.2	导地线	1227
5	附件工程	48
5.2	绝缘子串及金具拆除	48
	合计	1275

表 6-26　　　　　　　　　　**典型方案 B3-4 其他费用估算表**　　　　　金额单位：元

序号	工程或费用名称	编制依据及计算说明	合价
2	项目管理费		2103
2.1	管理经费	（安装工程费＋拆除工程费）×3.53%	1009
2.2	招标费	（安装工程费＋拆除工程费）×0.4%	114
2.3	工程监理费	（安装工程费＋拆除工程费）×3.43%	980
3	项目技术服务费		1170
3.1	前期工作费	安装工程费×2.1%	573
3.3	工程勘察设计费		343
3.3.2	设计费	设计费×100%	343
3.4	设计文件评审费		146
3.4.1	初步设计文件评审费	基本设计费×3.5%	70
3.4.2	施工图文件评审费	基本设计费×3.8%	76
3.5	施工过程造价咨询及竣工结算审核费	（安装工程费＋拆除工程费）×0.38%	109
	合计		3274

6.4.4　典型方案设备材料表

典型方案 B3-4 设备材料表见表 6-27。

表 6-27   典型方案 B3-4 设备材料表

序号	设备或材料名称	单位	数量	备注
	架空线路工程			
二	导地线			
2	地线			
500065916	铝包钢绞线，JLB40，150	t	0.711	
500126184	保护金具-防振锤，FRYJ-1/3	副	6	

6.4.5 典型方案工程量表

典型方案 B3-4 工程量见表 6-28。

表 6-28   典型方案 B3-4 工程量表

序号	项目名称	单位	数量	备注
	安装工程			
4	架线工程			
4.1	架线工程材料工地运输			
JYX1-87	汽车运输 线材 每件重 2000kg 以内 装卸	t	0.742	
JYX1-88	汽车运输 线材 每件重 2000kg 以内 运输	t·km	7.417	
4.2	导地线架设			
JYX5-72	35kV 及以上导线、避雷线架设 张力架设 导引绳展放 飞行器展放	km	1	
JYX5-61	35kV 及以上导线、避雷线架设 张力架设 牵、张场场 地建设 场地平整 单导线/OPGW	处	1	
JYX5-75	35kV 及以上导线、避雷线架设 张力架设 张力放、紧 线 单根避雷线（mm²）钢绞线 100 以上	km	1	
5	附件工程			
5.1	附件安装工程材料工地运输			
JYX1-19	人力运输 金具、绝缘子、零星钢材	t·km	0.014	
JYX1-105	汽车运输 金具、绝缘子、零星钢材 装卸	t	0.046	
JYX1-106	汽车运输 金具、绝缘子、零星钢材 运输	t·km	0.456	
5.2	绝缘子串及金具安装			
5.2.1	耐张绝缘子串及金具安装			
调 JYX6-103 R×1.2 C×1.2 J×1.2	防振锤 单导线	个	6	
	拆除工程			
4	架线工程			
4.2	导地线			

续表

序号	项目名称	单位	数量	备注
CYX3-5	避雷线、导线一般拆除　单根避雷线（mm²）钢绞线 100 以上	km	1	
5	附件工程			
5.2	绝缘子串及金具			
CYX4-80	防振锤拆除　单导线	个	6	

6.5　B3-5 更换 220kV 光纤复合地线（单根）

6.5.1　典型方案主要内容

本典型方案为更换 1km 光纤复合地线。内容包括原地线防振锤等附件拆除；原地线拆除；地线运输、检查及展放；地线张力放线；地线接头连接；地线紧线施工及弧垂观测；地线金具等运输与检查；地线防振锤等附件安装施工。

6.5.2　典型方案主要技术条件

典型方案 B3-5 主要技术条件见表 6-29。

表 6-29　　　　　　　　　　**典型方案 B3-5 主要技术条件**

方案名称	工程主要技术条件	
更换 220kV OPGW 光缆	电压等级	220kV
	导线类型	地线
	是否跨越	否
	规格型号	OPGW-150（48 芯）
	地形	100%平地
	气象条件	覆冰 10mm，基本风速 27m/s
	运距	人力 0.3km，汽车 10km

6.5.3　典型方案估算书

估算投资为总投资，编制依据按 3.2 要求。典型方案 B3-5 估算书包括总估算汇总表、安装工程专业汇总表、拆除工程专业汇总表、其他费用估算表，分别见表 6-30～表 6-33。

表 6-30　　　　　　　　　　**典型方案 B3-5 总估算汇总表**　　　　金额单位：万元

序号	工程或费用名称	含税金额	占工程投资的比例（%）	不含税金额	可抵扣增值税金额
二	安装工程费	5.66	84.1	5.16	0.5
三	拆除工程费	0.38	5.65	0.35	0.03
四	设备购置费				

序号	工程或费用名称	含税金额	占工程投资的比例（%）	不含税金额	可抵扣增值税金额
	其中：编制基准期价差	0.15	2.23	0.15	
五	小计	6.04	89.75	5.51	0.53
	其中：甲供设备材料费	1.89	28.08	1.7	0.19
六	其他费用	0.69	10.25	0.65	0.04
七	基本预备费				
八	特殊项目				
九	工程投资合计	6.73	100	6.16	0.57
	其中：可抵扣增值税金额	0.57			0.57
	其中：施工费	4.15	61.66	3.81	0.34

表 6-31　　　　　　　　　　典型方案 B3-5 安装工程专业汇总表　　　　　　金额单位：元

序号	工程或费用名称	安装工程费			设备购置费	合计
		主要材料费	安装费	小计		
	安装工程	18927	37678	56604		56604
4	架线工程	18556	37576	56132		56132
4.1	架线工程材料工地运输		249	249		249
4.2	导地线架设	18556	37327	55883		55883
5	附件工程	371	102	472		472
5.1	附件安装工程材料工地运输		4	4		4
5.2	绝缘子串及金具安装	371	98	468		468
5.2.1	耐张绝缘子串及金具安装	371	98	468		468
	合计	18927	37678	56604		56604

表 6-32　　　　　　　　　　典型方案 B3-5 拆除工程专业汇总表　　　　　　金额单位：元

序号	工程或费用名称	拆除工程费
	拆除工程	3821
4	架线工程	3772
4.2	导地线	3772
5	附件工程	48
5.2	绝缘子串及金具拆除	48
	合计	3821

表6-33 典型方案B3-5其他费用估算表 金额单位：元

序号	工程或费用名称	编制依据及计算说明	合价
2	项目管理费		4447
2.1	管理经费	（安装工程费+拆除工程费）×3.53%	2133
2.2	招标费	（安装工程费+拆除工程费）×0.4%	242
2.3	工程监理费	（安装工程费+拆除工程费）×3.43%	2073
3	项目技术服务费		2416
3.1	前期工作费	安装工程费×2.1%	1189
3.3	工程勘察设计费		710
3.3.2	设计费	设计费×100%	710
3.4	设计文件评审费		288
3.4.1	初步设计文件评审费	基本设计费×3.5%	138
3.4.2	施工图文件评审费	基本设计费×3.8%	150
3.5	施工过程造价咨询及竣工结算审核费	（安装工程费+拆除工程费）×0.38%	230
	合计		6864

6.5.4 典型方案设备材料表

典型方案B3-5设备材料表见表6-34。

表6-34 典型方案B3-5设备材料表

序号	设备或材料名称	单位	数量	备注
	架空线路工程			
二	导地线			
2	地线			
500082930	OPGW-150（48芯）	km	1	
C03130802	线路 防振锤 RYJ-2/G	件	6	

6.5.5 典型方案工程量表

典型方案B3-5工程量见表6-35。

表6-35 典型方案B3-5工程量表

序号	项目名称	单位	数量	备注
	安装工程			
4	架线工程			
4.1	架线工程材料工地运输			
JYX1-89	汽车运输 线材 每件重4000kg以内 装卸	t	1.200	
JYX1-90	汽车运输 线材 每件重4000kg以内 运输	t·km	12	

序号	项目名称	单位	数量	备注
4.2	导地线架设			
JYX5－61	35kV 及以上导线、避雷线架设　张力架设　牵、张场场地建设　场地平整　单导线/OPGW	处	1	
JYX5－66	35kV 及以上导线、避雷线架设　张力架设　牵、张场场地建设　钢板铺设　单导线/OPGW	处	1	
JYX5－72	35kV 及以上导线、避雷线架设　张力架设　导引绳展放　飞行器展放	km	1	
JYX5－73	35kV 及以上导线、避雷线架设　张力架设　张力放、紧线 OPGW	km	1	
JYX5－239	OPGW 单盘测量　芯数 48 以内	轴	1	
调 JYX5－248 R×0.85 C×0.85 J×0.85	OPGW 接续　芯数 48 以内	头	2	
JYX5－257	OPGW 全程测通　芯数 48 以内	段	1	
5	附件工程			
5.1	附件安装工程材料工地运输			
JYX1－19	人力运输　金具、绝缘子、零星钢材	t·km	0.006	
JYX1－105	汽车运输　金具、绝缘子、零星钢材　装卸	t	0.019	
JYX1－106	汽车运输　金具、绝缘子、零星钢材　运输	t·km	0.189	
5.2	绝缘子串及金具安装			
5.2.1	耐张绝缘子串及金具安装			
JYX6－103	防振锤　单导线	个	6	
	拆除工程			
4	架线工程			
4.2	导地线			
CYX3－34	避雷线（OPGW）、导线张力拆除　避雷线（OPGW）	km	1	
5	附件工程			
5.2	绝缘子串及金具拆除			
CYX4－80	防振锤拆除　单导线	个	6	

6.6　B3-6 更换 500kV 架空地线（单根）

6.6.1　典型方案主要内容

本典型方案为更换 500kV 线路地线 1km。内容包括原地线防振锤等附件拆除；原地线拆除；地线运输、检查及展放；地线张力放线；地线接头连接；地线张力放线施工；地线紧线施工及弛度观测；地线金具等运输与检查；地线防振锤等附件安装施工。

6.6.2 典型方案主要技术条件

典型方案 B3−6 主要技术条件见表 6−36。

表 6−36 典型方案 B3−6 主要技术条件

方案名称	工程主要技术条件	
更换 500kV 架空地线	电压等级	500kV
	导线类型	架空地线
	是否跨越	否
	规格型号	JLB40−150
	地形	100%平地
	气象条件	覆冰 10mm，基本风速 27m/s
	运距	人力 0.3km，汽车 10km

6.6.3 典型方案估算书

估算投资为总投资，编制依据按 3.2 要求。典型方案 B3−6 估算书包括总估算汇总表、安装工程专业汇总表、拆除工程专业汇总表、其他费用估算表，分别见表 6−37～表 6−40。

表 6−37 典型方案 B3−6 总估算汇总表 金额单位：万元

序号	工程或费用名称	含税金额	占工程投资的比例（%）	不含税金额	可抵扣增值税金额
二	安装工程费	2.78	85.8	2.51	0.27
三	拆除工程费	0.13	4.01	0.12	0.01
四	设备购置费				
	其中：编制基准期价差	0.05	1.54	0.05	
五	小计	2.91	89.81	2.63	0.28
	其中：甲供设备材料费	1.46	45.06	1.29	0.17
六	其他费用	0.33	10.19	0.31	0.02
七	基本预备费				
八	特殊项目				
九	工程投资合计	3.24	100	2.94	0.3
	其中：可抵扣增值税金额	0.3			0.3
	其中：施工费	1.45	44.75	1.33	0.12

表 6-38　　　　　　　　　典型方案 B3-6 安装工程专业汇总表　　　　　　　　金额单位：元

序号	工程或费用名称	安装工程费			设备购置费	合计
		主要材料费	安装费	小计		
	安装工程	14635	13174	27810		27810
4	架线工程	13956	12920	26876		26876
4.1	架线工程材料工地运输		140	140		140
4.2	导地线架设	13956	12780	26736		26736
5	附件工程	679	254	933		933
5.1	附件安装工程材料工地运输		20	20		20
5.2	绝缘子串及金具安装	679	234	914		914
5.2.1	耐张绝缘子串及金具安装	679	234	914		914
	合计	14635	13174	27810		27810

表 6-39　　　　　　　　　典型方案 B3-6 拆除工程专业汇总表　　　　　　　　金额单位：元

序号	工程或费用名称	拆除工程费
	拆除工程	1323
4	架线工程	1227
4.2	导地线	1227
5	附件工程	96
5.2	绝缘子串及金具拆除	96
	合计	1323

表 6-40　　　　　　　　　典型方案 B3-6 其他费用估算表　　　　　　　　金额单位：元

序号	工程或费用名称	编制依据及计算说明	合价
2	项目管理费		2144
2.1	管理经费	（安装工程费＋拆除工程费）×3.53%	1028
2.2	招标费	（安装工程费＋拆除工程费）×0.4%	117
2.3	工程监理费	（安装工程费＋拆除工程费）×3.43%	999
3	项目技术服务费		1190
3.1	前期工作费	安装工程费×2.1%	584
3.3	工程勘察设计费		349
3.3.2	设计费	设计费×100%	349
3.4	设计文件评审费		146
3.4.1	初步设计文件评审费	基本设计费×3.5%	70
3.4.2	施工图文件评审费	基本设计费×3.8%	76
3.5	施工过程造价咨询及竣工结算审核费	（安装工程费＋拆除工程费）×0.38%	111
	合计		3334

6.6.4 典型方案设备材料表

典型方案 B3-6 设备材料表见表 6-41。

表 6-41 典型方案 B3-6 设备材料表

序号	设备或材料名称	单位	数量	备注
	架空线路工程			
二	导地线			
2	地线			
500065916	铝包钢绞线，JLB40，150	t	0.711	
500126184	保护金具-防振锤，FRYJ-1/3	个	12	

6.6.5 典型方案工程量表

典型方案 B3-6 工程量见表 6-42。

表 6-42 典型方案 B3-6 工程量表

序号	项目名称	单位	数量	备注
	安装工程			
4	架线工程			
4.1	架线工程材料工地运输			
JYX1-87	汽车运输 线材 每件重 2000kg 以内 装卸	t	0.742	
JYX1-88	汽车运输 线材 每件重 2000kg 以内 运输	t·km	7.417	
4.2	导地线架设			
JYX5-72	35kV 及以上导线、避雷线架设 张力架设 导引绳展放 飞行器展放	km	1	
JYX5-61	35kV 及以上导线、避雷线架设 张力架设 牵、张场场地建设 场地平整 单导线/OPGW	处	1	
JYX5-75	35kV 及以上导线、避雷线架设 张力架设 张力放、紧线 单根避雷线（mm²）钢绞线 100 以上	km	1	
5	附件工程			
5.1	附件安装工程材料工地运输			
JYX1-19	人力运输 金具、绝缘子、零星钢材	t·km	0.027	
JYX1-105	汽车运输 金具、绝缘子、零星钢材 装卸	t	0.091	
JYX1-106	汽车运输 金具、绝缘子、零星钢材 运输	t·km	0.912	
5.2	绝缘子串及金具安装			
5.2.1	耐张绝缘子串及金具安装			

序号	项目名称	单位	数量	备注
调 JYX6-103 R×1.2 C×1.2 J×1.2	防振锤 单导线	个	12	
	拆除工程			
4	架线工程			
4.2	导地线			
CYX3-5	避雷线、导线一般拆除 单根避雷线（mm²）钢绞线 100以上	km	1	
5	附件工程			
5.2	绝缘子串及金具			
CYX4-80	防振锤拆除 单导线	个	12	

6.7　B3-7 更换 500kV 光纤复合地线（单根）

6.7.1　典型方案主要内容

本典型方案为更换 1km 光纤复合地线。内容包括原地线防振锤等附件拆除；原地线拆除；地线运输、检查及展放；地线张力放线；地线接头连接；地线紧线施工及弧垂观测；地线金具等运输与检查；地线防振锤等附件安装施工。

6.7.2　典型方案主要技术条件

典型方案 B3-7 主要技术条件见表 6-43。

表 6-43　　　　　　　　　　　典型方案 B3-7 主要技术条件

方案名称	工程主要技术条件	
更换 500kV OPGW 光缆	电压等级	500kV
	工作范围	更换架空地线
	是否跨越	否
	规格型号	OPGW-150（72 芯）
	地形	100%平地
	气象条件	覆冰 10mm，基本风速 27m/s
	运距	人力 0.3km，汽车 10km

6.7.3　典型方案估算书

估算投资为总投资，编制依据按 3.2 要求。典型方案 B3-7 估算书包括总估算汇总表、安装工程专业汇总表、拆除工程专业汇总表、其他费用估算表，分别见表 6-44～表 6-47。

表6-44   **典型方案 B3-7 总估算汇总表**   金额单位：万元

序号	工程或费用名称	含税金额	占工程投资的比例（%）	不含税金额	可抵扣增值税金额
二	安装工程费	6.66	84.84	6.07	0.59
三	拆除工程费	0.39	4.97	0.36	0.03
四	设备购置费				
	其中：编制基准期价差	0.19	2.42	0.19	
五	小计	7.05	89.81	6.43	0.62
	其中：甲供设备材料费	2.32	29.55	2.09	0.23
六	其他费用	0.8	10.19	0.75	0.05
七	基本预备费				
八	特殊项目				
九	工程投资合计	7.85	100	7.18	0.67
	其中：可抵扣增值税金额	0.67			0.67
	其中：施工费	4.73	60.25	4.34	0.39

表6-45   **典型方案 B3-7 安装工程专业汇总表**   金额单位：元

序号	工程或费用名称	安装工程费			设备购置费	合计
		主要材料费	安装费	小计		
	安装工程	23150	43443	66593		66593
4	架线工程	22409	43239	65649		65649
4.1	架线工程材料工地运输		250	250		250
4.2	导地线架设	22409	42989	65398		65398
5	附件工程	741	203	945		945
5.1	附件安装工程材料工地运输		8	8		8
5.2	绝缘子串及金具安装	741	195	936		936
5.2.1	耐张绝缘子串及金具安装	741	195	936		936
	合计	23150	43443	66593		66593

表6-46   **典型方案 B3-7 拆除工程专业汇总表**   金额单位：元

序号	工程或费用名称	拆除工程费
	拆除工程	3869
4	架线工程	3772
4.2	导地线	3772
5	附件工程	96
5.2	绝缘子串及金具拆除	96
	合计	3869

表 6-47 典型方案 B3-7 其他费用估算表 金额单位：元

序号	工程或费用名称	编制依据及计算说明	合价
2	项目管理费		5186
2.1	管理经费	（安装工程费+拆除工程费）×3.53%	2487
2.2	招标费	（安装工程费+拆除工程费）×0.4%	282
2.3	工程监理费	（安装工程费+拆除工程费）×3.43%	2417
3	项目技术服务费		2841
3.1	前期工作费	安装工程费×2.1%	1398
3.3	工程勘察设计费		835
3.3.2	设计费	设计费×100%	835
3.4	设计文件评审费		339
3.4.1	初步设计文件评审费	基本设计费×3.5%	162
3.4.2	施工图文件评审费	基本设计费×3.8%	176
3.5	施工过程造价咨询及竣工结算审核费	（安装工程费+拆除工程费）×0.38%	268
	合计		8027

6.7.4 典型方案设备材料表

典型方案 B3-7 设备材料表见表 6-48。

表 6-48 典型方案 B3-7 设备材料表

序号	设备或材料名称	单位	数量	备注
	架空线路工程			
二	导地线			
2	地线			
500083213	OPGW-150（72 芯）	km	1	
C03130802	线路　防振锤 RYJ-2/G	件	12	

6.7.5 典型方案工程量表

典型方案 B3-7 工程量见表 6-49。

表 6-49 典型方案 B3-7 工程量表

序号	项目名称	单位	数量	备注
	安装工程			
4	架线工程			
4.1	架线工程材料工地运输			
JYX1-89	汽车运输　线材　每件重 4000kg 以内　装卸	t	1.200	

序号	项目名称	单位	数量	备注
JYX1-90	汽车运输 线材 每件重 4000kg 以内 运输	t·km	12	
4.2	导地线架设			
JYX5-61	35kV 及以上导线、避雷线架设 张力架设 牵、张场场地建设 场地平整 单导线/OPGW	处	1	
JYX5-66	35kV 及以上导线、避雷线架设 张力架设 牵、张场场地建设 钢板铺设 单导线/OPGW	处	1	
JYX5-72	35kV 及以上导线、避雷线架设 张力架设 导引绳展放 飞行器展放	km	1	
JYX5-73	35kV 及以上导线、避雷线架设 张力架设 张力放、紧线 OPGW	km	1	
JYX5-241	OPGW 单盘测量 芯数 72 以内	盘	1	
调 JYX5-250 R×0.85 C×0.85 J×0.85	OPGW 接续芯数 72 以内	头	2	
JYX5-259	OPGW 全程测量芯数 72 以内	段	1	
5	附件工程			
5.1	附件安装工程材料工地运输			
JYX1-19	人力运输 金具、绝缘子、零星钢材	t·km	0.011	
JYX1-105	汽车运输 金具、绝缘子、零星钢材 装卸	t	0.038	
JYX1-106	汽车运输 金具、绝缘子、零星钢材 运输	t·km	0.378	
5.2	绝缘子串及金具安装			
5.2.1	耐张绝缘子串及金具安装			
JYX6-103	防振锤 单导线	个	12	
	拆除工程			
4	架线工程			
4.2	导地线			
CYX3-34	避雷线（OPGW）、导线张力拆除 避雷线（OPGW）	km	1	
5	附件工程			
5.2	绝缘子串及金具拆除			
CYX4-80	防振锤拆除 单导线	个	12	

第7章 更换避雷器

典型方案说明

更换线路避雷器典型方案共5个：按照电压等级分为35～500kV电压等级加装线路避雷器的典型方案。所有方案工作范围只包含拆除和新装线路避雷器主体工程，不包含避雷器悬挂横担拆除和新装。

7.1 B4-1更换35kV线路避雷器

7.1.1 典型方案主要内容

本典型方案为更换1组35kV线路避雷器。内容包括原避雷器及配套绝缘子拆除；设备及材料运输；避雷器及其附件检查及组装；避雷器配套复合绝缘子检查及安装；避雷器安装；避雷器配套金具安装；避雷器附件安装及调整施工。

7.1.2 典型方案主要技术条件

典型方案B4-1主要技术条件见表7-1。

表7-1　　　　　　　　　　典型方案B4-1主要技术条件

方案名称	工程主要技术条件	
更换35kV线路避雷器	电压等级	35kV
	规格型号	AC35kV，51kV，硅橡胶，134kV，不带间隙
	地形	100%平地
	气象条件	覆冰10mm，基本风速29m/s
	运距	人力0.3km，汽车10km

7.1.3 典型方案估算书

估算投资为总投资，编制依据按3.2要求。典型方案B4-1估算书包括总估算汇总表、安装工程专业汇总表、拆除工程专业汇总表、其他费用估算表，分别见表7-2～表7-5。

表7-2　　　　　　　　　典型方案B4-1总估算汇总表　　　　　　　金额单位：万元

序号	工程或费用名称	含税金额	占工程投资的比例（%）	不含税金额	可抵扣增值税金额
二	安装工程费	0.18	22.78	0.17	0.01
三	拆除工程费	0.06	7.59	0.06	
四	设备购置费	0.5	63.29	0.44	0.06
	其中：编制基准期价差	0.01	1.27	0.01	

续表

序号	工程或费用名称	含税金额	占工程投资的比例（%）	不含税金额	可抵扣增值税金额
五	小计	0.74	93.67	0.67	0.07
	其中：甲供设备材料费	0.5	63.29	0.44	0.06
六	其他费用	0.05	6.33	0.05	
七	基本预备费				
八	特殊项目				
九	工程投资合计	0.79	100	0.72	0.07
	其中：可抵扣增值税金额	0.07			0.07
	其中：施工费	0.24	30.38	0.22	0.02

表 7−3　　　　　　　　　典型方案 B4−1 安装工程专业汇总表　　　　　　金额单位：元

序号	工程或费用名称	安装工程费			设备购置费	合计
		未计价材料费	安装费	小计		
	安装工程		1815	1815	5035	6850
6	辅助工程		1815	1815	5035	6850
6.7	杆塔上装的各类辅助生产装置		1815	1815	5035	6850
	合计		1815	1815	5035	6850

表 7−4　　　　　　　　　典型方案 B4−1 拆除工程专业汇总表　　　　　　金额单位：元

序号	工程或费用名称	拆除工程费
	拆除工程	554
6	辅助工程	554
6.7	杆塔上装的各类辅助生产装置	554
	合计	554

表 7−5　　　　　　　　　典型方案 B4−1 其他费用估算表　　　　　　金额单位：元

序号	工程或费用名称	编制依据及计算说明	合价
2	项目管理费		174
2.1	管理经费	（安装工程费＋拆除工程费）×3.53%	84
2.2	招标费	（安装工程费＋拆除工程费）×0.4%	9
2.3	工程监理费	（安装工程费＋拆除工程费）×3.43%	81
3	项目技术服务费		279
3.1	前期工作费	安装工程费×2.1%	38
3.3	工程勘察设计费		86
3.3.2	设计费	设计费×100%	86
3.4	设计文件评审费		146
3.4.1	初步设计文件评审费	基本设计费×3.5%	70

续表

序号	工程或费用名称	编制依据及计算说明	合价
3.4.2	施工图文件评审费	基本设计费×3.8%	76
3.5	施工过程造价咨询及竣工结算审核费	（安装工程费＋拆除工程费）×0.38%	9
	合计		453

7.1.4 典型方案设备材料表

典型方案 B4-1 设备材料表见表 7-6。

表 7-6 典型方案 B4-1 设备材料表

序号	设备或材料名称	单位	数量	备注
	架空线路工程			
三	附件			
6	辅助工程			
6.7	杆塔上装的各类辅助生产装置			
500004651	交流避雷器，AC35kV，51kV，硅橡胶，134kV，不带间隙	台	3	

7.1.5 典型方案工程量表

典型方案 B4-1 工程量见表 7-7。

表 7-7 典型方案 B4-1 工程量表

序号	项目名称	单位	数量	备注
	安装工程			
6	辅助工程			
6.7	杆塔上装的各类辅助生产装置			
JYX8-39	避雷器安装 氧化锌避雷器 35kV	单相	3	
	拆除工程			
6	辅助工程			
6.7	杆塔上装的各类辅助生产装置			
CYX4-123	避雷器、避雷针拆除 避雷器拆除 35kV	单相	3	

7.2 B4-2 更换 66kV 线路避雷器

7.2.1 典型方案主要内容

本典型方案为更换 1 组 66kV 线路避雷器。内容包括原避雷器及配套绝缘子拆除；设备及材料运输；避雷器及其附件检查及组装；避雷器配套复合绝缘子检查及安装；避雷器安装；避雷器配套金具安装；避雷器附件安装及调整施工。

7.2.2　典型方案主要技术条件

典型方案 B4-2 主要技术条件见表 7-8。

表 7-8　　　　　　　　　　　　典型方案 B4-2 主要技术条件

方案名称	工程主要技术条件	
更换 66kV 线路避雷器	电压等级	66kV
	规格型号	AC66kV，96kV，硅橡胶，250kV，带间隙
	地形	100%平地
	气象条件	覆冰 10mm，基本风速 27m/s
	运距	人力 0.3km，汽车 10km

7.2.3　典型方案估算书

估算投资为总投资，编制依据按 3.2 要求。典型方案 B4-2 估算书包括总估算汇总表、安装工程专业汇总表、拆除工程专业汇总表、其他费用估算表，分别见表 7-9～表 7-12。

表 7-9　　　　　　　　　　典型方案 B4-2 总估算汇总表　　　　　　　　单位：万元

序号	工程或费用名称	含税金额	占工程投资的比例（%）	不含税金额	可抵扣增值税金额
二	安装工程费	0.34	22.08	0.31	0.03
三	拆除工程费	0.09	5.84	0.08	0.01
四	设备购置费	0.95	61.69	0.84	0.11
	其中：编制基准期价差	0.01	0.65	0.01	
五	小计	1.38	89.61	1.23	0.15
	其中：甲供设备材料费	0.95	61.69	0.84	0.11
六	其他费用	0.16	10.39	0.15	0.01
七	基本预备费				
八	特殊项目				
九	工程投资合计	1.54	100	1.38	0.16
	其中：可抵扣增值税金额	0.16			0.16
	其中：施工费	0.43	27.92	0.39	0.04

表 7-10　　　　　　　　　典型方案 B4-2 安装工程专业汇总表　　　　　　金额单位：元

序号	工程或费用名称	安装工程费			设备购置费	合计
		未计价材料费	安装费	小计		
	安装工程		3414	3414	9516	12930
6	辅助工程		3414	3414	9516	12930
6.7	杆塔上装的各类辅助生产装置		3414	3414	9516	12930
	合计		3414	3414	9516	12930

表 7-11 典型方案 B4-2 拆除工程专业汇总表 金额单位：元

序号	工程或费用名称	拆除工程费
	拆除工程	856
6	辅助工程	856
6.7	杆塔上装的各类辅助生产装置	856
	合计	856

表 7-12 典型方案 B4-2 其他费用估算表 金额单位：元

序号	工程或费用名称	编制依据及计算说明	合价
2	项目管理费		314
2.1	管理经费	（安装工程费＋拆除工程费）×3.53%	151
2.2	招标费	（安装工程费＋拆除工程费）×0.4%	17
2.3	工程监理费	（安装工程费＋拆除工程费）×3.43%	146
3	项目技术服务费		1297
3.1	前期工作费	安装工程费×2.1%	72
3.3	工程勘察设计费		1063
3.3.2	设计费	设计费×100%	1063
3.4	设计文件评审费		146
3.4.1	初步设计文件评审费	基本设计费×3.5%	70
3.4.2	施工图文件评审费	基本设计费×3.8%	76
3.5	施工过程造价咨询及竣工结算审核费	（安装工程费＋拆除工程费）×0.38%	16
	合计		1612

7.2.4 典型方案设备材料表

典型方案 B4-2 设备材料表见表 7-13。

表 7-13 典型方案 B4-2 设备材料表

序号	设备或材料名称	单位	数量	备注
	架空线路工程			
三	附件			
6	辅助工程			
6.7	杆塔上装的各类辅助生产装置			
500031357	避雷器 AC66kV，96kV，硅橡胶，250kV，带间隙	台	3	

7.2.5 典型方案工程量

典型方案 B4-2 工程量见表 7-14。

表 7-14　　　　　　　　　　　典型方案 B4-2 工程量表

序号	项目名称	单位	数量	备注
	安装工程			
6	辅助工程			
6.7	杆塔上装的各类辅助生产装置			
JYX8-40	避雷器安装　氧化锌避雷器 110kV	单相	3	
	拆除工程			
6	辅助工程			
6.7	杆塔上装的各类辅助生产装置			
CYX4-124	避雷器、避雷针拆除　避雷器拆除 110kV	单相	3	

7.3　B4-3 更换 110kV 线路避雷器

7.3.1　典型方案主要内容

本典型方案为更换 1 组 110kV 线路避雷器。内容包括原避雷器及配套绝缘子拆除；设备及材料运输；避雷器及其附件检查及组装；避雷器配套复合绝缘子检查及安装；避雷器安装；避雷器配套金具安装；避雷器附件安装及调整施工。

7.3.2　典型方案主要技术条件

典型方案 B4-3 主要技术条件见表 7-15。

表 7-15　　　　　　　　　　　典型方案 B4-3 主要技术条件

方案名称	工程主要技术条件	
更换 110kV 线路避雷器	电压等级	110kV
	规格型号	AC110kV，102kV，硅橡胶，296kV，带间隙
	地形	100%平地
	气象条件	覆冰 10mm，基本风速 27m/s
	运距	人力 0.3km，汽车 10km

7.3.3　典型方案估算书

估算投资为总投资，编制依据按 3.2 要求。典型方案 B4-3 估算书包括总估算汇总表、安装工程专业汇总表、拆除工程专业汇总表、其他费用估算表，分别见表 7-16～表 7-19。

表 7-16　　　　　　　　　典型方案 B4-3 总估算汇总表　　　　　　　金额单位：万元

序号	工程或费用名称	含税金额	占工程投资的比例（%）	不含税金额	可抵扣增值税金额
二	安装工程费	0.34	25.37	0.31	0.03
三	拆除工程费	0.09	6.72	0.08	0.01

续表

序号	工程或费用名称	含税金额	占工程投资的比例（%）	不含税金额	可抵扣增值税金额
四	设备购置费	0.84	62.69	0.74	0.1
	其中：编制基准期价差	0.01	0.75	0.01	
五	小计	1.27	94.78	1.13	0.14
	其中：甲供设备材料费	0.84	62.69	0.74	0.1
六	其他费用	0.07	5.22	0.07	
七	基本预备费				
八	特殊项目				
九	工程投资合计	1.34	100	1.2	0.14
	其中：可抵扣增值税金额	0.14			0.14
	其中：施工费	0.43	32.09	0.39	0.04

表 7-17　　　　　　　　　典型方案 B4-3 安装工程专业汇总表　　　　　　金额单位：元

序号	工程或费用名称	安装工程费			设备购置费	合计
		未计价材料费	安装费	小计		
	安装工程		3414	3414	8371	11785
6	辅助工程		3414	3414	8371	11785
6.7	杆塔上装的各类辅助生产装置		3414	3414	8371	11785
	合计		3414	3414	8371	11785

表 7-18　　　　　　　　　典型方案 B4-3 拆除工程专业汇总表　　　　　　金额单位：元

序号	工程或费用名称	拆除工程费
	拆除工程	856
6	辅助工程	856
6.7	杆塔上装的各类辅助生产装置	856
	合计	856

表 7-19　　　　　　　　　典型方案 B4-3 其他费用估算表　　　　　　金额单位：元

序号	工程或费用名称	编制依据及计算说明	合价
2	项目管理费		314
2.1	管理经费	（安装工程费＋拆除工程费）×3.53%	151
2.2	招标费	（安装工程费＋拆除工程费）×0.4%	17
2.3	工程监理费	（安装工程费＋拆除工程费）×3.43%	146
3	项目技术服务费		382
3.1	前期工作费	安装工程费×2.1%	72
3.3	工程勘察设计费		148

续表

序号	工程或费用名称	编制依据及计算说明	合价
3.3.2	设计费	设计费×100%	148
3.4	设计文件评审费		146
3.4.1	初步设计文件评审费	基本设计费×3.5%	70
3.4.2	施工图文件评审费	基本设计费×3.8%	76
3.5	施工过程造价咨询及竣工结算审核费	（安装工程费＋拆除工程费）×0.38%	16
	合计		696

7.3.4 典型方案设备材料表

典型方案 B4-3 设备材料表见表 7-20。

表 7-20   典型方案 B4-3 设备材料表

序号	设备或材料名称	单位	数量	备注
	架空线路工程			
三	附件			
6	辅助工程			
6.7	杆塔上装的各类辅助生产装置			
500083346	交流避雷器，AC110kV，102kV，硅橡胶，296kV，带间隙	台	3	

7.3.5 典型方案工程量表

典型方案 B4-3 工程量见表 7-21。

表 7-21   典型方案 B4-3 工程量表

序号	项目名称	单位	数量	备注
	安装工程			
6	辅助工程			
6.7	杆塔上装的各类辅助生产装置			
JYX8-40	避雷器安装 氧化锌避雷器 110kV	单相	3	
	拆除工程			
6	辅助工程			
6.7	杆塔上装的各类辅助生产装置			
CYX4-124	避雷器、避雷针拆除 避雷器拆除 110kV	单相	3	

7.4 B4-4 更换 220kV 线路避雷器

7.4.1 典型方案主要内容

本典型方案为更换 1 组 220kV 线路避雷器。内容包括设备及材料运输；原避雷器及配套绝缘子拆除；避雷器及其附件检查及组装；避雷器配套复合绝缘子检查及安装；避雷器安装；避雷器配套金具安装；避雷器附件安装及调整施工。

7.4.2 典型方案主要技术条件

典型方案 B4-4 主要技术条件见表 7-22。

表 7-22 典型方案 B4-4 主要技术条件

方案名称	工程主要技术条件	
更换 220kV 线路避雷器	电压等级	220kV
	规格型号	AC220kV，204kV，硅橡胶，592kV，带间隙
	地形	100%平地
	气象条件	覆冰 10mm，基本风速 27m/s
	运距	人力 0.3km，汽车 10km

7.4.3 典型方案估算书

估算投资为总投资，编制依据按 3.2 要求。典型方案 B4-4 估算书包括总估算汇总表、安装工程专业汇总表、拆除工程专业汇总表、其他费用估算表，分别见表 7-23～表 7-26。

表 7-23 典型方案 B4-4 总估算汇总表 金额单位：万元

序号	工程或费用名称	含税金额	占工程投资的比例（%）	不含税金额	可抵扣增值税金额
二	安装工程费	0.66	26.09	0.61	0.05
三	拆除工程费	0.11	4.35	0.1	0.01
四	设备购置费	1.64	64.82	1.45	0.19
	其中：编制基准期价差	0.02	0.79	0.02	
五	小计	2.41	95.26	2.16	0.25
	其中：甲供设备材料费	1.64	64.82	1.45	0.19
六	其他费用	0.12	4.74	0.11	0.01
七	基本预备费				
八	特殊项目				
九	工程投资合计	2.53	100	2.27	0.26
	其中：可抵扣增值税金额	0.26			0.26
	其中：施工费	0.78	30.83	0.72	0.06

表 7-24　　　　　　　　　　　**典型方案 B4-4 安装工程专业汇总表**　　　　　　金额单位：元

序号	工程或费用名称	安装工程费			设备购置费	合计
		未计价材料费	安装费	小计		
	安装工程		6634	6634	16378	23012
6	辅助工程		6634	6634	16378	23012
6.7	杆塔上装的各类辅助生产装置		6634	6634	16378	23012
	合计		6634	6634	16378	23012

表 7-25　　　　　　　　　　　**典型方案 B4-4 拆除工程专业汇总表**　　　　　　金额单位：元

序号	工程或费用名称	拆除工程费
	拆除工程	1143
6	辅助工程	1143
6.7	杆塔上装的各类辅助生产装置	1143
	合计	1143

表 7-26　　　　　　　　　　　**典型方案 B4-4 其他费用估算表**　　　　　　金额单位：元

序号	工程或费用名称	编制依据及计算说明	合价
2	项目管理费		572
2.1	管理经费	（安装工程费＋拆除工程费）×3.53%	275
2.2	招标费	（安装工程费＋拆除工程费）×0.4%	31
2.3	工程监理费	（安装工程费＋拆除工程费）×3.43%	267
3	项目技术服务费		604
3.1	前期工作费	安装工程费×2.1%	139
3.3	工程勘察设计费		289
3.3.2	设计费	设计费×100%	289
3.4	设计文件评审费		146
3.4.1	初步设计文件评审费	基本设计费×3.5%	70
3.4.2	施工图文件评审费	基本设计费×3.8%	76
3.5	施工过程造价咨询及竣工结算审核费	（安装工程费＋拆除工程费）×0.38%	30
	合计		1176

7.4.4　典型方案设备材料表

典型方案 B4-4 设备材料表见表 7-27。

表 7-27　　　　　　　　　　　　典型方案 B4-4 设备材料表

序号	设备或材料名称	单位	数量	备注
	架空线路工程			
三	附件			
6	辅助工程			
6.7	杆塔上装的各类辅助生产装置			
500075267	交流避雷器，AC220kV，204kV，硅橡胶，592kV，带间隙	台	3	

7.4.5　典型方案工程量表

典型方案 B4-4 工程量见表 7-28。

表 7-28　　　　　　　　　　　　典型方案 B4-4 工程量表

序号	项目名称	单位	数量	备注
	安装工程			
6	辅助工程			
6.7	杆塔上装的各类辅助生产装置			
JYX8-41	避雷器安装　氧化锌避雷器 220kV	单相	3	
	拆除工程			
6	辅助工程			
6.7	杆塔上装的各类辅助生产装置			
CYX4-125	避雷器、避雷针拆除　避雷器拆除 220kV	单相	3	

7.5　B4-5 更换 500kV 线路避雷器

7.5.1　典型方案主要内容

本典型方案为更换 1 组 500kV 线路避雷器。内容包括设备及材料运输；原避雷器及配套绝缘子拆除；避雷器及其附件检查及组装；避雷器配套复合绝缘子检查及安装；避雷器安装；避雷器配套金具安装；避雷器附件安装及调整施工。

7.5.2　典型方案主要技术条件

典型方案 B4-5 主要技术条件见表 7-29。

表 7-29　　　　　　　　　　　　典型方案 B4-5 主要技术条件

方案名称	工程主要技术条件	
	电压等级	500kV
	规格型号	AC500kV，396kV，硅橡胶，1050kV，带间隙
更换 500kV 线路避雷器	地形	100%平地
	气象条件	覆冰 10mm，基本风速 27m/s
	运距	人力 0.3km，汽车 10km

7.5.3　典型方案估算书

估算投资为总投资，编制依据按 3.2 要求。典型方案 B4-5 估算书包括总估算汇总表、安装工程专业汇总表、拆除工程专业汇总表、其他费用估算表，分别见表 7-30～表 7-33。

表 7-30　　　　　　　　　　　典型方案 B4-5 总估算汇总表　　　　　　　　金额单位：万元

序号	工程或费用名称	含税金额	占工程投资的比例（%）	不含税金额	可抵扣增值税金额
二	安装工程费	1.93	12.2	1.77	0.16
三	拆除工程费	0.14	0.88	0.13	0.01
四	设备购置费	13.28	83.94	11.77	1.51
	其中：编制基准期价差	0.07	0.44	0.07	
五	小计	15.35	97.03	13.67	1.68
	其中：甲供设备材料费	13.28	83.94	11.77	1.51
六	其他费用	0.47	2.97	0.44	0.03
七	基本预备费				
八	特殊项目				
九	工程投资合计	15.82	100	14.11	1.71
	其中：可抵扣增值税金额	1.71			1.71
	其中：施工费	2.07	13.08	1.9	0.17

表 7-31　　　　　　　　　　　典型方案 B4-5 安装工程专业汇总表　　　　　　金额单位：元

序号	工程或费用名称	安装工程费			设备购置费	合计
		未计价材料费	安装费	小计		
	安装工程		19287	19287	132845	152133
6	辅助工程		19287	19287	132845	152133
6.7	杆塔上装的各类辅助生产装置		19287	19287	132845	152133
	合计		19287	19287	132845	152133

表 7-32　　　　　　　　　　　典型方案 B4-5 拆除工程专业汇总表　　　　　　金额单位：元

序号	工程或费用名称	拆除工程费
	拆除工程	1435
6	辅助工程	1435
6.7	杆塔上装的各类辅助生产装置	1435
	合计	1435

表 7-33　　　　　　　　　　　典型方案 B4-5 其他费用估算表　　　　　　　金额单位：元

序号	工程或费用名称	编制依据及计算说明	合价
2	项目管理费		1525
2.1	管理经费	（安装工程费+拆除工程费）×3.53%	732
2.2	招标费	（安装工程费+拆除工程费）×0.4%	83

序号	工程或费用名称	编制依据及计算说明	合价
2.3	工程监理费	（安装工程费＋拆除工程费）×3.43%	711
3	项目技术服务费		3167
3.1	前期工作费	安装工程费×2.1%	405
3.3	工程勘察设计费		1909
3.3.2	设计费	设计费×100%	1909
3.4	设计文件评审费		774
3.4.1	初步设计文件评审费	基本设计费×3.5%	371
3.4.2	施工图文件评审费	基本设计费×3.8%	403
3.5	施工过程造价咨询及竣工结算审核费	（安装工程费＋拆除工程费）×0.38%	79
	合计		4692

7.5.4 典型方案设备材料表

典型方案 B4-5 设备材料表见表 7-34。

表 7-34　　　　　　典型方案 B4-5 设备材料表

序号	设备或材料名称	单位	数量	备注
	架空线路工程			
三	附件			
6	辅助工程			
6.7	杆塔上装的各类辅助生产装置			
500062299	交流避雷器，AC500kV，396kV，硅橡胶，1050kV，带间隙	台	3	

7.5.5 典型方案工程量表

典型方案 B4-5 工程量见表 7-35。

表 7-35　　　　　　典型方案 B4-5 工程量表

序号	项目名称	单位	数量	备注
	安装工程			
6	辅助工程			
6.7	杆塔上装的各类辅助生产装置			
JYX8-43	避雷器安装　氧化锌避雷器　500kV	单相	3	
	拆除工程			
6	辅助工程			
6.7	杆塔上装的各类辅助生产装置			
CYX4-127	避雷器、避雷针拆除　避雷器拆除　500kV	单相	3	

第8章 加装线路监测装置

加装线路监测装置典型方案按照在线监测装置功能类型共划分为 2 个，所有典型方案工作范围包含装置调试。

8.1 B5-1加装视频监控装置

8.1.1 典型方案主要内容

本典型方案为加装 1 台视频监控装置，内容包括视频监控装置开箱检查，清洁报运，上塔安装固定，调整水平，固定连线，通电检查，单机性能测试，系统联调，数据记录，与调试报告，清理现场。

8.1.2 典型方案主要技术条件

典型方案 B5-1 主要技术条件见表 8-1。

表 8-1　　　　　　　　　　　典型方案 B5-1 主要技术条件

方案名称	工程主要技术条件	
加装视频（图像）监控装置	规格型号	视频监控装置
	地形	100%平地
	气象条件	覆冰 10mm，基本风速 27m/s
	运距	人力 0.3km，汽车 10km

8.1.3 典型方案估算书

估算投资为总投资，编制依据按 3.2 要求。典型方案 B5-1 估算书包括总估算汇总表、安装工程专业汇总表、其他费用估算表，分别见表 8-2～表 8-4。

表 8-2　　　　　　　　　　典型方案 B5-1 总估算汇总表　　　　　　　　金额单位：万元

序号	工程或费用名称	含税金额	占工程投资的比例（%）	不含税金额	可抵扣增值税金额
二	安装工程费	0.1	2.1	0.09	0.01
三	拆除工程费				
四	设备购置费	4.57	95.81	4.05	0.52
	其中：编制基准期价差				
五	小计	4.67	97.9	4.14	0.53
	其中：甲供设备材料费	4.57	95.81	4.05	0.52
六	其他费用	0.1	2.1	0.09	0.01

续表

序号	工程或费用名称	含税金额	占工程投资的比例（%）	不含税金额	可抵扣增值税金额
七	基本预备费				
八	特殊项目				
九	工程投资合计	4.77	100	4.23	0.54
	其中：可抵扣增值税金额	0.54			0.54
	其中：施工费	0.1	2.1	0.09	0.01

表 8−3　　　　　　　　**典型方案 B5−1 安装工程专业汇总表**　　　　　　金额单位：元

序号	工程或费用名称	安装工程费			设备购置费	合计
		未计价材料费	安装费	小计		
	安装工程		990	990	45697	46687
一	通信线路安装工程		990	990	45697	46687
2	架空光缆/音频电缆线路		990	990	45697	46687
2.3	监测装置		990	990	45697	46687
	合计		990	990	45697	46687

表 8−4　　　　　　　　　**典型方案 B5−1 其他费用估算表**　　　　　　金额单位：元

序号	工程或费用名称	编制依据及计算说明	合价
2	项目管理费		73
2.1	管理经费	（安装工程费＋拆除工程费）×3.53%	35
2.2	招标费	（安装工程费＋拆除工程费）×0.4%	4
2.3	工程监理费	（安装工程费＋拆除工程费）×3.43%	34
3	项目技术服务费		939
3.1	前期工作费	安装工程费×2.1%	21
3.3	工程勘察设计费		768
3.3.2	设计费	设计费×100%	768
3.4	设计文件评审费		146
3.4.1	初步设计文件评审费	基本设计费×3.5%	70
3.4.2	施工图文件评审费	基本设计费×3.8%	76
3.5	施工过程造价咨询及竣工结算审核费	（安装工程费＋拆除工程费）×0.38%	4
	合计		1011

8.1.4　典型方案设备材料表

典型方案 B5−1 设备材料表见表 8−5。

表 8-5 典型方案 B5-1 设备材料表

序号	设备或材料名称	单位	数量	备注
	通信线路工程			
一	通信线路安装工程			
2	架空光缆/音频电缆线路			
2.3	监测装置			
500009720	视频监视系统	套	1	

8.1.5 典型方案工程量表

典型方案 B5-1 工程量见表 8-6。

表 8-6 典型方案 B5-1 工程量表

序号	项目名称	单位	数量	备注
	安装工程			
一	通信线路安装工程			
2	架空光缆/音频电缆线路			
2.3	监测装置			
JYX8-123	监测装置安装调测 数据采集器 杆塔	个	1	
JYX8-125	监测装置安装调测 系统联调	基	1	
JYX8-124	监测装置安装调测 数据集中器	个	1	

8.2 B5-2 加装分布式故障诊断装置

8.2.1 典型方案主要内容

本典型方案为加装 1 台分布式故障诊断装置，内容包括分布式故障诊断装置开箱检查，清洁报运，上塔安装固定，调整水平，固定连线，通电检查，单机性能测试，系统联调，数据记录，调试报告，清理现场等。

8.2.2 典型方案主要技术条件

典型方案 B5-2 主要技术条件见表 8-7。

表 8-7 典型方案 B5-2 主要技术条件

方案名称	工程主要技术条件	
加装视频（图像）监控装置	规格型号	分布式故障诊断装置
	地形	100%平地
	气象条件	覆冰 10mm，基本风速 27m/s
	运距	人力 0.3km，汽车 10km

8.2.3　典型方案估算书

估算投资为总投资，编制依据按 3.2 要求。典型方案 B5−2 估算书包括总估算汇总表、安装工程专业汇总表、其他费用估算表，分别见表 8−8～表 8−10。

表 8−8　　　　　　　　　　　典型方案 B5−2 总估算汇总表　　　　　　　　金额单位：万元

序号	工程或费用名称	含税金额	占工程投资的比例（%）	不含税金额	可抵扣增值税金额
二	安装工程费	0.09	0.66	0.08	0.01
三	拆除工程费				
四	设备购置费	13.37	97.59	11.84	1.53
	其中：编制基准期价差				
五	小计	13.46	98.25	11.92	1.54
	其中：甲供设备材料费	13.37	97.59	11.84	1.53
六	其他费用	0.24	1.75	0.23	0.01
七	基本预备费				
八	特殊项目				
九	工程投资合计	13.7	100	12.15	1.55
	其中：可抵扣增值税金额	1.55			1.55
	其中：施工费	0.09	0.66	0.08	0.01

表 8−9　　　　　　　　　　　典型方案 B5−2 安装工程专业汇总表　　　　　　　金额单位：元

序号	工程或费用名称	安装工程费			设备购置费	合计
		未计价材料费	安装费	小计		
	安装工程		888	888	133664	134553
一	通信线路安装工程		888	888	133664	134553
2	架空光缆/音频电缆线路		888	888	133664	134553
2.3	监测装置		888	888	133664	134553
	合计		888	888	133664	134553

表 8−10　　　　　　　　　　　典型方案 B5−2 其他费用估算表　　　　　　　金额单位：元

序号	工程或费用名称	编制依据及计算说明	合价
2	项目管理费		65
2.1	管理经费	（安装工程费＋拆除工程费）×3.53%	31
2.2	招标费	（安装工程费＋拆除工程费）×0.4%	4
2.3	工程监理费	（安装工程费＋拆除工程费）×3.43%	30
3	项目技术服务费		2381
3.1	前期工作费	安装工程费×2.1%	19
3.3	工程勘察设计费		2213

续表

序号	工程或费用名称	编制依据及计算说明	合价
3.3.2	设计费	设计费×100%	2213
3.4	设计文件评审费		146
3.4.1	初步设计文件评审费	基本设计费×3.5%	70
3.4.2	施工图文件评审费	基本设计费×3.8%	76
3.5	施工过程造价咨询及竣工结算审核费	（安装工程费＋拆除工程费）×0.38%	3
	合计		2447

8.2.4　典型方案设备材料表

典型方案 B5-2 设备材料表见表 8-11。

表 8-11　　　　　　　　典型方案 B5-2 设备材料表

序号	设备或材料名称	单位	数量	备注
	通信线路工程			
一	通信线路安装工程			
2	架空光缆/音频电缆线路			
2.3	监测装置			
500009874	分布式故障诊断装置	套	1	

8.2.5　典型方案工程量表

典型方案 B5-2 工程量见表 8-12。

表 8-12　　　　　　　　典型方案 B5-2 工程量表

序号	项目名称	单位	数量	备注
	安装工程			
一	通信线路安装工程			
2	架空光缆/音频电缆线路			
2.3	监测装置			
JYX8-122	监测装置安装调测　数据采集器　导线	个	1	
JYX8-125	监测装置安装调测　系统联调	基	1	
JYX8-124	监测装置安装调测　数据集中器	个	1	

第9章　改造电缆

改造电缆典型方案按照电压等级、电缆规格、敷设方式共划分为25个：按电压等级分为35～220kV，其中，改造电缆方案只包含新建拉管（排管）和电缆本体或附件、电缆接地装置，不包含新建沟隧道、工作井、电缆接头；改造电缆中间接头方案只包含新建中间接头，改造电缆终端接头方案包含新建电缆终端接头和终端避雷器。

9.1　B6-1改造35kV 400mm²电缆（拉管）

9.1.1　典型方案主要内容

本典型方案为改造35kV 400mm²电缆（拉管）0.1km。内容包括电缆设备材料运输；电缆拉管施工；电缆保护管敷设；电缆敷设；电缆本体防火、孔洞防火封堵；电缆试验；电缆接地装置安装。

9.1.2　典型方案主要技术条件

典型方案B6-1主要技术条件见表9-1。

表9-1　　　　　　　　　　典型方案B6-1主要技术条件

方案名称	工程主要技术条件	
改造35kV 400mm²电缆（拉管）	电压等级	35kV
	敷设方式	拉管
	设备型号	AC35kV，YJV，400，3，22，ZC，Z
	地形	100%平地
	气象条件	覆冰10mm，基本风速29m/s
	地质条件	100%普通土
	运距	人力0.3km，汽车10km

9.1.3　典型方案估算书

估算投资为总投资，编制依据按3.2要求。典型方案B6-1估算书包括总估算汇总表、建筑工程专业汇总表、安装工程专业汇总表、其他费用估算表，分别见表9-2～表9-5。

表9-2　　　　　　　　　典型方案B6-1总估算汇总表　　　　　　　　单位：万元

序号	工程或费用名称	含税金额	占工程投资的比例（%）	不含税金额	可抵扣增值税金额
一	建筑工程费	7.18	16.69	6.51	0.67
二	安装工程费	14.74	34.26	13.29	1.45

续表

序号	工程或费用名称	含税金额	占工程投资的比例（%）	不含税金额	可抵扣增值税金额
三	拆除工程费				
四	设备购置费	15.75	36.6	13.94	1.81
	其中：编制基准期价差	0.35	0.81	0.35	
五	小计	37.67	87.54	33.74	3.93
	其中：甲供设备材料费	25.38	58.98	22.47	2.91
六	其他费用	5.36	12.46	5.06	0.3
七	基本预备费				
八	特殊项目				
九	工程投资合计	43.03	100	38.8	4.23
	其中：可抵扣增值税金额	4.23			4.23
	其中：施工费	12.29	28.56	11.27	1.02

表 9-3　　　　　　典型方案 B6-1 建筑工程专业汇总表　　　　　金额单位：元

序号	工程或费用名称	建筑设备购置费	未计价材料费	建筑费	合计
	建筑工程		22758	49067	71825
	陆上电缆线路建筑工程		22758	49067	71825
二	构筑物		22758	49067	71825
1	材料运输			349	349
5	电缆埋管		22758	48718	71476
	合计		22758	49067	71825

表 9-4　　　　　　典型方案 B6-1 安装工程专业汇总表　　　　　金额单位：元

序号	工程或费用名称	安装工程费			设备购置费	合计
		未计价材料费	安装费	小计		
	安装工程	73560	73867	147426	157510	304937
	陆上电缆线路安装工程	73560	73867	147426	157510	304937
二	电缆敷设		13307	13307	151050	164357
1	材料运输		377	377		377
2	拉管内敷设		12930	12930	151050	163980
三	电缆附件	71782	5342	77124	6460	83584
1	材料运输		105	105		105
4	接地安装	71234	3646	74880	6460	81340
5	设备安装	548	1592	2139		2139
四	电缆防火	1778	7387	9165		9165

续表

序号	工程或费用名称	安装工程费			设备购置费	合计
		未计价材料费	安装费	小计		
1	材料运输		7	7		7
3	电缆本体防火	1778	7381	9159		9159
五	调试及试验		47830	47830		47830
1	电缆试验		47830	47830		47830
	合计	73560	73867	147426	157510	304937

表 9-5　　　　　　　　　　典型方案 B6-1 其他费用估算表　　　　　　　金额单位：元

序号	工程或费用名称	编制依据及计算说明	合价
2	项目管理费		16137
2.1	管理经费	（建筑工程费+安装工程费+拆除工程费）×3.53%	7740
2.2	招标费	（建筑工程费+安装工程费+拆除工程费）×0.4%	877
2.3	工程监理费	（建筑工程费+安装工程费+拆除工程费）×3.43%	7520
3	项目技术服务费		37465
3.1	前期工作费	（建筑工程费+安装工程费）×1.7%	3727
3.3	工程勘察设计费		30987
3.3.2	设计费	设计费×100%	30987
3.4	设计文件评审费		1917
3.4.1	初步设计文件评审费	基本设计费×3.5%	919
3.4.2	施工图文件评审费	基本设计费×3.8%	998
3.5	施工过程造价咨询及竣工结算审核费	（建筑工程费+安装工程费+拆除工程费）×0.38%	833
	合计		53601

9.1.4　典型方案设备材料表

典型方案 B6-1 设备材料表见表 9-6。

表 9-6　　　　　　　　　　典型方案 B6-1 设备材料表

序号	设备或材料名称	单位	数量	备注
	安装工程			
二	电缆敷设			
2	电缆拉管			
500108313	阻燃交联乙烯绝缘聚氯乙烯护套电力电缆　AC35kV，YJV，400，3，22，ZC，Z	km	0.150	
500023173	标识牌，不锈钢	块	10	
三	电缆附件			

续表

序号	设备或材料名称	单位	数量	备注
4	接地安装			
500021468	电缆接地箱，带护层保护器	只	1	
500021470	电缆接地箱，三线直接接地	只	1	
500108302	接地电缆 AC 10kV，YJV，240，3，22，ZC，无阻水	km	0.150	
四	电缆防火			
3	电缆本体防火			
500011727	防火涂料	kg	40	
500011738	防火堵料	kg	40	
	建筑工程			
500021520	电缆保护管 MPP，ϕ200	m	150	

9.1.5　典型方案工程量表

典型方案 B6-1 工程量见表 9-7。

表 9-7　　　　　　　　　　典型方案 B6-1 工程量表

序号	项目名称	单位	数量	备注
	安装工程			
	陆上电缆线路安装工程			
二	电缆敷设			
1	材料运输			
JYX1-81	汽车运输　线材　每件重 400kg 以内　装卸	t	3.260	
JYX1-82	汽车运输　线材　每件重 400kg 以内　运输	t·km	32.595	
2	拉管内敷设			
JYL2-63	35kV 电缆敷设　排管内（mm²）400 以内	100m/三相	1.500	
三	电缆附件			
1	材料运输			
JYX1-95	汽车运输　线材　每件重 12000kg 以上　装卸	t	0.206	
JYX1-96	汽车运输　线材　每件重 12000kg 以上　运输	t·km	2.060	
JYX1-105	汽车运输　金具、绝缘子、零星钢材　装卸	t	0.214	
JYX1-106	汽车运输　金具、绝缘子、零星钢材　运输	t·km	2.140	
4	接地安装			
JYL4-2	接地装置安装　直线接地箱　三相式	套	1	
JYL4-4	接地装置安装　经护层保护器接地箱　三相式	套	1	
JYL4-10	接地装置安装　接地电缆、同轴电缆敷设　截面 240mm²	100m	1.500	

续表

序号	项目名称	单位	数量	备注
5	设备安装			
XYL4-2	电缆标示牌及GPS定位标志增补　电缆路径GPS定位标志增补	块	10	
四	电缆防火			
1	材料运输			
JYX1-107	汽车运输　其他建筑安装材料　装卸	t	0.084	
JYX1-108	汽车运输　其他建筑安装材料　运输	t·km	0.840	
3	电缆本体防火			
JYL4-45	电缆防火　孔洞防火封堵	t	0.040	
JYL4-43	电缆防火　防火涂料	kg	40	
五	调试及试验			
1	电缆试验			
JYL5-1	电缆护层试验　摇测	互联段/三相	1	
JYL5-9	电缆主绝缘试验　交流耐压试验　35kV　长度10km以内	回路	1	
JYL5-20	电缆参数测定　35kV	回路	1	
	建筑工程			
	陆上电缆线路建筑工程			
二	构筑物			
1	材料运输			
JYX1-107	汽车运输　其他建筑安装材料　装卸	t	3.938	
JYX1-108	汽车运输　其他建筑安装材料　运输	t·km	39.375	
5	电缆埋管			
JYL1-81	非开挖水平导向钻进　单管　$\phi 200$以内	m	150	

9.2　B6-2改造66kV 400mm² 电缆（拉管）

9.2.1　典型方案主要内容

本典型方案为改造66kV 400mm²电缆（拉管）0.1km。内容包括电缆设备材料运输；电缆拉管施工；电缆保护管敷设；电缆敷设；电缆本体防火、孔洞防火封堵；电缆试验；电缆接地装置安装。

9.2.2　典型方案主要技术条件

典型方案B6-2主要技术条件见表9-8。

表 9-8　　　　　　　　　　　典型方案 B6-2 主要技术条件

方案名称	工程主要技术条件	
	电压等级	66kV
	敷设方式	拉管
改造 66kV 400mm² 电缆（拉管）	设备型号	AC66kV，YJLW，400，1，03，ZC，Z
	地形	100%平地
	气象条件	覆冰 10mm，基本风速 27m/s
	地质条件	100%普通土
	运距	人力 0.3km，汽车 10km

9.2.3　典型方案估算书

估算投资为总投资，编制依据按 3.2 要求。典型方案 B6-2 估算书包括总估算汇总表、建筑工程专业汇总表、安装工程专业汇总表、其他费用估算表，分别见表 9-9～表 9-12。

表 9-9　　　　　　　　　典型方案 B6-2 总估算汇总表　　　　　　　金额单位：万元

序号	工程或费用名称	含税金额	占工程投资的比例（%）	不含税金额	可抵扣增值税金额
一	建筑工程费	22.98	35.02	20.85	2.13
二	安装工程费	14.15	21.56	12.88	1.27
三	拆除工程费				
四	设备购置费	20	30.48	17.7	2.3
	其中：编制基准期价差	0.63	0.96	0.63	
五	小计	57.13	87.06	51.43	5.7
	其中：甲供设备材料费	30.36	46.27	26.87	3.49
六	其他费用	8.49	12.94	8.01	0.48
七	基本预备费				
八	特殊项目				
九	工程投资合计	65.62	100	59.44	6.18
	其中：可抵扣增值税金额	6.18			6.18
	其中：施工费	26.77	40.8	24.56	2.21

表 9-10　　　　　　　　典型方案 B6-2 建筑工程专业汇总表　　　　　　金额单位：元

序号	工程或费用名称	建筑设备购置费	未计价材料费	建筑费	合计
	建筑工程		72825	157014	229840
	陆上电缆线路建筑工程		72825	157014	229840
二	构筑物		72825	157014	229840
1	材料运输			1117	1117
5	电缆埋管		72825	155898	228723
	合计		72825	157014	229840

表 9-11　　　　　　　　　　　典型方案 **B6-2** 安装工程专业汇总表　　　　　　　金额单位：元

| 序号 | 工程或费用名称 | 安装工程费 | | | 设备购置费 | 合计 |
		未计价材料费	安装费	小计		
	安装工程	30819	110662	141481	199996	341477
	陆上电缆线路安装工程	30819	110662	141481	199996	341477
二	电缆敷设		17811	17811	193536	211347
1	材料运输		411	411		411
4	拉管内敷设		17400	17400	193536	210936
三	电缆附件	29041	5176	34217	6460	40677
1	材料运输		345	345		345
4	接地安装	28494	3239	31733	6460	38193
5	设备安装	548	1592	2139		2139
四	电缆防火	1778	7387	9165		9165
1	材料运输		7	7		7
3	电缆本体防火	1778	7381	9159		9159
五	调试及试验		80288	80288		80288
1	电缆试验		80288	80288		80288
	合计	30819	110662	141481	199996	341477

表 9-12　　　　　　　　　　　典型方案 **B6-2** 其他费用估算表　　　　　　　　金额单位：元

序号	工程或费用名称	编制依据及计算说明	合价
2	项目管理费		27329
2.1	管理经费	（建筑工程费＋安装工程费＋拆除工程费）×3.53%	13108
2.2	招标费	（建筑工程费＋安装工程费＋拆除工程费）×0.4%	1485
2.3	工程监理费	（建筑工程费＋安装工程费＋拆除工程费）×3.43%	12736
3	项目技术服务费		57619
3.1	前期工作费	（建筑工程费＋安装工程费）×1.7%	6312
3.3	工程勘察设计费		46989
3.3.2	设计费	设计费×100%	46989
3.4	设计文件评审费		2907
3.4.1	初步设计文件评审费	基本设计费×3.5%	1394
3.4.2	施工图文件评审费	基本设计费×3.8%	1513
3.5	施工过程造价咨询及竣工结算审核费	（建筑工程费＋安装工程费＋拆除工程费）×0.38%	1411
	合计		84948

9.2.4　典型方案设备材料表

典型方案 B6-2 设备材料表见表 9-13。

表 9-13　　　　　　　　　　　　　典型方案 B6-2 设备材料表

序号	设备或材料名称	单位	数量	备注
	安装工程			
二	电缆敷设			
2	电缆拉管			
500130957	电力电缆 AC66kV，YJLW，400，1，03，ZC，Z	100m/三相	4.800	
500023173	标识牌，不锈钢	块	10	
4	接地安装			
500021468	电缆接地箱，带护层保护器	只	1	
500021470	电缆接地箱，三线直接接地	只	1	
500108302	电力电缆，AC 10kV，YJV，240，3，22，ZC，无阻水	m	60	
四	电缆防火			
3	电缆本体防火		3	
500011727	防火涂料	kg	40	
500011738	防火堵料	kg	40	
	建筑工程			
500021520	电缆保护管 MPP，ϕ200	m	480	

9.2.5　典型方案工程量表

典型方案 B6-2 工程量见表 9-14。

表 9-14　　　　　　　　　　　　　典型方案 B6-2 工程量表

序号	项目名称	单位	数量	备注
	安装工程			
	陆上电缆线路安装工程			
二	电缆敷设			
1	材料运输			
JYX1-81	汽车运输　线材　每件重 400kg 以内　装卸	t	3.552	
JYX1-82	汽车运输　线材　每件重 400kg 以内　运输	t·km	35.520	
4	拉管内敷设			
JGL2-46	110kV 电缆敷设　排管内（mm²）800 以内	100m/三相	1.600	
三	电缆附件			
1	材料运输			

序号	项目名称	单位	数量	备注
JYX1-95	汽车运输 线材 每件重 12000kg 以上 装卸	t	0.824	
JYX1-96	汽车运输 线材 每件重 12000kg 以上 运输	t·km	8.242	
JYX1-105	汽车运输 金具、绝缘子、零星钢材 装卸	t	0.214	
JYX1-106	汽车运输 金具、绝缘子、零星钢材 运输	t·km	2.140	
4	接地安装			
JYL4-2	接地装置安装 直线接地箱 三相式	套	1	
JYL4-4	接地装置安装 经护层保护器接地箱 三相式	套	1	
JYL4-10	接地装置安装 接地电缆、同轴电缆敷设 截面 240mm²	100m	0.600	
5	设备安装			
XYL4-2	电缆标示牌及 GPS 定位标志增补 电缆路径 GPS 定位标志增补	块	10	
四	电缆防火			
1	材料运输			
JYX1-107	汽车运输 其他建筑安装材料 装卸	t	0.084	
JYX1-108	汽车运输 其他建筑安装材料 运输	t·km	0.840	
3	电缆本体防火			
JYL4-43	电缆防火 防火涂料	kg	40	
JYL4-45	电缆防火 孔洞防火封堵	t	0.040	
五	调试及试验			
1	电缆试验			
JYL5-1	电缆护层试验 摇测	互联段/三相	1	
JYL5-11	电缆主绝缘试验 交流耐压试验 110kV 长度 10km 以内	回路	1	
JYL5-21	电缆参数测定 110kV	回路	1	
	建筑工程			
	陆上电缆线路建筑工程			
二	构筑物			
1	材料运输			
JYX1-107	汽车运输 其他建筑安装材料 装卸	t	12.600	
JYX1-108	汽车运输 其他建筑安装材料 运输	t·km	126	
5	电缆埋管			
JYL1-81	非开挖水平导向钻进 单管 φ200 以内	m	480	

9.3　B6-3 改造 110kV 630mm² 电缆（拉管）

9.3.1　典型方案主要内容

本典型方案为改造 110kV 630mm² 电缆（拉管）0.1km。内容包括电缆设备材料运输；电缆拉管施工；电缆保护管敷设；电缆敷设；电缆本体防火、孔洞防火封堵；电缆试验；电缆接地装置安装。

9.3.2 典型方案主要技术条件

典型方案 B6-3 主要技术条件见表 9-15。

表 9-15　　　　　　　　　　　　典型方案 B6-3 主要技术条件

方案名称	工程主要技术条件	
改造 110kV 630mm² 电缆（拉管）	电压等级	110kV
	敷设方式	拉管
	设备型号	AC110kV，YJLW，630，1，03，ZC，Z
	地形	100%平地
	气象条件	覆冰 10mm，基本风速 27m/s
	地质条件	100%普通土
	运距	人力 0.3km，汽车 10km

9.3.3 典型方案估算书

估算投资为总投资，编制依据按 3.2 要求。典型方案 B6-3 估算书包括总估算汇总表、建筑工程专业汇总表、安装工程专业汇总表、其他费用估算表，分别见表 9-16～表 9-19。

表 9-16　　　　　　　　　　　　典型方案 B6-3 总估算汇总表　　　　　　　　金额单位：万元

序号	工程或费用名称	含税金额	占工程投资的比例（%）	不含税金额	可抵扣增值税金额
一	建筑工程费	22.98	28.08	20.85	2.13
二	安装工程费	18.72	22.87	16.94	1.78
三	拆除工程费				
四	设备购置费	29.95	36.6	26.51	3.44
	其中：编制基准期价差	0.65	0.79	0.65	
五	小计	71.65	87.55	64.3	7.35
	其中：甲供设备材料费	44.59	54.48	39.47	5.12
六	其他费用	10.19	12.45	9.61	0.58
七	基本预备费				
八	特殊项目				
九	工程投资合计	81.84	100	73.91	7.93
	其中：可抵扣增值税金额	7.93			7.93
	其中：施工费	27.06	33.06	24.83	2.23

表 9-17 　　　　　　　　　典型方案 B6-3 建筑工程专业汇总表 　　　　金额单位：元

序号	工程或费用名称	建筑设备购置费	未计价材料费	建筑费	合计
	建筑工程		72825	157014	229840
	陆上电缆线路建筑工程		72825	157014	229840
二	构筑物		72825	157014	229840
1	材料运输			1117	1117
5	电缆埋管		72825	155898	228723

表 9-18 　　　　　　　　　典型方案 B6-3 安装工程专业汇总表 　　　　金额单位：元

序号	工程或费用名称	安装工程费			设备购置费	合计
		未计价材料费	安装费	小计		
	安装工程	73560	113615	187175	299500	486675
	陆上电缆线路安装工程	73560	113615	187175	299500	486675
二	电缆敷设		20598	20598	293040	313638
1	材料运输		3198	3198		3198
2	拉管内敷设		17400	17400	293040	310440
三	电缆附件	71782	5342	77124	6460	83584
1	材料运输		105	105		105
4	接地安装	71234	3646	74880	6460	81340
5	设备安装	548	1592	2139		2139
四	电缆防火	1778	7387	9165		9165
1	材料运输		7	7		7
3	电缆本体防火	1778	7381	9159		9159
五	调试及试验		80288	80288		80288
1	电缆试验		80288	80288		80288
	合计	73560	113615	187175	299500	486675

表 9-19 　　　　　　　　　典型方案 B6-3 其他费用估算表 　　　　金额单位：元

序号	工程或费用名称	编制依据及计算说明	合价
2	项目管理费		30692
2.1	管理经费	（建筑工程费＋安装工程费＋拆除工程费）×3.53%	14721
2.2	招标费	（建筑工程费＋安装工程费＋拆除工程费）×0.4%	1668
2.3	工程监理费	（建筑工程费＋安装工程费＋拆除工程费）×3.43%	14304
3	项目技术服务费		71250
3.1	前期工作费	（建筑工程费＋安装工程费）×1.7%	7089
3.3	工程勘察设计费		58931

续表

序号	工程或费用名称	编制依据及计算说明	合价
3.3.2	设计费	设计费×100%	58931
3.4	设计文件评审费		3646
3.4.1	初步设计文件评审费	基本设计费×3.5%	1748
3.4.2	施工图文件评审费	基本设计费×3.8%	1898
3.5	施工过程造价咨询及竣工结算审核费	（建筑工程费＋安装工程费＋拆除工程费）×0.38%	1585
	合计		101942

9.3.4　典型方案设备材料表

典型方案 B6-3 设备材料表见表 9-20。

表 9-20　　　　　　　　　　典型方案 B6-3 设备材料表

序号	设备或材料名称	单位	数量	备注
	安装工程			
二	电缆敷设			
2	电缆拉管			
500107577	阻燃交联乙烯绝缘聚氯乙烯护套电力电缆　AC110kV，YJLW，630，1，03，ZC，Z	km	0.480	
500023173	标识牌　不锈钢	块	10	
4	接地安装			
500021468	电缆接地箱，带护层保护器	只	1	
500021470	电缆接地箱，三线直接接地	只	1	
500108302	电力电缆，AC 10kV，YJV，240，3，22，ZC，无阻水	km	0.150	
四	电缆防火			
3	电缆本体防火			
500011727	防火涂料	kg	40	
500011738	防火堵料	kg	40	
	建筑工程			
500021520	电缆保护管 MPP，ϕ200	m	480	

9.3.5　典型方案工程量表

典型方案 B6-3 工程量见表 9-21。

表 9-21　　　　　　　　　　　　典型方案 B6-3 工程量表

序号	项目名称	单位	数量	备注
	安装工程			
	陆上电缆线路安装工程			
二	电缆敷设			
1	材料运输			
JYX1-95	汽车运输　线材　每件重 12000kg 以上　装卸	t	8.241	
JYX1-96	汽车运输　线材　每件重 12000kg 以上　运输	t·km	82.411	
2	拉管内敷设			
JYL2-78	110kV 电缆敷设　排管内（mm²）800 以内	100m/三相	1.600	
三	电缆附件			
1	材料运输			
JYX1-95	汽车运输　线材　每件重 12000kg 以上　装卸	t	0.206	
JYX1-96	汽车运输　线材　每件重 12000kg 以上　运输	t·km	2.060	
JYX1-105	汽车运输　金具、绝缘子、零星钢材　装卸	t	0.214	
JYX1-106	汽车运输　金具、绝缘子、零星钢材　运输	t·km	2.140	
4	接地安装			
JYL4-2	接地装置安装　直线接地箱　三相式	套	1	
JYL4-4	接地装置安装　经护层保护器接地箱　三相式	套	1	
JYL4-10	接地装置安装　接地电缆、同轴电缆敷设　截面 240mm²	100m	1.500	
5	设备安装			
XYL4-2	电缆标示牌及 GPS 定位标志增补　电缆路径 GPS 定位标志增补	块	10	
四	电缆防火			
1	材料运输			
JYX1-107	汽车运输　其他建筑安装材料　装卸	t	0.084	
JYX1-108	汽车运输　其他建筑安装材料　运输	t·km	0.840	
3	电缆本体防火			
JYL4-45	电缆防火　孔洞防火封堵	t	0.040	
JYL4-43	电缆防火　防火涂料	kg	40	
五	调试及试验			
1	电缆试验			
JYL5-1	电缆护层试验　摇测	互联段/三相	1	
JYL5-11	电缆主绝缘试验　交流耐压试验　110kV　长度 10km 以内	回路	1	
JYL5-21	电缆参数测定　110kV	回路	1	

续表

序号	项目名称	单位	数量	备注
	建筑工程			
	陆上电缆线路建筑工程			
二	构筑物			
1	材料运输			
JYX1-107	汽车运输　其他建筑安装材料　装卸	t	12.600	
JYX1-108	汽车运输　其他建筑安装材料　运输	t·km	126	
5	电缆埋管			
JYL1-81	非开挖水平导向钻进　单管ϕ200以内	m	480	

9.4　B6-4改造110kV 800mm² 电缆（拉管）

9.4.1　典型方案主要内容

本典型方案为改造110kV 800mm² 电缆（拉管）0.1km。内容包括电缆设备材料运输；电缆拉管施工；电缆保护管敷设；电缆敷设；电缆本体防火、孔洞防火封堵；电缆试验；电缆接地装置安装。

9.4.2　典型方案主要技术条件

典型方案B6-4主要技术条件见表9-22。

表9-22　　　　　典型方案B6-4主要技术条件

方案名称	工程主要技术条件	
改造110kV 800mm² 电缆（拉管）	电压等级	110kV
	敷设方式	拉管
	杆塔类型	钢管杆
	设备型号	AC110kV，YJLW，800，1，03，ZC，Z
	地形	100%平地
	气象条件	覆冰10mm，基本风速27m/s
	地质条件	100%普通土
	运距	人力0.3km，汽车10km

9.4.3　典型方案估算书

估算投资为总投资，编制依据按3.2要求。典型方案B6-4估算书包括总估算汇总表、建筑工程专业汇总表、安装工程专业汇总表、其他费用估算表，分别见表9-23～表9-26。

表 9-23   **典型方案 B6-4 总估算汇总表**   金额单位：万元

序号	工程或费用名称	含税金额	占工程投资的比例（%）	不含税金额	可抵扣增值税金额
一	建筑工程费	22.98	25.89	20.85	2.13
二	安装工程费	18.47	20.81	16.71	1.76
三	拆除工程费				
四	设备购置费	36.58	41.21	32.37	4.21
	其中：编制基准期价差	0.63	0.71	0.63	
五	小计	78.03	87.91	69.93	8.1
	其中：甲供设备材料费	51.22	57.71	45.33	5.89
六	其他费用	10.73	12.09	10.12	0.61
七	基本预备费				
八	特殊项目				
九	工程投资合计	88.76	100	80.05	8.71
	其中：可抵扣增值税金额	8.71			8.71
	其中：施工费	26.81	30.21	24.6	2.21

表 9-24   **典型方案 B6-4 建筑工程专业汇总表**   金额单位：元

序号	工程或费用名称	建筑设备购置费	未计价材料费	建筑费	合计
	建筑工程		72825	157014	229840
	陆上电缆线路建筑工程		72825	157014	229840
二	构筑物		72825	157014	229840
1	材料运输			1117	1117
5	电缆埋管		72825	155898	228723
	合计		72825	157014	229840

表 9-25   **典型方案 B6-4 安装工程专业汇总表**   金额单位：元

| 序号 | 工程或费用名称 | 安装工程费 | | | 设备购置费 | 合计 |
		未计价材料费	安装费	小计		
	安装工程	73560	111112	184671	365836	550508
	陆上电缆线路安装工程	73560	111112	184671	365836	550508
二	电缆敷设		18094	18094	359376	377470
1	材料运输		694	694		694
2	拉管内敷设		17400	17400	359376	376776
三	电缆附件	71782	5342	77124	6460	83584
1	材料运输		105	105		105
4	接地安装	71234	3646	74880	6460	81340

续表

序号	工程或费用名称	安装工程费			设备购置费	合计
		未计价材料费	安装费	小计		
5	设备安装	548	1592	2139		2139
四	电缆防火	1778	7387	9165		9165
1	材料运输		7	7		7
3	电缆本体防火	1778	7381	9159		9159
五	调试及试验		80288	80288		80288
1	电缆试验		80288	80288		80288
	合计	73560	111112	184671	365836	550508

表 9-26　　　　　　　　　　　典型方案 B6-4 其他费用估算表　　　　　　　金额单位：元

序号	工程或费用名称	编制依据及计算说明	合价
2	项目管理费		30508
2.1	管理经费	（建筑工程费＋安装工程费＋拆除工程费）×3.53%	14632
2.2	招标费	（建筑工程费＋安装工程费＋拆除工程费）×0.4%	1658
2.3	工程监理费	（建筑工程费＋安装工程费＋拆除工程费）×3.43%	14218
3	项目技术服务费		76773
3.1	前期工作费	（建筑工程费＋安装工程费）×1.7%	7047
3.3	工程勘察设计费		64180
3.3.2	设计费	设计费×100%	64180
3.4	设计文件评审费		3970
3.4.1	初步设计文件评审费	基本设计费×3.5%	1904
3.4.2	施工图文件评审费	基本设计费×3.8%	2067
3.5	施工过程造价咨询及竣工结算审核费	（建筑工程费＋安装工程费＋拆除工程费）×0.38%	1575
	合计		107281

9.4.4　典型方案设备材料表

典型方案 B6-4 设备材料表见表 9-27。

表 9-27　　　　　　　　　　　典型方案 B6-4 设备材料表

序号	设备或材料名称	单位	数量	备注
	安装工程			
二	电缆敷设			
2	电缆拉管			
500109915	阻燃交联乙烯绝缘聚氯乙烯护套电力电缆　AC110kV，YJLW，800，1，03，ZC，Z	km	0.480	

序号	设备或材料名称	单位	数量	备注
500023173	标识牌　不锈钢	块	10	
4	接地安装			
500021468	电缆接地箱，带护层保护器	只	1	
500021470	电缆接地箱，三线直接接地	只	1	
500108302	接地电缆 AC 10kV，YJV，240，3，22，ZC，无阻水	km	0.150	
四	电缆防火			
3	电缆本体防火			
500011727	防火涂料	kg	40	
500011738	防火堵料	kg	40	
	建筑工程			
500021520	电缆保护管 MPP，ϕ200	m	480	

9.4.5　典型方案工程量表

典型方案 B6-4 工程量见表 9-28。

表 9-28　　　　　　　　　典型方案 B6-4 工程量表

序号	项目名称	单位	数量	备注
	安装工程			
	陆上电缆线路安装工程			
二	电缆敷设			
1	材料运输			
JYX1-81	汽车运输　线材　每件重 400kg 以内　装卸	t	5.995	
JYX1-82	汽车运输　线材　每件重 400kg 以内　运输	t·km	59.952	
2	拉管内敷设			
JYL2-78	110kV 电缆敷设　排管内（mm²）800 以内	100m/三相	1.600	
三	电缆附件			
1	材料运输			
JYX1-95	汽车运输　线材　每件重 12000kg 以上　装卸	t	0.206	
JYX1-96	汽车运输　线材　每件重 12000kg 以上　运输	t·km	2.060	
JYX1-105	汽车运输　金具、绝缘子、零星钢材　装卸	t	0.214	
JYX1-106	汽车运输　金具、绝缘子、零星钢材　运输	t·km	2.140	
4	接地安装			
JYL4-2	接地装置安装　直线接地箱　三相式	套	1	
JYL4-4	接地装置安装　经护层保护器接地箱　三相式	套	1	

续表

序号	项目名称	单位	数量	备注
JYL4-10	接地装置安装　接地电缆、同轴电缆敷设　截面 240mm²	100m	1.500	
5	设备安装			
XYL4-2	电缆标示牌及 GPS 定位标志增补　电缆路径 GPS 定位标志增补	块	10	
四	电缆防火			
1	材料运输			
JYX1-107	汽车运输　其他建筑安装材料　装卸	t	0.084	
JYX1-108	汽车运输　其他建筑安装材料　运输	t·km	0.840	
3	电缆本体防火			
JYL4-45	电缆防火　孔洞防火封堵	t	0.040	
JYL4-43	电缆防火　防火涂料	kg	40	
五	调试及试验			
1	电缆试验			
JYL5-1	电缆护层试验　摇测	互联段/三相	1	
JYL5-11	电缆主绝缘试验　交流耐压试验　110kV　长度10km以内	回路	1	
JYL5-21	电缆参数测定　110kV	回路	1	
	建筑工程			
	陆上电缆线路建筑工程			
二	构筑物			
1	材料运输			
JYX1-107	汽车运输　其他建筑安装材料　装卸	t	12.600	
JYX1-108	汽车运输　其他建筑安装材料　运输	t·km	126	
5	电缆埋管			
JYL1-81	非开挖水平导向钻进　单管 φ200 以内	m	480	

9.5　B6-5 改造 220kV 2000mm² 电缆（沟隧道纯电缆）

9.5.1　典型方案主要内容

本典型方案为改造 220kV 2000mm² 电缆（沟隧道纯电缆）0.1km。内容包括电缆设备材料运输；电缆敷设；电缆本体防火、孔洞防火封堵；电缆试验；电缆接地装置安装。

9.5.2　典型方案主要技术条件

典型方案 B6-5 主要技术条件见表 9-29。

表 9-29 典型方案 B6-5 主要技术条件

方案名称	工程主要技术条件	
改造 220kV 2000mm² 电缆（纯电缆）	电压等级	220kV
	敷设方式	无，仅考虑纯电缆
	设备型号	AC220kV，YJLW，2000，1，03，ZC，Z
	地形	100%平地
	气象条件	覆冰 10mm，基本风速 27m/s
	地质条件	100%普通土
	运距	人力 0.3km，汽车 10km

9.5.3 典型方案估算书

估算投资为总投资，编制依据按 3.2 要求。典型方案 B6-5 估算书包括总估算汇总表、安装工程专业汇总表、其他费用估算表，分别见表 9-30～表 9-32。

表 9-30 典型方案 B6-5 总估算汇总表 金额单位：万元

序号	工程或费用名称	含税金额	占工程投资的比例（%）	不含税金额	可抵扣增值税金额
一	建筑工程费				
二	安装工程费	21.54	17.68	19.6	1.94
三	拆除工程费				
四	设备购置费	88.97	73.04	78.72	10.25
	其中：编制基准期价差	0.69	0.57	0.69	
五	小计	110.51	90.72	98.32	12.19
	其中：甲供设备材料费	93.95	77.13	83.13	10.82
六	其他费用	11.3	9.28	10.66	0.64
七	基本预备费				
八	特殊项目				
九	工程投资合计	121.81	100	108.98	12.83
	其中：可抵扣增值税金额	12.83			12.83
	其中：施工费	16.56	13.59	15.19	1.37

表 9-31 典型方案 B6-5 安装工程专业汇总表 金额单位：元

序号	工程或费用名称	安装工程费			设备购置费	合计
		未计价材料费	安装费	小计		
	安装工程	49815	165577	215392	889660	1105052
	陆上电缆线路安装工程	49815	165577	215392	889660	1105052
二	电缆敷设		36214	36214	883200	919414

续表

序号	工程或费用名称	安装工程费			设备购置费	合计
		未计价材料费	安装费	小计		
1	材料运输		1666	1666		1666
2	电缆沟内敷设		34548	34548	883200	917748
三	电缆附件	48037	5090	53127	6460	59587
1	材料运输		78	78		78
4	接地安装	47489	3420	50909	6460	57370
6	电缆保护管	548	1592	2139		2139
四	电缆防火	1778	7387	9165		9165
1	材料运输		7	7		7
3	电缆本体防火	1778	7381	9159		9159
五	调试及试验		116886	116886		116886
1	电缆试验		116886	116886		116886
	合计	49815	165577	215392	889660	1105052

表 9−32　　　　　　　　　　**典型方案 B6−5 其他费用估算表**　　　　　金额单位：元

序号	工程或费用名称	编制依据及计算说明	合价
2	项目管理费		15853
2.1	管理经费	（建筑工程费＋安装工程费＋拆除工程费）×3.53%	7603
2.2	招标费	（建筑工程费＋安装工程费＋拆除工程费）×0.4%	862
2.3	工程监理费	（建筑工程费＋安装工程费＋拆除工程费）×3.43%	7388
3	项目技术服务费		97112
3.1	前期工作费	（建筑工程费＋安装工程费）×1.7%	3662
3.3	工程勘察设计费		87235
3.3.2	设计费	设计费×100%	87235
3.4	设计文件评审费		5397
3.4.1	初步设计文件评审费	基本设计费×3.5%	2587
3.4.2	施工图文件评审费	基本设计费×3.8%	2809
3.5	施工过程造价咨询及竣工结算审核费	（建筑工程费＋安装工程费＋拆除工程费）×0.38%	818
	合计		112965

9.5.4　典型方案设备材料表

典型方案 B6−5 设备材料表见表 9−33。

表9-33   典型方案 B6-5 设备材料表

序号	设备或材料名称	单位	数量	备注
	安装工程			
二	电缆敷设			
2	电缆			
500115500	阻燃交联乙烯绝缘聚氯乙烯护套电力电缆 AC220kV，YJLW，2000，1，03，ZC，Z	km	0.480	
500023173	标识牌 不锈钢	块	10	
4	接地安装			
500021468	电缆接地箱，带护层保护器	只	1	
500021470	电缆接地箱，三线直接接地	只	1	
500108302	接地电缆 AC 10kV，YJV，240，3，22，ZC，无阻水	km	0.100	
四	电缆防火			
3	电缆本体防火			
500011727	防火涂料	kg	40	
500011738	防火堵料	kg	40	

9.5.5 典型方案工程量表

典型方案 B6-5 工程量见表9-34。

表9-34   典型方案 B6-5 工程量表

序号	项目名称	单位	数量	备注
	安装工程			
	陆上电缆线路安装工程			
二	电缆敷设			
1	材料运输			
JYX1-81	汽车运输 线材 每件重 400kg 以内 装卸	t	14.400	
JYX1-82	汽车运输 线材 每件重 400kg 以内 运输	t·km	144	
2	电缆沟内敷设			
JYL2-89	220kV 电缆敷设 电缆沟内（mm²）2000 以内	100m/三相	1.600	
三	电缆附件			
1	材料运输			
JYX1-95	汽车运输 线材 每件重 12000kg 以上 装卸	t	0.137	
JYX1-96	汽车运输 线材 每件重 12000kg 以上 运输	t·km	1.374	
JYX1-105	汽车运输 金具、绝缘子、零星钢材 装卸	t	0.214	
JYX1-106	汽车运输 金具、绝缘子、零星钢材 运输	t·km	2.140	
4	接地安装			
JYL4-2	接地装置安装 直线接地箱 三相式	套	1	
JYL4-4	接地装置安装 经护层保护器接地箱 三相式	套	1	

序号	项目名称	单位	数量	备注
JYL4-10	接地装置安装　接地电缆、同轴电缆敷设　截面 240mm²	100m	1	
5	设备安装			
XYL4-2	电缆标示牌及 GPS 定位标志增补　电缆路径 GPS 定位标志增补	块	10	
四	电缆防火			
1	材料运输			
JYX1-107	汽车运输　其他建筑安装材料　装卸	t	0.084	
JYX1-108	汽车运输　其他建筑安装材料　运输	t·km	0.840	
3	电缆本体防火			
JYL4-45	电缆防火　孔洞防火封堵	t	0.040	
JYL4-43	电缆防火　防火涂料	kg	40	
五	调试及试验			
1	电缆试验			
JYL5-22	电缆参数测定　220kV	回路	1	
JYL5-13	电缆主绝缘试验　交流耐压试验　220kV 以下　长度 8km 以内	回路	1	
JYL5-1	电缆护层试验　摇测	互联段/三相	1	

9.6　B6-6 改造 35kV 400mm² 电缆（单层单回排管）

9.6.1　典型方案主要内容

本典型方案为改造 35kV 400mm² 电缆（单层单回排管）0.1km。内容包括电缆设备材料运输；开挖土方清运；电缆排管混凝土浇制；电缆敷设；电缆本体防火、孔洞防火封堵；电缆试验；电缆接地装置安装。

9.6.2　典型方案主要技术条件

典型方案 B6-6 主要技术条件见表 9-35。

表 9-35　　　　　　　　　　典型方案 B6-6 主要技术条件

方案名称	工程主要技术条件	
改造 35kV 400mm² 电缆（单层单回排管）	电压等级	35kV
	敷设方式	单层单回排管
	设备型号	AC35kV，YJV，400，3，22，ZC，Z
	地形	100%平地
	气象条件	覆冰 10mm，基本风速 29m/s
	地质条件	100%普通土
	运距	人力 0.3km，汽车 10km

9.6.3 典型方案估算书

估算投资为总投资，编制依据按 3.2 要求。典型方案 B6-6 估算书包括总估算汇总表、建筑工程专业汇总表、安装工程专业汇总表、其他费用估算表，分别见表 9-36～表 9-39。

表 9-36　　　　　　　　　　　　典型方案 B6-6 总估算汇总表　　　　　　　　　金额单位：万元

序号	工程或费用名称	含税金额	占工程投资的比例（%）	不含税金额	可抵扣增值税金额
一	建筑工程费	9.36	21.88	8.48	0.88
二	安装工程费	12.34	28.85	11.16	1.18
三	拆除工程费				
四	设备购置费	15.75	36.82	13.94	1.81
	其中：编制基准期价差	0.32	0.75	0.32	
五	小计	37.45	87.56	33.58	3.87
	其中：甲供设备材料费	23.92	55.93	21.18	2.74
六	其他费用	5.32	12.44	5.02	0.3
七	基本预备费				
八	特殊项目				
九	工程投资合计	42.77	100	38.6	4.17
	其中：可抵扣增值税金额	4.17			4.17
	其中：施工费	13.54	31.66	12.42	1.12

表 9-37　　　　　　　　　　　典型方案 B6-6 建筑工程专业汇总表　　　　　　　金额单位：元

序号	工程或费用名称	建筑设备购置费	未计价材料费	建筑费	合计
	建筑工程		70084	23549	93633
	陆上电缆线路建筑工程		70084	23549	93633
二	构筑物		70084	23549	93633
1	材料运输			2230	2230
4	排管		70084	21319	91403
	合计		70084	23549	93633

表 9-38　　　　　　　　　　　典型方案 B6-6 安装工程专业汇总表　　　　　　　金额单位：元

序号	工程或费用名称	安装工程费			设备购置费	合计
		未计价材料费	安装费	小计		
	安装工程	49815	73614	123429	157510	280939
	陆上电缆线路安装工程	49815	73614	123429	157510	280939
二	电缆敷设		13307	13307	151050	164357

续表

序号	工程或费用名称	安装工程费			设备购置费	合计
		未计价材料费	安装费	小计		
1	材料运输		377	377		377
2	排管内敷设		12930	12930	151050	163980
三	电缆附件	48037	5090	53127	6460	59587
1	材料运输		78	78		78
4	接地安装	47489	3420	50909	6460	57370
5	设备安装	548	1592	2139		2139
四	电缆防火	1778	7387	9165		9165
1	材料运输		7	7		7
3	电缆本体防火	1778	7381	9159		9159
五	调试及试验		47830	47830		47830
1	电缆试验		47830	47830		47830
	合计	49815	73614	123429	157510	280939

表 9-39　　　　　　　　　　典型方案 B6-6 其他费用估算表　　　　　　金额单位：元

序号	工程或费用名称	编制依据及计算说明	合价
2	项目管理费		15976
2.1	管理经费	（建筑工程费＋安装工程费＋拆除工程费）×3.53%	7662
2.2	招标费	（建筑工程费＋安装工程费＋拆除工程费）×0.4%	868
2.3	工程监理费	（建筑工程费＋安装工程费＋拆除工程费）×3.43%	7445
3	项目技术服务费		37228
3.1	前期工作费	（建筑工程费＋安装工程费）×1.7%	3690
3.3	工程勘察设计费		30807
3.3.2	设计费	设计费×100%	30807
3.4	设计文件评审费		1906
3.4.1	初步设计文件评审费	基本设计费×3.5%	914
3.4.2	施工图文件评审费	基本设计费×3.8%	992
3.5	施工过程造价咨询及竣工结算审核费	（建筑工程费＋安装工程费＋拆除工程费）×0.38%	825
	合计		53204

9.6.4　典型方案设备材料表

典型方案 B6-6 设备材料表见表 9-40。

表 9-40 典型方案 B6-6 设备材料表

序号	设备或材料名称	单位	数量	备注
	安装工程			
二	电缆敷设			
4	埋管内敷设			
500108313	阻燃交联乙烯绝缘聚氯乙烯护套电力电缆 AC35kV，YJV，400，3，22，ZC，Z	km	0.150	
500023173	标识牌 不锈钢	块	10	
4	接地安装			
500021468	电缆接地箱，带护层保护器	只	1	
500021470	电缆接地箱，三线直接接地	只	1	
500108302	接地电缆 AC 10kV，YJV，240，3，22，ZC，无阻水	km	0.100	
四	电缆防火			
3	电缆本体防火			
500011727	防火涂料	kg	40	
500011738	防火堵料	kg	40	
	建筑工程			
二	构筑物			
500067308	商品混凝土 C25	m³	64	
H09010101	普通圆钢	t	2	
500021520	电缆保护管 MPP，ϕ200	m	210	

9.6.5 典型方案工程量表

典型方案 B6-6 工程量见表 9-41。

表 9-41 典型方案 B6-6 工程量表

序号	项目名称	单位	数量	备注
	安装工程			
	陆上电缆线路安装工程			
二	电缆敷设			
1	材料运输			
JYX1-81	汽车运输 线材 每件重 400kg 以内 装卸	t	3.260	
JYX1-82	汽车运输 线材 每件重 400kg 以内 运输	t·km	32.595	
2	排管内敷设			
JYL2-63	35kV 电缆敷设 排管内（mm²）400 以内	100m/三相	1.500	
三	电缆附件			
1	材料运输			
JYX1-95	汽车运输 线材 每件重 12000kg 以上 装卸	t	0.137	

序号	项目名称	单位	数量	备注
JYX1－96	汽车运输　线材　每件重 12000kg 以上　运输	t·km	1.374	
JYX1－105	汽车运输　金具、绝缘子、零星钢材　装卸	t	0.214	
JYX1－106	汽车运输　金具、绝缘子、零星钢材　运输	t·km	2.140	
4	接地安装			
JYL4－2	接地装置安装　直线接地箱　三相式	套	1	
JYL4－4	接地装置安装　经护层保护器接地箱　三相式	套	1	
JYL4－10	接地装置安装　接地电缆、同轴电缆敷设　截面 240mm²	100m	1	
5	设备安装			
XYL4－2	电缆标示牌及 GPS 定位标志增补　电缆路径 GPS 定位标志增补	块	10	
四	电缆防火			
1	材料运输			
JYX1－107	汽车运输　其他建筑安装材料　装卸	t	0.084	
JYX1－108	汽车运输　其他建筑安装材料　运输	t·km	0.840	
3	电缆本体防火			
JYL4－45	电缆防火　孔洞防火封堵	t	0.040	
JYL4－43	电缆防火　防火涂料	kg	40	
五	调试及试验			
1	电缆试验			
JYL5－9	电缆主绝缘试验　交流耐压试验　35kV　长度10km以内	回路	1	
JYL5－1	电缆护层试验　摇测	互联段/三相	1	
JYL5－20	电缆参数测定　35kV	回路	1	
	建筑工程			
	陆上电缆线路建筑工程			
二	构筑物			
1	材料运输			
JYX1－105	汽车运输　金具、绝缘子、零星钢材　装卸	t	2.120	
JYX1－106	汽车运输　金具、绝缘子、零星钢材　运输	t·km	21.200	
JYX1－107	汽车运输　其他建筑安装材料　装卸	t	22.050	
JYX1－108	汽车运输　其他建筑安装材料　运输	t·km	220.500	
4	排管			
调 JYL1－71 R×0.75 J×0.3	排管浇制　单层	m³	64	
JYL1－76	一般钢筋制作、安装	t	2	
JYL4－33	电缆保护管敷设　塑料管　φ200 以内	m	210	

9.7　B6-7 改造 66kV 400mm² 电缆（双层单回排管）

9.7.1　典型方案主要内容

本典型方案为改造 66kV 400mm² 电缆（双层单回排管）0.1km。内容包括电缆设备材料运输；开挖土方清运；电缆排管混凝土浇制；电缆敷设；电缆本体防火、孔洞防火封堵；电缆试验；电缆接地装置安装。

9.7.2　典型方案主要技术条件

典型方案 B6-7 主要技术条件见表 9-42。

表 9-42　　　　　　　　　　典型方案 B6-7 主要技术条件

方案名称	工程主要技术条件	
改造 66kV 400mm² 电缆（双层单回排管）	电压等级	66kV
	敷设方式	双层单回排管
	设备型号	AC66kV，YJLW，400，1，03，ZC，Z
	地形	100%平地
	气象条件	覆冰 10mm，基本风速 27m/s
	地质条件	100%普通土
	运距	人力 0.3km，汽车 10km

9.7.3　典型方案估算书

估算投资为总投资，编制依据按 3.2 要求。典型方案 B6-7 估算书包括总估算汇总表、建筑工程专业汇总表、安装工程专业汇总表、其他费用估算表，分别见表 9-43～表 9-46。

表 9-43　　　　　　　　　　典型方案 B6-7 总估算汇总表　　　　　　金额单位：万元

序号	工程或费用名称	含税金额	占工程投资的比例（%）	不含税金额	可抵扣增值税金额
一	建筑工程费	15.04	26.74	13.57	1.47
二	安装工程费	14.15	25.16	12.88	1.27
三	拆除工程费				
四	设备购置费	20	35.56	17.7	2.3
	其中：编制基准期价差	0.51	0.91	0.51	
五	小计	49.19	87.46	44.15	5.04
	其中：甲供设备材料费	30.36	53.98	26.87	3.49
六	其他费用	7.05	12.54	6.65	0.4
七	基本预备费				

续表

序号	工程或费用名称	含税金额	占工程投资的比例（%）	不含税金额	可抵扣增值税金额
八	特殊项目				
九	工程投资合计	56.24	100	50.8	5.44
	其中：可抵扣增值税金额	5.44			5.44
	其中：施工费	18.82	33.46	17.27	1.55

表 9-44　　　　　　　**典型方案 B6-7 建筑工程专业汇总表**　　　　　　金额单位：元

序号	工程或费用名称	建筑设备购置费	未计价材料费	建筑费	建筑工程费合计
	建筑工程		119452	30907	150359
	陆上电缆线路建筑工程		119452	30907	150359
二	构筑物		119452	30907	150359
1	材料运输			1427	1427
5	电缆埋管		119452	29480	148932
	合计		119452	30907	150359

表 9-45　　　　　　　**典型方案 B6-7 安装工程专业汇总表**　　　　　　金额单位：元

序号	工程或费用名称	安装工程费			设备购置费	合计
		未计价材料费	安装费	小计		
	安装工程	30819	110662	141481	199996	341477
	陆上电缆线路安装工程	30819	110662	141481	199996	341477
二	电缆敷设		17811	17811	193536	211347
1	材料运输		411	411		411
4	排管内敷设		17400	17400	193536	210936
三	电缆附件	29041	5176	34217	6460	40677
1	材料运输		345	345		345
4	接地安装	28494	3239	31733	6460	38193
5	设备安装	544	1592	2139		2139
四	电缆防火	1778	7387	9165		9165
1	材料运输		7	7		7
3	电缆本体防火	1778	7381	9159		9159
五	调试及试验		80288	80288		80288
1	电缆试验		80288	80288		80288
	合计	30819	110662	141481	199996	341477

表 9-46 典型方案 B6-7 其他费用估算表 金额单位：元

序号	工程或费用名称	编制依据及计算说明	合价
2	项目管理费		21479
2.1	管理经费	（建筑工程费＋安装工程费＋拆除工程费）×3.53%	10302
2.2	招标费	（建筑工程费＋安装工程费＋拆除工程费）×0.4%	1167
2.3	工程监理费	（建筑工程费＋安装工程费＋拆除工程费）×3.43%	10010
3	项目技术服务费		49024
3.1	前期工作费	（建筑工程费＋安装工程费）×1.7%	4961
3.3	工程勘察设计费		40452
3.3.2	设计费	设计费×100%	40452
3.4	设计文件评审费		2503
3.4.1	初步设计文件评审费	基本设计费×3.5%	1200
3.4.2	施工图文件评审费	基本设计费×3.8%	1303
3.5	施工过程造价咨询及竣工结算审核费	（建筑工程费＋安装工程费＋拆除工程费）×0.38%	1109
	合计		70504

9.7.4 典型方案设备材料表

典型方案 B6-7 设备材料表见表 9-47。

表 9-47 典型方案 B6-7 设备材料表

序号	设备或材料名称	单位	数量	备注
	安装工程			
二	电缆敷设			
4	排管内敷设			
500130957	电力电缆 AC66kV，YJLW，400，1，03，ZC，Z	km	4.800	
500023173	标识牌，不锈钢	块	10	
4	接地安装			
500021468	电缆接地箱，带护层保护器	只	1	
500021470	电缆接地箱，三线直接接地	只	1	
500108302	电力电缆，AC 10kV，YJV，240，3，22，ZC，无阻水	m	60	
四	电缆防火			
3	电缆本体防火		3	
500011727	防火涂料	kg	40	
500011738	防火堵料	kg	40	
	建筑工程			

序号	设备或材料名称	单位	数量	备注
二	构筑物			
500067308	商品混凝土 C25	m³	80	
H09010101	普通圆钢	t	2.250	
500021520	电缆保护管，MPP，ϕ200	m	480	

9.7.5　典型方案工程量表

典型方案 B6-7 工程量见表 9-48。

表 9-48　　典型方案 B6-7 工程量表

序号	项目名称	单位	数量	备注
	安装工程			
	陆上电缆线路安装工程			
二	电缆敷设			
1	材料运输			
JYX1-81	汽车运输　线材　每件重 400kg 以内　装卸	t	3.552	
JYX1-82	汽车运输　线材　每件重 400kg 以内　运输	t·km	35.520	
4	排管内敷设			
JYL2-78	110kV 电缆敷设　排管内（mm²）800 以内	100m/三相	1.600	
三	电缆附件			
1	材料运输			
JYX1-95	汽车运输　线材　每件重 12000kg 以上　装卸	t	0.824	
JYX1-96	汽车运输　线材　每件重 12000kg 以上　运输	t·km	8.242	
JYX1-105	汽车运输　金具、绝缘子、零星钢材　装卸	t	0.214	
JYX1-106	汽车运输　金具、绝缘子、零星钢材　运输	t·km	2.140	
4	接地安装			
JYL4-2	接地装置安装　直线接地箱　三相式	套	1	
JYL4-4	接地装置安装　经护层保护器接地箱　三相式	套	1	
JYL4-10	接地装置安装　接地电缆、同轴电缆敷设　截面 240mm²	100m	0.600	
5	设备安装			
XYL4-2	电缆标示牌及 GPS 定位标志增补　电缆路径 GPS 定位标志增补	块	10	
四	电缆防火			
1	材料运输			
JYX1-107	汽车运输　其他建筑安装材料　装卸	t	0.084	
JYX1-108	汽车运输　其他建筑安装材料　运输	t·km	0.840	
3	电缆本体防火			

序号	项目名称	单位	数量	备注
JYL4-43	电缆防火　防火涂料	kg	40	
JYL4-45	电缆防火　孔洞防火封堵	t	0.040	
五	调试及试验			
1	电缆试验			
JYL5-1	电缆护层试验　摇测	互联段/三相	1	
JYL5-11	电缆主绝缘试验　交流耐压试验　110kV　长度10km以内	回路	1	
JYL5-21	电缆参数测定　110kV	回路	1	
	建筑工程			
	陆上电缆线路建筑工程			
二	构筑物			
1	材料运输			
JYX1-105	汽车运输　金具、绝缘子、零星钢材　装卸	t	2.385	
JYX1-106	汽车运输　金具、绝缘子、零星钢材　运输	t·km	23.850	
4	排管			
调JYL1-72 R×0.75 J×0.3	排管浇制　双层	m³	64	
JYL1-76	一般钢筋制作、安装	t	2.250	
JYL4-33	电缆保护管敷设　塑料管　$\phi200$以内	m	480	

9.8　B6-8改造110kV 630mm² 电缆（双层单回排管）

9.8.1　典型方案主要内容

本典型方案为改造110kV 630mm² 电缆（双层单回排管）0.1km。内容包括电缆设备材料运输；开挖土方清运；电缆排管混凝土浇制；电缆敷设；电缆本体防火、孔洞防火封堵；电缆试验；电缆接地装置安装。

9.8.2　典型方案主要技术条件

典型方案B6-8主要技术条件见表9-49。

表9-49　　　　　　　　　　典型方案B6-8主要技术条件

方案名称	工程主要技术条件	
改造110kV 630mm² 电缆（双层单回排管）	电压等级	110kV
	敷设方式	双层单回排管
	设备型号	AC110kV，YJLW，630，1，03，ZC，Z
	地形	100%平地
	气象条件	覆冰10mm，基本风速27m/s
	地质条件	100%普通土
	运距	人力0.3km，汽车10km

9.8.3 典型方案估算书

估算投资为总投资，编制依据按 3.2 要求。典型方案 B6-8 估算书包括总估算汇总表、建筑工程专业汇总表、安装工程专业汇总表、其他费用估算表，分别见表 9-50～表 9-53。

表 9-50　　典型方案 B6-8 总估算汇总表　　金额单位：万元

序号	工程或费用名称	含税金额	占工程投资的比例（%）	不含税金额	可抵扣增值税金额
一	建筑工程费	17.49	23.3	15.74	1.75
二	安装工程费	18.46	24.6	16.7	1.76
三	拆除工程费				
四	设备购置费	29.95	39.91	26.5	3.45
	其中：编制基准期价差	0.52	0.69	0.52	
五	小计	65.9	87.81	58.94	6.96
	其中：甲供设备材料费	46.86	62.44	41.47	5.39
六	其他费用	9.15	12.19	8.63	0.52
七	基本预备费				
八	特殊项目				
九	工程投资合计	75.05	100	67.57	7.48
	其中：可抵扣增值税金额	7.48			7.48
	其中：施工费	19.03	25.36	17.46	1.57

表 9-51　　典型方案 B6-8 建筑工程专业汇总表　　金额单位：元

序号	工程或费用名称	建筑设备购置费	未计价材料费	建筑费	合计
	建筑工程		142210	32692	174902
	陆上电缆线路建筑工程		142210	32692	174902
二	构筑物		142210	32692	174902
1	材料运输			1776	1776
4	排管		142210	30916	173126
	合计		142210	32692	174902

表 9-52　　典型方案 B6-8 安装工程专业汇总表　　金额单位：元

序号	工程或费用名称	安装工程费			设备购置费	合计
		未计价材料费	安装费	小计		
	安装工程	73560	111009	184569	299500	484069
	陆上电缆线路安装工程	73560	111009	184569	299500	484069

序号	工程或费用名称	安装工程费			设备购置费	合计
		未计价材料费	安装费	小计		
二	电缆敷设		17992	17992	293040	311032
1	材料运输		592	592		592
4	排管内敷设		17400	17400	293040	310440
三	电缆附件	71782	5342	77124	6460	83584
1	材料运输		105	105		105
4	接地安装	71234	3646	74880	6460	81340
5	设备安装	548	1592	2139		2139
四	电缆防火	1778	7387	9165		9165
1	材料运输		7	7		7
3	电缆本体防火	1778	7381	9159		9159
五	调试及试验		80288	80288		80288
1	电缆试验		80288	80288		80288
	合计	73560	111009	184569	299500	484069

表 9-53　　　　　　　　　　典型方案 B6-8 其他费用估算表　　　　金额单位：元

序号	工程或费用名称	编制依据及计算说明	合价
2	项目管理费		26457
2.1	管理经费	（建筑工程费+安装工程费+拆除工程费）×3.53%	12689
2.2	招标费	（建筑工程费+安装工程费+拆除工程费）×0.4%	1438
2.3	工程监理费	（建筑工程费+安装工程费+拆除工程费）×3.43%	12330
3	项目技术服务费		65028
3.1	前期工作费	（建筑工程费+安装工程费）×1.7%	6111
3.3	工程勘察设计费		54198
3.3.2	设计费	设计费×100%	54198
3.4	设计文件评审费		3353
3.4.1	初步设计文件评审费	基本设计费×3.5%	1608
3.4.2	施工图文件评审费	基本设计费×3.8%	1745
3.5	施工过程造价咨询及竣工结算审核费	（建筑工程费+安装工程费+拆除工程费）×0.38%	1366
	合计		91485

9.8.4　典型方案设备材料表

典型方案 B6-8 设备材料表见表 9-54。

表 9－54　　　　　　　　　典型方案 B6－8 设备材料表

序号	设备或材料名称	单位	数量	备注
	安装工程			
二	电缆敷设			
4	排管内敷设			
500107577	阻燃交联乙烯绝缘聚氯乙烯护套电力电缆 AC110kV，YJLW，630，1，03，ZC，Z	km	0.480	
500023173	标识牌 不锈钢	块	10	
三	电缆附件			
4	接地安装			
500021468	电缆接地箱，带护层保护器	只	1	
500021470	电缆接地箱，三线直接接地	只	1	
500108302	电力电缆，AC 10kV，YJV，240，3，22，ZC，无阻水	km	0.150	
四	电缆防火			
3	电缆本体防火			
500011727	防火涂料	kg	40	
500011738	防火堵料	kg	40	
	建筑工程			
二	构筑物			
500067308	商品混凝土 C25	m³	80	
H09010101	普通圆钢	t	2.250	
500021520	电缆保护管，MPP，ϕ200	m	630	

9.8.5　典型方案工程量表

典型方案 B6－8 工程量见表 9－55。

表 9－55　　　　　　　　　典型方案 B6－8 工程量表

序号	项目名称	单位	数量	备注
	安装工程			
	陆上电缆线路安装工程			
二	电缆敷设			
1	材料运输			
JYX1－81	汽车运输 线材 每件重 400kg 以内 装卸	t	5.112	
JYX1－82	汽车运输 线材 每件重 400kg 以内 运输	t·km	51.120	
2	排管内敷设			
JYL2－78	110kV 电缆敷设 排管内（mm²）800 以内	100m/三相	1.600	

续表

序号	项目名称	单位	数量	备注
三	电缆附件			
1	材料运输			
JYX1-95	汽车运输 线材 每件重 12000kg 以上 装卸	t	0.206	
JYX1-96	汽车运输 线材 每件重 12000kg 以上 运输	t·km	2.060	
JYX1-105	汽车运输 金具、绝缘子、零星钢材 装卸	t	0.214	
JYX1-106	汽车运输 金具、绝缘子、零星钢材 运输	t·km	2.140	
4	接地安装			
JYL4-2	接地装置安装 直线接地箱 三相式	套	1	
JYL4-4	接地装置安装 经护层保护器接地箱 三相式	套	1	
JYL4-10	接地装置安装 接地电缆、同轴电缆敷设 截面 240mm²	100m	1.500	
5	设备安装			
XYL4-2	电缆标示牌及 GPS 定位标志增补 电缆路径 GPS 定位标志增补	块	10	
四	电缆防火			
1	材料运输			
JYX1-107	汽车运输 其他建筑安装材料 装卸	t	0.084	
JYX1-108	汽车运输 其他建筑安装材料 运输	t·km	0.840	
3	电缆本体防火			
JYL4-45	电缆防火 孔洞防火封堵	t	0.040	
JYL4-43	电缆防火 防火涂料	kg	40	
五	调试及试验			
1	电缆试验			
JYL5-1	电缆护层试验 摇测	互联段/三相	1	
JYL5-11	电缆主绝缘试验 交流耐压试验 110kV 长度 10km 以内	回路	1	
JYL5-21	电缆参数测定 110kV	回路	1	
	建筑工程			
	陆上电缆线路建筑工程			
二	构筑物			
1	材料运输			
JYX1-105	汽车运输 金具、绝缘子、零星钢材 装卸	t	2.385	
JYX1-106	汽车运输 金具、绝缘子、零星钢材 运输	t·km	23.850	
JYX1-107	汽车运输 其他建筑安装材料 装卸	t	16.538	
JYX1-108	汽车运输 其他建筑安装材料 运输	t·km	165.375	

序号	项目名称	单位	数量	备注
4	排管			
调 JYL1－72 R×0.75 J×0.3	排管工程　排管浇筑　双层	m³	80	
JYL1－76	一般钢筋制作、安装	t	2.250	
JYL4－33	电缆保护管敷设　塑料管　φ200 以内	m	630	

9.9 B6-9 改造 110kV 800mm² 电缆（双层单回排管）

9.9.1 典型方案主要内容

典型方案为改造 110kV 800mm² 电缆（双层单回排管）0.1km。内容包括电缆设备材料运输；开挖土方清运；电缆排管混凝土浇制；电缆敷设；电缆本体防火、孔洞防火封堵；电缆试验；电缆接地装置安装。

9.9.2 典型方案主要技术条件

典型方案 B6-9 主要技术条件见表 9-56。

表 9-56　　　　　　　　　　典型方案 B6-9 主要技术条件

方案名称	工程主要技术条件	
改造 110kV 800mm² 电缆（双层单回排管）	电压等级	110kV
	敷设方式	双层单回排管
	设备型号	AC110kV，YJLW，800，1，03，ZC，Z
	地形	100%平地
	气象条件	覆冰 10mm，基本风速 27m/s
	地质条件	100%普通土
	运距	人力 0.3km，汽车 10km

9.9.3 典型方案估算书

估算投资为总投资，编制依据按 3.2 要求。典型方案 B6-9 估算书包括总估算汇总表、建筑工程专业汇总表、安装工程专业汇总表、其他费用估算表，分别见表 9-57～表 9-60。

表 9-57　　　　　　　　　　典型方案 B6-9 总估算汇总表　　　　　　　金额单位：万元

序号	工程或费用名称	含税金额	占工程投资的比例（%）	不含税金额	可抵扣增值税金额
一	建筑工程费	17.93	21.66	16.14	1.79
二	安装工程费	18.47	22.31	16.71	1.76
三	拆除工程费				
四	设备购置费	36.58	44.18	32.37	4.21

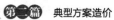

续表

序号	工程或费用名称	含税金额	占工程投资的比例（%）	不含税金额	可抵扣增值税金额
	其中：编制基准期价差	0.52	0.63	0.52	
五	小计	72.98	88.15	65.22	7.76
	其中：甲供设备材料费	53.5	64.62	47.35	6.15
六	其他费用	9.81	11.85	9.25	0.56
七	基本预备费				
八	特殊项目				
九	工程投资合计	82.79	100	74.47	8.32
	其中：可抵扣增值税金额	8.32			8.32
	其中：施工费	19.48	23.53	17.87	1.61

表 9-58　　　　　　　**典型方案 B6-9 建筑工程专业汇总表**　　　　　　金额单位：元

序号	工程或费用名称	建筑设备购置费	未计价材料费	建筑费	合计
	建筑工程		142210	37088	179298
	陆上电缆线路建筑工程		142210	37088	179298
二	构筑物		142210	37088	179298
1	材料运输			6172	6172
4	排管		142210	30916	173126
	合计		142210	37088	179298

表 9-59　　　　　　　**典型方案 B6-9 安装工程专业汇总表**　　　　　　金额单位：元

序号	工程或费用名称	安装工程费			设备购置费	合计
		未计价材料费	安装费	小计		
	安装工程	73560	111112	184671	365836	550508
	陆上电缆线路安装工程	73560	111112	184671	365836	550508
二	电缆敷设		18094	18094	359376	377470
1	材料运输		694	694		694
4	排管内敷设		17400	17400	359376	376776
三	电缆附件	71782	5342	77124	6460	83584
1	材料运输		105	105		105
4	接地安装	71234	3646	74880	6460	81340
5	设备安装	548	1592	2139		2139
四	电缆防火	1778	7387	9165		9165
1	材料运输		7	7		7
3	电缆本体防火	1778	7381	9159		9159
五	调试及试验		80288	80288		80288
1	电缆试验		80288	80288		80288
	合计	73560	111112	184671	365836	550508

表 9-60　　　　　　　　　　**典型方案 B6-9 其他费用估算表**　　　　　　金额单位：元

序号	工程或费用名称	编制依据及计算说明	合价
2	项目管理费		26788
2.1	管理经费	（建筑工程费＋安装工程费＋拆除工程费）×3.53%	12848
2.2	招标费	（建筑工程费＋安装工程费＋拆除工程费）×0.4%	1456
2.3	工程监理费	（建筑工程费＋安装工程费＋拆除工程费）×3.43%	12484
3	项目技术服务费		71307
3.1	前期工作费	（建筑工程费＋安装工程费）×1.7%	6187
3.3	工程勘察设计费		60024
3.3.2	设计费	设计费×100%	60024
3.4	设计文件评审费		3713
3.4.1	初步设计文件评审费	基本设计费×3.5%	1780
3.4.2	施工图文件评审费	基本设计费×3.8%	1933
3.5	施工过程造价咨询及竣工结算审核费	（建筑工程费＋安装工程费＋拆除工程费）×0.38%	1383
	合计		98096

9.9.4　典型方案设备材料表

典型方案 B6-9 设备材料表见表 9-61。

表 9-61　　　　　　　　　　**典型方案 B6-9 设备材料表**

序号	设备或材料名称	单位	数量	备注
	安装工程			
二	电缆敷设			
4	埋管内敷设			
500107963	阻燃交联乙烯绝缘聚氯乙烯护套电力电缆 AC110kV，YJLW，800，1，03，ZC，Z	km	0.480	
500023173	标识牌　不锈钢	块	10	
4	接地安装			
500021468	电缆接地箱，带护层保护器	只	1	
500021470	电缆接地箱，三线直接接地	只	1	
500108302	接地电缆 AC 10kV，YJV，240，3，22，ZC，无阻水	km	0.150	
四	电缆防火			
3	电缆本体防火			
500011727	防火涂料	kg	40	
500011738	防火堵料	kg	40	
	建筑工程			

序号	设备或材料名称	单位	数量	备注
二	构筑物			
500067308	商品混凝土 C25	m³	80	
H09010101	普通圆钢	t	2.250	
500021520	电缆保护管 MPP，$\phi 200$	m	630	

9.9.5 典型方案工程量表

典型方案 B6-9 工程量见表 9-62。

表 9-62 **典型方案 B6-9 工程量表**

序号	项目名称	单位	数量	备注
	安装工程			
	陆上电缆线路安装工程			
二	电缆敷设			
1	材料运输			
JYX1-81	汽车运输 线材 每件重 400kg 以内 装卸	t	5.995	
JYX1-82	汽车运输 线材 每件重 400kg 以内 运输	t·km	59.952	
2	排管内敷设			
JYL2-78	110kV 电缆敷设 排管内（mm²）800 以内	100m/三相	1.600	
三	电缆附件			
1	材料运输			
JYX1-95	汽车运输 线材 每件重 12000kg 以上 装卸	t	0.206	
JYX1-96	汽车运输 线材 每件重 12000kg 以上 运输	t·km	2.060	
JYX1-105	汽车运输 金具、绝缘子、零星钢材 装卸	t	0.214	
JYX1-106	汽车运输 金具、绝缘子、零星钢材 运输	t·km	2.140	
4	接地安装			
JYL4-2	接地装置安装 直线接地箱 三相式	套	1	
JYL4-4	接地装置安装 经护层保护器接地箱 三相式	套	1	
JYL4-10	接地装置安装 接地电缆、同轴电缆敷设 截面 240mm²	100m	1.500	
5	设备安装			
XYL4-2	电缆标示牌及 GPS 定位标志增补 电缆路径 GPS 定位标志增补	块	10	
四	电缆防火			
1	材料运输			
JYX1-107	汽车运输 其他建筑安装材料 装卸	t	0.084	

序号	项目名称	单位	数量	备注
JYX1－108	汽车运输　其他建筑安装材料　运输	t·km	0.840	
3	电缆本体防火			
JYL4－45	电缆防火　孔洞防火封堵	t	0.040	
JYL4－43	电缆防火　防火涂料	kg	40	
五	调试及试验			
1	电缆试验			
JYL5－1	电缆护层试验　摇测	互联段/三相	1	
JYL5－11	电缆主绝缘试验　交流耐压试验　110kV　长度10km以内	回路	1	
JYL5－21	电缆参数测定　110kV	回路	1	
	建筑工程			
	陆上电缆线路建筑工程			
二	构筑物			
1	材料运输			
JYX1－105	汽车运输　金具、绝缘子、零星钢材　装卸	t	2.385	
JYX1－106	汽车运输　金具、绝缘子、零星钢材　运输	t·km	23.850	
JYX1－107	汽车运输　其他建筑安装材料　装卸	t	66.150	
JYX1－108	汽车运输　其他建筑安装材料　运输	t·km	661.500	
4	排管			
调 JYL1－72 R×0.75 J×0.3	排管工程　排管浇筑　双层	m³	80	
JYL1－76	一般钢筋制作、安装	t	2.250	
JYL4－33	电缆保护管敷设　塑料管　φ200以内	m	630	

9.10　B6－10 改造 35kV 400mm² 电缆（单层单回小口径水平顶管）

9.10.1　典型方案主要内容

本典型方案为改造 35kV 400mm² 电缆（单层单回小口径水平顶管）0.1km。内容包括电缆设备材料运输；开挖土方清运；电缆顶管施工；电缆敷设；电缆本体防火、孔洞防火封堵；电缆试验；电缆接地装置安装。

9.10.2　典型方案主要技术条件

典型方案 B6－10 主要技术条件见表 9－63。

表 9-63 典型方案 B6-10 主要技术条件

方案名称	工程主要技术条件	
改造 35kV 400mm² 电缆（单层单回小口径水平顶管）	电压等级	35kV
	敷设方式	单层单回小口径水平顶管
	设备型号	AC35kV，YJV，400，3，22，ZC，Z
	地形	100%平地
	气象条件	覆冰 10mm，基本风速 29m/s
	地质条件	100%普通土
	运距	人力 0.3km，汽车 10km

9.10.3 典型方案估算书

估算投资为总投资，编制依据按 3.2 要求。典型方案 B6-10 估算书包括总估算汇总表、建筑工程专业汇总表、安装工程专业汇总表、其他费用估算表，分别见表 9-64～表 9-67。

表 9-64 典型方案 B6-10 总估算汇总表 金额单位：万元

序号	工程或费用名称	含税金额	占工程投资的比例（%）	不含税金额	可抵扣增值税金额
一	建筑工程费	6.75	15.83	6.19	0.56
二	安装工程费	14.83	34.79	13.37	1.46
三	拆除工程费				
四	设备购置费	15.75	36.95	13.94	1.81
	其中：编制基准期价差	0.36	0.84	0.36	
五	小计	37.33	87.57	33.5	3.83
	其中：甲供设备材料费	23.11	54.21	20.46	2.65
六	其他费用	5.3	12.43	5	0.3
七	基本预备费				
八	特殊项目				
九	工程投资合计	42.63	100	38.5	4.13
	其中：可抵扣增值税金额	4.13			4.13
	其中：施工费	14.22	33.36	13.05	1.17

表 9-65 典型方案 B6-10 建筑工程专业汇总表 金额单位：元

序号	工程或费用名称	建筑设备购置费	未计价材料费	建筑费	合计
	建筑工程		15004	52484	67488
	陆上电缆线路建筑工程		15004	52484	67488
二	构筑物		15004	52484	67488
1	材料运输			446	446
4	顶管		15004	52038	67043
	合计		15004	52484	67488

表 9-66 典型方案 B6-10 安装工程专业汇总表 金额单位：元

序号	工程或费用名称	安装工程费			设备购置费	合计
		未计价材料费	安装费	小计		
	安装工程	73560	74754	148314	157510	305824
	陆上电缆线路安装工程	73560	74754	148314	157510	305824
二	电缆敷设		14195	14195	151050	165245
1	材料运输		1265	1265		1265
4	埋管内敷设		12930	12930	151050	163980
三	电缆附件	71782	5342	77124	6460	83584
1	材料运输		105	105		105
4	接地安装	71234	3646	74880	6460	81340
5	设备安装	548	1592	2139		2139
四	电缆防火	1778	7387	9165		9165
1	材料运输		7	7		7
3	电缆本体防火	1778	7381	9159		9159
五	调试及试验		47830	47830		47830
1	电缆试验		47830	47830		47830
	合计	73560	74754	148314	157510	305824

表 9-67 典型方案 B6-10 其他费用估算表 金额单位：元

序号	工程或费用名称	编制依据及计算说明	合价
2	项目管理费		15883
2.1	管理经费	（建筑工程费+安装工程费+拆除工程费）×3.53%	7618
2.2	招标费	（建筑工程费+安装工程费+拆除工程费）×0.4%	863
2.3	工程监理费	（建筑工程费+安装工程费+拆除工程费）×3.43%	7402
3	项目技术服务费		37092
3.1	前期工作费	（建筑工程费+安装工程费）×1.7%	3669
3.3	工程勘察设计费		30703
3.3.2	设计费	设计费×100%	30703
3.4	设计文件评审费		1899
3.4.1	初步设计文件评审费	基本设计费×3.5%	911
3.4.2	施工图文件评审费	基本设计费×3.8%	989
3.5	施工过程造价咨询及竣工结算审核费	（建筑工程费+安装工程费+拆除工程费）×0.38%	820
	合计		52975

9.10.4 典型方案设备材料表

典型方案 B6-10 设备材料表见表 9-68。

表 9-68　　　　　　　　　　典型方案 B6-10 设备材料表

序号	设备或材料名称	单位	数量	备注
	安装工程			
二	电缆敷设			
4	顶管内敷设			
500108313	阻燃交联乙烯绝缘聚氯乙烯护套电力电缆 AC35kV，YJV，400，3，22，ZC，Z	km	0.150	
500023173	标识牌　不锈钢	块	10	
三	电缆附件			
4	接地安装			
500021468	电缆接地箱，带护层保护器	只	1	
500021470	电缆接地箱，三线直接接地	只	1	
500108302	接地电缆 AC 10kV，YJV，240，3，22，ZC，无阻水	km	0.150	
四	电缆防火			
3	电缆本体防火			
500011727	防火涂料	kg	40	
500011738	防火堵料	kg	40	
	建筑工程			
二	构筑物			
500011341	电缆保护管，镀锌钢管，ϕ200	t	3.375	

9.10.5 典型方案工程量表

典型方案 B6-10 工程量见表 9-69。

表 9-69　　　　　　　　　　典型方案 B6-10 工程量表

序号	项目名称	单位	数量	备注
	安装工程			
	陆上电缆线路安装工程			
二	电缆敷设			
1	材料运输			
JYX1-95	汽车运输　线材　每件重 12000kg 以上　装卸	t	3.260	
JYX1-96	汽车运输　线材　每件重 12000kg 以上　运输	t·km	32.595	
2	顶管内敷设			
JYL2-63	35kV 电缆敷设　排管内（mm²）400 以内	100m/三相	1.500	

续表

序号	项目名称	单位	数量	备注
三	电缆附件			
1	材料运输			
JYX1－95	汽车运输　线材　每件重 12000kg 以上　装卸	t	0.206	
JYX1－96	汽车运输　线材　每件重 12000kg 以上　运输	t·km	2.060	
JYX1－105	汽车运输　金具、绝缘子、零星钢材　装卸	t	0.214	
JYX1－106	汽车运输　金具、绝缘子、零星钢材　运输	t·km	2.140	
4	接地安装			
JYL4－2	接地装置安装　直线接地箱　三相式	套	1	
JYL4－4	接地装置安装　经护层保护器接地箱　三相式	套	1	
JYL4－10	接地装置安装　接地电缆、同轴电缆敷设　截面 240mm²	100m	1.500	
5	设备安装			
XYL4－2	电缆标示牌及 GPS 定位标志增补　电缆路径 GPS 定位标志增补	块	10	
四	电缆防火			
1	材料运输			
JYX1－107	汽车运输　其他建筑安装材料　装卸	t	0.084	
JYX1－108	汽车运输　其他建筑安装材料　运输	t·km	0.840	
3	电缆本体防火			
JYL4－45	电缆防火　孔洞防火封堵	t	0.040	
JYL4－43	电缆防火　防火涂料	kg	40	
五	调试及试验			
1	电缆试验			
JYL5－9	电缆主绝缘试验　交流耐压试验　35kV　长度10km以内	回路	1	
JYL5－1	电缆护层试验　摇测	互联段/三相	1	
JYL5－20	电缆参数测定　35kV	回路	1	
	建筑工程			
	陆上电缆线路建筑工程			
二	构筑物			
1	材料运输			
JYX1－105	汽车运输　金具、绝缘子、零星钢材　装卸	t	3.426	
JYX1－106	汽车运输　金具、绝缘子、零星钢材　运输	t·km	34.256	
2	顶管			
JGL1－10	顶管工程　顶过路钢管 φ200	m	150	

9.11 B6-11 改造 66kV 400mm² 电缆（双层单回小口径水平顶管）

9.11.1 典型方案主要内容

本典型方案为改造 66kV 400mm² 电缆（双层单回小口径水平顶管）0.1km。内容包括电缆设备材料运输；开挖土方清运；电缆顶管施工；电缆敷设；电缆本体防火、孔洞防火封堵；电缆试验；电缆接地装置安装。

9.11.2 典型方案主要技术条件

典型方案 B6-11 主要技术条件见表 9-70。

表 9-70　　　　　　　　　　典型方案 B6-11 主要技术条件

方案名称	工程主要技术条件	
改造 66kV 400mm² 电缆（双层单回小口径 水平顶管）	电压等级	66kV
	敷设方式	双层单回小口径水平顶管
	设备型号	AC66kV，YJLW，400，1，03，ZC，Z
	地形	100%平地
	气象条件	覆冰 10mm，基本风速 27m/s
	地质条件	100%普通土
	运距	人力 0.3km，汽车 10km

9.11.3 典型方案估算书

估算投资为总投资，编制依据按 3.2 要求。典型方案 B6-11 估算书包括总估算汇总表、建筑工程专业汇总表、安装工程专业汇总表、其他费用估算表，分别见表 9-71～表 9-74。

表 9-71　　　　　　　　　　典型方案 B6-11 总估算汇总表　　　　　　金额单位：万元

序号	工程或费用名称	含税金额	占工程投资的比例（%）	不含税金额	可抵扣增值税金额
一	建筑工程费	21.6	33.72	19.82	1.78
二	安装工程费	14.21	22.18	12.94	1.27
三	拆除工程费				
四	设备购置费	20	31.22	17.7	2.3
	其中：编制基准期价差	0.67	1.05	0.67	
五	小计	55.81	87.12	50.46	5.35
	其中：甲供设备材料费	23.02	35.94	20.37	2.65
六	其他费用	8.25	12.88	7.78	0.47
七	基本预备费				
八	特殊项目				
九	工程投资合计	64.06	100	58.24	5.82
	其中：可抵扣增值税金额	5.82			5.82
	其中：施工费	32.79	51.19	30.08	2.71

表 9-72 　　　　　　　　　典型方案 B6-11 建筑工程专业汇总表 　　　　　　金额单位：元

序号	工程或费用名称	建筑设备购置费	未计价材料费	建筑费	合计
	建筑工程		48014	167948	215962
	水下电缆线路建筑工程		48014	167948	215962
二	构筑物		48014	167948	215962
1	材料运输			1426	1426
4	电缆埋管		48014	166523	214536
	合计		48014	167948	215962

表 9-73 　　　　　　　　　典型方案 B6-11 安装工程专业汇总表 　　　　　　金额单位：元

序号	工程或费用名称	安装工程费			设备购置费	合计
		未计价材料费	安装费	小计		
	安装工程	30735	111393	142128	199996	342125
	陆上电缆线路安装工程	30735	111393	142128	199996	342125
二	电缆敷设		18779	18779	193536	212315
1	材料运输		1378	1378		1378
4	管内敷设		17400	17400	193536	210936
三	电缆附件	29041	4888	33929	6460	40389
1	材料运输		57	57		57
4	接地安装	28494	3239	31733	6460	38193
5	设备安装	548	1592	2139		2139
四	电缆防火	1694	7439	9133		9133
1	材料运输		7	7		7
3	电缆本体防火	1694	7432	9126		9126
五	调试及试验		80288	80288		80288
1	电缆试验		80288	80288		80288
	合计	30735	111393	142128	199996	342125

表 9-74 　　　　　　　　　典型方案 B6-11 其他费用估算表 　　　　　　金额单位：元

序号	工程或费用名称	编制依据及计算说明	合价
2	项目管理费		26355
2.1	管理经费	（建筑工程费＋安装工程费＋拆除工程费）×3.53%	12641
2.2	招标费	（建筑工程费＋安装工程费＋拆除工程费）×0.4%	1432
2.3	工程监理费	（建筑工程费＋安装工程费＋拆除工程费）×3.43%	12283
3	项目技术服务费		56188
3.1	前期工作费	（建筑工程费＋安装工程费）×1.7%	6088
3.3	工程勘察设计费		45900

续表

序号	工程或费用名称	编制依据及计算说明	合价
3.3.2	设计费	设计费×100%	45900
3.4	设计文件评审费		2840
3.4.1	初步设计文件评审费	基本设计费×3.5%	1361
3.4.2	施工图文件评审费	基本设计费×3.8%	1478
3.5	施工过程造价咨询及竣工结算审核费	（建筑工程费＋安装工程费＋拆除工程费）×0.38%	1361
	合计		82544

9.11.4 典型方案设备材料表

典型方案 B6-11 设备材料表见表 9-75。

表 9-75 **典型方案 B6-11 设备材料表**

序号	设备或材料名称	单位	数量	备注
	安装工程			
二	电缆敷设			
4	顶管内敷设			
500130957	电力电缆 AC66kV，YJLW，400，1，03，ZC，Z	km	0.480	
500023173	标识牌 不锈钢	块	10	
三	电缆附件			
4	接地安装			
500021468	电缆接地箱，带护层保护器	只	1	
500021470	电缆接地箱，三线直接接地	只	1	
500108302	接地电缆 AC 10kV，YJV，240，3，22，ZC，无阻水	km	0.060	
四	电缆防火			
3	电缆本体防火			
500011727	防火涂料	kg	40	
500011738	防火堵料	kg	40	
	建筑工程			
二	构筑物			
500011341	电缆保护管，镀锌钢管，ϕ200	t	10.800	

9.11.5 典型方案工程量表

典型方案 B6-11 工程量见表 9-76。

表 9-76　　　　　　　　　　典型方案 B6-11 工程量表

序号	项目名称	单位	数量	备注
	安装工程			
	陆上电缆线路安装工程			
二	电缆敷设			
1	材料运输			
JYX1-95	汽车运输　线材　每件重 12000kg 以上　装卸	t	6.528	
JYX1-96	汽车运输　线材　每件重 12000kg 以上　运输	t·km	65.280	
2	顶管内敷设			
JYL2-78	110kV 电缆敷设　排管内（mm²）800 以内	100m/三相	1.600	
三	电缆附件			
1	材料运输			
JYX1-95	汽车运输　线材　每件重 12000kg 以上　装卸	t	2.575	
JYX1-96	汽车运输　线材　每件重 12000kg 以上　运输	t·km	25.754	
JYX1-105	汽车运输　金具、绝缘子、零星钢材　装卸	t	0.214	
JYX1-106	汽车运输　金具、绝缘子、零星钢材　运输	t·km	2.140	
4	接地安装			
JYL4-2	接地装置安装　直线接地箱　三相式	套	1	
JYL4-4	接地装置安装　经护层保护器接地箱　三相式	套	1	
JYL4-10	接地装置安装　接地电缆、同轴电缆敷设　截面 240mm²	100m	0.060	
5	设备安装			
XYL4-2	电缆标示牌及 GPS 定位标志增补　电缆路径 GPS 定位标志增补	块	10	
四	电缆防火			
1	材料运输			
JYX1-107	汽车运输　其他建筑安装材料　装卸	t	0.084	
JYX1-108	汽车运输　其他建筑安装材料　运输	t·km	0.840	
3	电缆本体防火			
JYL4-45	电缆防火　孔洞防火封堵	t	0.040	
JYL4-43	电缆防火　防火涂料	kg	40	
五	调试及试验			
1	电缆试验			
JYL5-1	电缆护层试验　摇测	互联段/三相	1	
JYL5-11	电缆主绝缘试验　交流耐压试验　110kV　长度 10km 以内	回路	1	

序号	项目名称	单位	数量	备注
JYL5-21	电缆参数测定 110kV	回路	1	
	建筑工程			
	陆上电缆线路建筑工程			
二	构筑物			
1	材料运输			
JYX1-105	汽车运输 金具、绝缘子、零星钢材 装卸	t	10.962	
JYX1-106	汽车运输 金具、绝缘子、零星钢材 运输	t·km	109.620	
2	顶管			
JGL1-10	顶管工程 顶过路钢管 ϕ200	m	480	

9.12 B6-12 改造 110kV 630mm² 电缆（双层单回小口径水平顶管）

9.12.1 典型方案主要内容

本典型方案为改造 110kV 630mm² 电缆（双层单回小口径水平顶管）0.1km。内容包括电缆设备材料运输；开挖土方清运；电缆顶管施工；电缆敷设；电缆本体防火、孔洞防火封堵；电缆试验；电缆接地装置安装。

9.12.2 典型方案主要技术条件

典型方案 B6-12 主要技术条件见表 9-77。

表 9-77　　　　　　　　　典型方案 B6-12 主要技术条件

方案名称	工程主要技术条件	
改造 110kV 630mm² 电缆（双层单回小口径水平顶管）	电压等级	110kV
	敷设方式	双层单回小口径水平顶管
	设备型号	AC110kV，YJLW，630，1，03，ZC，Z
	地形	100%平地
	气象条件	覆冰 10mm，基本风速 27m/s
	地质条件	100%普通土
	运距	人力 0.3km，汽车 10km

9.12.3 典型方案估算书

估算投资为总投资，编制依据按 3.2 要求。典型方案 B6-12 估算书包括总估算汇总表、建筑工程专业汇总表、安装工程专业汇总表、其他费用估算表，分别见表 9-78～表 9-81。

表 9-78 　　　　　　　　　　**典型方案 B6-12 总估算汇总表**　　　　　　　　金额单位：万元

序号	工程或费用名称	含税金额	占工程投资的比例（%）	不含税金额	可抵扣增值税金额
一	建筑工程费	21.6	27.97	19.82	1.78
二	安装工程费	16.2	20.98	14.7	1.5
三	拆除工程费				
四	设备购置费	29.95	38.78	26.51	3.44
	其中：编制基准期价差	0.67	0.87	0.67	
五	小计	67.75	87.72	61.03	6.72
	其中：甲供设备材料费	34.93	45.23	30.91	4.02
六	其他费用	9.48	12.28	8.94	0.54
七	基本预备费				
八	特殊项目				
九	工程投资合计	77.23	100	69.97	7.26
	其中：可抵扣增值税金额	7.26			7.26
	其中：施工费	32.81	42.48	30.1	2.71

表 9-79 　　　　　　　　　　**典型方案 B6-12 建筑工程专业汇总表**　　　　　　金额单位：元

序号	工程或费用名称	建筑设备购置费	未计价材料费	建筑费	合计
	建筑工程		48014	167948	215962
	陆上电缆线路建筑工程		48014	167948	215962
二	构筑物		48014	167948	215962
1	材料运输			1426	1426
4	顶管		48014	166523	214536
	合计		48014	167948	215962

表 9-80 　　　　　　　　　　**典型方案 B6-12 安装工程专业汇总表**　　　　　　金额单位：元

序号	工程或费用名称	安装工程费			设备购置费	合计
		未计价材料费	安装费	小计		
	安装工程	49815	112149	161964	299500	461464
	陆上电缆线路安装工程	49815	112149	161964	299500	461464
二	电缆敷设		19384	19384	293040	312424
1	材料运输		1984	1984		1984
2	管内敷设		17400	17400	293040	310440
三	电缆附件	48037	5090	53127	6460	59587
1	材料运输		78	78		78
4	接地安装	47489	3420	50909	6460	57370

序号	工程或费用名称	安装工程费			设备购置费	合计
		未计价材料费	安装费	小计		
5	设备安装	548	1592	2139		2139
四	电缆防火	1778	7387	9165		9165
1	材料运输		7	7		7
3	电缆本体防火	1778	7381	9159		9159
五	调试及试验		80288	80288		80288
1	电缆试验		80288	80288		80288
	合计	49815	112149	161964	299500	461464

表 9-81　　　　　　　　**典型方案 B6-12 其他费用估算表**　　　　金额单位：元

序号	工程或费用名称	编制依据及计算说明	合价
2	项目管理费		27815
2.1	管理经费	（建筑工程费+安装工程费+拆除工程费）×3.53%	13341
2.2	招标费	（建筑工程费+安装工程费+拆除工程费）×0.4%	1512
2.3	工程监理费	（建筑工程费+安装工程费+拆除工程费）×3.43%	12963
3	项目技术服务费		67023
3.1	前期工作费	（建筑工程费+安装工程费）×1.7%	6425
3.3	工程勘察设计费		55716
3.3.2	设计费	设计费×100%	55716
3.4	设计文件评审费		3447
3.4.1	初步设计文件评审费	基本设计费×3.5%	1653
3.4.2	施工图文件评审费	基本设计费×3.8%	1794
3.5	施工过程造价咨询及竣工结算审核费	（建筑工程费+安装工程费+拆除工程费）×0.38%	1436
	合计		94839

9.12.4　典型方案设备材料表

典型方案 B6-12 设备材料表见表 9-82。

表 9-82　　　　　　　　**典型方案 B6-12 设备材料表**

序号	设备或材料名称	单位	数量	备注
	安装工程			
二	电缆敷设			
4	埋管内敷设			
500107577	阻燃交联乙烯绝缘聚氯乙烯护套电力电缆 AC110kV，YJLW，630，1，03，ZC，Z	km	0.480	

序号	设备或材料名称	单位	数量	备注
500023173	标识牌　不锈钢	块	10	
三	电缆附件			
4	接地安装			
500021468	电缆接地箱，带护层保护器	只	1	
500021470	电缆接地箱，三线直接接地	只	1	
500108302	接地电缆 AC 10kV，YJV，240，3，22，ZC，无阻水	km	0.100	
四	电缆防火			
3	电缆本体防火			
500011727	防火涂料	kg	40	
500011738	防火堵料	kg	40	
	建筑工程			
二	构筑物			
500011341	电缆保护管，镀锌钢管，$\phi 200$	t	10.800	

9.12.5　典型方案工程量表

典型方案 B6-12 工程量见表 9-83。

表 9-83　　　　　　　　　　典型方案 B6-12 工程量表

序号	项目名称	单位	数量	备注
	安装工程			
	陆上电缆线路安装工程			
二	电缆敷设			
1	材料运输			
JYX1-95	汽车运输　线材　每件重 12000kg 以上　装卸	t	5.112	
JYX1-96	汽车运输　线材　每件重 12000kg 以上　运输	t·km	51.120	
2	顶管内敷设			
JYL2-78	110kV 电缆敷设　排管内（mm²）800 以内	100m/三相	1.600	
三	电缆附件			
1	材料运输			
JYX1-95	汽车运输　线材　每件重 12000kg 以上　装卸	t	0.137	
JYX1-96	汽车运输　线材　每件重 12000kg 以上　运输	t·km	1.374	
JYX1-105	汽车运输　金具、绝缘子、零星钢材　装卸	t	0.214	
JYX1-106	汽车运输　金具、绝缘子、零星钢材　运输	t·km	2.140	
4	接地安装			

序号	项目名称	单位	数量	备注
JYL4－2	接地装置安装　直线接地箱　三相式	套	1	
JYL4－4	接地装置安装　经护层保护器接地箱　三相式	套	1	
JYL4－10	接地装置安装　接地电缆、同轴电缆敷设　截面 240mm²	100m	1	
5	设备安装			
XYL4－2	电缆标示牌及 GPS 定位标志增补　电缆路径 GPS 定位标志增补	块	10	
四	电缆防火			
1	材料运输			
JYX1－107	汽车运输　其他建筑安装材料　装卸	t	0.084	
JYX1－108	汽车运输　其他建筑安装材料　运输	t·km	0.840	
3	电缆本体防火			
JYL4－45	电缆防火　孔洞防火封堵	t	0.040	
JYL4－43	电缆防火　防火涂料	kg	40	
五	调试及试验			
1	电缆试验			
JYL5－1	电缆护层试验　摇测	互联段/三相	1	
JYL5－11	电缆主绝缘试验　交流耐压试验　110kV　长度 10km 以内	回路	1	
JYL5－21	电缆参数测定　110kV	回路	1	
	建筑工程			
	陆上电缆线路建筑工程			
二	构筑物			
1	材料运输			
JYX1－105	汽车运输　金具、绝缘子、零星钢材　装卸	t	10.962	
JYX1－106	汽车运输　金具、绝缘子、零星钢材　运输	t·km	109.620	
2	顶管			
JGL1－10	顶管工程　顶过路钢管 φ200	m	480	

9.13　B6－13 改造 110kV 800mm² 电缆（双层单回小口径水平顶管）

9.13.1　典型方案主要内容

本典型方案为改造 110kV 800mm² 电缆（双层单回小口径水平顶管）0.1km。内容包括电缆设备材料运输；开挖土方清运；电缆顶管施工；电缆敷设；电缆本体防火、孔洞防火封堵；电缆试验；电缆接地装置安装。

9.13.2　典型方案主要技术条件

典型方案 B6－13 主要技术条件见表 9－84。

表 9-84　　　　　　　　　　　　典型方案 B6-13 主要技术条件

方案名称	工程主要技术条件	
改造 110kV 800mm² 电缆（双层单回小口径水平顶管）	电压等级	110kV
	敷设方式	双层单回小口径水平顶管
	设备型号	AC110kV，YJLW，800，1，03，ZC，Z
	地形	100%平地
	气象条件	覆冰 10mm，基本风速 27m/s
	地质条件	100%普通土
	运距	人力 0.3km，汽车 10km

9.13.3　典型方案估算书

估算投资为总投资，编制依据按 3.2 要求。典型方案 B6-13 估算书包括总估算汇总表、建筑工程专业汇总表、安装工程专业汇总表、其他费用估算表，分别见表 9-85～表 9-88。

表 9-85　　　　　　　　典型方案 B6-13 总估算汇总表　　　　　金额单位：万元

序号	工程或费用名称	含税金额	占工程投资的比例（%）	不含税金额	可抵扣增值税金额
一	建筑工程费	21.6	24.74	19.82	1.78
二	安装工程费	18.63	21.34	16.86	1.77
三	拆除工程费				
四	设备购置费	36.58	41.89	32.37	4.21
	其中：编制基准期价差	0.67	0.77	0.67	
五	小计	76.81	87.96	69.05	7.76
	其中：甲供设备材料费	43.94	50.32	38.88	5.06
六	其他费用	10.51	12.04	9.92	0.59
七	基本预备费				
八	特殊项目				
九	工程投资合计	87.32	100	78.97	8.35
	其中：可抵扣增值税金额	8.35			8.35
	其中：施工费	32.87	37.64	30.16	2.71

表 9-86　　　　　　　　典型方案 B6-13 建筑工程专业汇总表　　　　　金额单位：元

序号	工程或费用名称	建筑设备购置费	未计价材料费	建筑费	建筑工程费合计
	建筑工程		48014	167948	215962
	陆上电缆线路建筑工程		48014	167948	215962
二	构筑物		48014	167948	215962
1	材料运输			1426	1426
2	顶管		48014	166523	214536
	合计		48014	167948	215962

表 9-87 　　　　　　典型方案 B6-13 安装工程专业汇总表 　　　　　金额单位：元

序号	工程或费用名称	安装工程费			设备购置费	合计
		未计价材料费	安装费	小计		
	安装工程	73560	112744	186304	365836	552140
	陆上电缆线路安装工程	73560	112744	186304	365836	552140
二	电缆敷设		19727	19727	359376	379103
1	材料运输		2326	2326		2326
2	拉管内敷设		17400	17400	359376	376776
三	电缆附件	71782	5342	77124	6460	83584
1	材料运输		105	105		105
4	接地安装	71234	3646	74880	6460	81340
5	设备安装	548	1592	2139		2139
四	电缆防火	1778	7387	9165		9165
1	材料运输		7	7		7
3	电缆本体防火	1778	7381	9159		9159
五	调试及试验		80288	80288		80288
1	电缆试验		80288	80288		80288
	合计	73560	112744	186304	365836	552140

表 9-88 　　　　　　典型方案 B6-13 其他费用估算表 　　　　　金额单位：元

序号	工程或费用名称	编制依据及计算说明	合价
2	项目管理费		29607
2.1	管理经费	（建筑工程费＋安装工程费＋拆除工程费）×3.53%	14200
2.2	招标费	（建筑工程费＋安装工程费＋拆除工程费）×0.4%	1609
2.3	工程监理费	（建筑工程费＋安装工程费＋拆除工程费）×3.43%	13798
3	项目技术服务费		75449
3.1	前期工作费	（建筑工程费＋安装工程费）×1.7%	6839
3.3	工程勘察设计费		63173
3.3.2	设计费	设计费×100%	63173
3.4	设计文件评审费		3908
3.4.1	初步设计文件评审费	基本设计费×3.5%	1874
3.4.2	施工图文件评审费	基本设计费×3.8%	2034
3.5	施工过程造价咨询及竣工结算审核费	（建筑工程费＋安装工程费＋拆除工程费）×0.38%	1529
	合计		105055

9.13.4 典型方案设备材料表

典型方案 B6-13 设备材料表见表 9-89。

表 9-89 典型方案 B6-13 设备材料表

序号	设备或材料名称	单位	数量	备注
	安装工程			
二	电缆敷设			
4	埋管内敷设			
500107963	阻燃交联乙烯绝缘聚氯乙烯护套电力电缆 AC110kV，YJLW，800，1，03，ZC，Z	km	0.480	
500023173	标识牌 不锈钢	块	10	
三	电缆附件			
4	接地安装			
500021468	电缆接地箱，带护层保护器	只	1	
500021470	电缆接地箱，三线直接接地	只	1	
500108302	接地电缆 AC 10kV，YJV，240，3，22，ZC，无阻水	km	0.150	
四	电缆防火			
3	电缆本体防火			
500011727	防火涂料	kg	40	
500011738	防火堵料	kg	40	
	建筑工程			
二	构筑物			
500011341	电缆保护管，镀锌钢管，$\phi 200$	t	10.800	

9.13.5 典型方案工程量表

典型方案 B6-13 工程量见表 9-90。

表 9-90 典型方案 B6-13 工程量表

序号	项目名称	单位	数量	备注
	安装工程			
	陆上电缆线路安装工程			
二	电缆敷设			
1	材料运输			
JYX1-95	汽车运输 线材 每件重 12000kg 以上 装卸	t	5.995	
JYX1-96	汽车运输 线材 每件重 12000kg 以上 运输	t·km	59.952	
2	顶管内敷设			
JYL2-78	110kV 电缆敷设 排管内（mm²）800 以内	100m/三相	1.600	

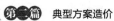

续表

序号	项目名称	单位	数量	备注
三	电缆附件			
1	材料运输			
JYX1－95	汽车运输 线材 每件重 12000kg 以上 装卸	t	0.206	
JYX1－96	汽车运输 线材 每件重 12000kg 以上 运输	t·km	2.060	
JYX1－105	汽车运输 金具、绝缘子、零星钢材 装卸	t	0.214	
JYX1－106	汽车运输 金具、绝缘子、零星钢材 运输	t·km	2.140	
4	接地安装			
JYL4－2	接地装置安装 直线接地箱 三相式	套	1	
JYL4－4	接地装置安装 经护层保护器接地箱 三相式	套	1	
JYL4－10	接地装置安装 接地电缆、同轴电缆敷设 截面 240mm²	100m	1.500	
5	设备安装			
XYL4－2	电缆标示牌及 GPS 定位标志增补 电缆路径 GPS 定位标志增补	块	10	
四	电缆防火			
1	材料运输			
JYX1－107	汽车运输 其他建筑安装材料 装卸	t	0.084	
JYX1－108	汽车运输 其他建筑安装材料 运输	t·km	0.840	
3	电缆本体防火			
JYL4－45	电缆防火 孔洞防火封堵	t	0.040	
JYL4－43	电缆防火 防火涂料	kg	40	
五	调试及试验			
1	电缆试验			
JYL5－1	电缆护层试验 摇测	互联段/三相	1	
JYL5－11	电缆主绝缘试验 交流耐压试验 110kV 长度 10km 以内	回路	1	
JYL5－21	电缆参数测定 110kV	回路	1	
	建筑工程			
	陆上电缆线路建筑工程			
二	构筑物			
1	材料运输			
JYX1－105	汽车运输 金具、绝缘子、零星钢材 装卸	t	10.962	
JYX1－106	汽车运输 金具、绝缘子、零星钢材 运输	t·km	109.620	
1	顶管			
JGL1－10	顶管工程 顶过路钢管 ϕ200	m	480	

9.14　B6-14 改造 110kV 630mm² 电缆（顶水泥管）

9.14.1　典型方案主要内容

本典型方案为改造 110kV 630mm² 电缆（顶水泥管）0.1km。内容包括电缆设备材料运输；开挖土方清运；电缆顶管施工；电缆敷设；电缆本体防火、孔洞防火封堵及电缆隧道内防火涂料涂刷；电缆试验；电缆接地装置安装。

9.14.2　典型方案主要技术条件

典型方案 B6-14 主要技术条件见表 9-91。

表 9-91　　　　　　　　　　典型方案 B6-14 主要技术条件

方案名称	工程主要技术条件	
改造 110kV 630mm² 电缆（顶水泥管）	电压等级	110kV
	敷设方式	顶水泥管
	设备型号	AC110kV，YJLW，630，1，03，ZC，Z
	地形	100%平地
	气象条件	覆冰 10mm，基本风速 27m/s
	地质条件	100%普通土
	运距	人力 0.3km，汽车 10km

9.14.3　典型方案估算书

估算投资为总投资，编制依据按 3.2 要求。典型方案 B6-14 估算书包括总估算汇总表、建筑工程专业汇总表、安装工程专业汇总表、其他费用估算表，分别见表 9-92～表 9-95。

表 9-92　　　　　　　　　　典型方案 B6-14 总估算汇总表　　　　　　　金额单位：万元

序号	工程或费用名称	含税金额	占工程投资的比例（%）	不含税金额	可抵扣增值税金额
一	建筑工程费	26.69	31.01	24.17	2.52
二	安装工程费	18.6	21.61	16.83	1.77
三	拆除工程费				
四	设备购置费	29.95	34.79	26.51	3.44
	其中：编制基准期价差	0.67	0.78	0.67	
五	小计	75.24	87.41	67.51	7.73
	其中：甲供设备材料费	47.24	54.88	41.81	5.43
六	其他费用	10.84	12.59	10.23	0.61
七	基本预备费				

续表

序号	工程或费用名称	含税金额	占工程投资的比例（%）	不含税金额	可抵扣增值税金额
八	特殊项目				
九	工程投资合计	86.08	100	77.74	8.34
	其中：可抵扣增值税金额	8.34			8.34
	其中：施工费	28	32.53	25.69	2.31

表 9-93 典型方案 B6-14 建筑工程专业汇总表 金额单位：元

序号	工程或费用名称	建筑设备购置费	未计价材料费	建筑费	建筑工程费合计
	建筑工程		99291	167570	266861
	陆上电缆线路建筑工程		99291	167570	266861
二	构筑物		99291	167570	266861
1	材料运输			5369	5369
5	顶管		99291	162201	261492
	合计		99291	167570	266861

表 9-94 典型方案 B6-14 安装工程专业汇总表 金额单位：元

序号	工程或费用名称	安装工程费			设备购置费	合计
		未计价材料费	安装费	小计		
	安装工程	73560	112401	185961	299500	485461
	陆上电缆线路安装工程	73560	112401	185961	299500	485461
二	电缆敷设		19384	19384	293040	312424
1	材料运输		1984	1984		1984
4	埋管内敷设		17400	17400	293040	310440
三	电缆附件	71782	5342	77124	6460	83584
1	材料运输		105	105		105
4	接地安装	71234	3646	74880	6460	81340
5	设备安装	548	1592	2139		2139
四	电缆防火	1778	7387	9165		9165
1	材料运输		7	7		7
3	电缆本体防火	1778	7381	9159		9159
五	调试及试验		80288	80288		80288
1	电缆试验		80288	80288		80288
	合计	73560	112401	185961	299500	485461

表 9-95 典型方案 B6-14 其他费用估算表 金额单位：元

序号	工程或费用名称	编制依据及计算说明	合价
2	项目管理费		33328
2.1	管理经费	（建筑工程费＋安装工程费＋拆除工程费）×3.53%	15985
2.2	招标费	（建筑工程费＋安装工程费＋拆除工程费）×0.4%	1811
2.3	工程监理费	（建筑工程费＋安装工程费＋拆除工程费）×3.43%	15532
3	项目技术服务费		75122
3.1	前期工作费	（建筑工程费＋安装工程费）×1.7%	7698
3.3	工程勘察设计费		61875
3.3.2	设计费	设计费×100%	61875
3.4	设计文件评审费		3828
3.4.1	初步设计文件评审费	基本设计费×3.5%	1835
3.4.2	施工图文件评审费	基本设计费×3.8%	1993
3.5	施工过程造价咨询及竣工结算审核费	（建筑工程费＋安装工程费＋拆除工程费）×0.38%	1721
	合计		108450

9.14.4 典型方案设备材料表

典型方案 B6-14 设备材料表见表 9-96。

表 9-96 典型方案 B6-14 设备材料表

序号	设备或材料名称	单位	数量	备注
	安装工程			
二	电缆敷设			
4	埋管内敷设			
500107577	阻燃交联乙烯绝缘聚氯乙烯护套电力电缆 AC110kV，YJLW，630，1，03，ZC，Z	km	0.480	
500023173	标识牌 不锈钢	块	10	
三	电缆附件			
4	接地安装			
500021468	电缆接地箱，带护层保护器	只	1	
500021470	电缆接地箱，三线直接接地	只	1	
500108302	接地电缆 AC 10kV，YJV，240，3，22，ZC，无阻水	km	0.150	
四	电缆防火			
3	电缆本体防火			
500011727	防火涂料	kg	40	
500011738	防火堵料	kg	40	
	建筑工程			
二	构筑物			
500128768	电缆保护管 维纶水泥管，$\phi 200$	m	480	

9.14.5　典型方案工程量表

典型方案 B6-14 工程量见表 9-97。

表 9-97　　　　　　　　　**典型方案 B6-14 工程量表**

序号	项目名称	单位	数量	备注
	安装工程			
	陆上电缆线路安装工程			
二	电缆敷设			
1	材料运输			
JYX1-95	汽车运输　线材　每件重 12000kg 以上　装卸	t	5.112	
JYX1-96	汽车运输　线材　每件重 12000kg 以上　运输	t·km	51.120	
2	顶管内敷设			
JYL2-78	110kV 电缆敷设　排管内（mm²）800 以内	100m/三相	1.600	
三	电缆附件			
1	材料运输			
JYX1-95	汽车运输　线材　每件重 12000kg 以上　装卸	t	0.206	
JYX1-96	汽车运输　线材　每件重 12000kg 以上　运输	t·km	2.060	
JYX1-105	汽车运输　金具、绝缘子、零星钢材　装卸	t	0.214	
JYX1-106	汽车运输　金具、绝缘子、零星钢材　运输	t·km	2.140	
4	接地安装			
JYL4-2	接地装置安装　直线接地箱　三相式	套	1	
JYL4-4	接地装置安装　经护层保护器接地箱　三相式	套	1	
JYL4-10	接地装置安装　接地电缆、同轴电缆敷设　截面 240mm²	100m	1.500	
5	设备安装			
XYL4-2	电缆标示牌及 GPS 定位标志增补　电缆路径 GPS 定位标志增补	块	10	
四	电缆防火			
1	材料运输			
JYX1-107	汽车运输　其他建筑安装材料　装卸	t	0.084	
JYX1-108	汽车运输　其他建筑安装材料　运输	t·km	0.840	
3	电缆本体防火			
JYL4-45	电缆防火　孔洞防火封堵	t	0.040	
JYL4-43	电缆防火　防火涂料	kg	40	
五	调试及试验			
1	电缆试验			
JYL5-1	电缆护层试验　摇测	互联段/三相	1	
JYL5-11	电缆主绝缘试验　交流耐压试验　110kV　长度 10km 以内	回路	1	

序号	项目名称	单位	数量	备注
JYL5−21	电缆参数测定 110kV	回路	1	
	建筑工程			
	陆上电缆线路建筑工程			
二	构筑物			
1	材料运输			
JYX1−69	汽车运输 混凝土预制品 每件重 100kg 以内 装卸	t	10.962	
JYX1−70	汽车运输 混凝土预制品 每件重 100kg 以内 运输	t·km	109.620	
2	顶管			
JYL1−79	顶管 ϕ250 以内	m	480	

9.15 B6−15 改造 110kV 800mm^2 电缆（顶水泥管）

9.15.1 典型方案主要内容

本典型方案为改造 110kV 800mm^2 电缆（顶水泥管）0.1km。内容包括电缆设备材料运输；开挖土方清运；电缆顶管施工；电缆敷设；电缆本体防火、孔洞防火封堵及电缆隧道内防火涂料涂刷；电缆试验；电缆接地装置安装。

9.15.2 典型方案主要技术条件

典型方案 B6−15 主要技术条件见表 9−98。

表 9−98　　　　　　　　　**典型方案 B6−15 主要技术条件**

方案名称	工程主要技术条件	
改造 110kV 800mm^2 电缆（顶水泥管）	电压等级	110kV
	敷设方式	顶水泥管
	设备型号	AC110kV，YJLW，800，1，03，ZC，Z
	地形	100%平地
	气象条件	覆冰 10mm，基本风速 27m/s
	地质条件	100%普通土
	运距	人力 0.3km，汽车 10km

9.15.3 典型方案估算书

估算投资为总投资，编制依据按 3.2 要求。典型方案 B6−15 估算书包括总估算汇总表、建筑工程专业汇总表、安装工程专业汇总表、其他费用估算表，分别见表 9−99～表 9−102。

表 9-99　　　　　　　　典型方案 B6-15 总估算汇总表　　　　　　金额单位：万元

序号	工程或费用名称	含税金额	占工程投资的比例（%）	不含税金额	可抵扣增值税金额
一	建筑工程费	26.69	28.6	24.17	2.52
二	安装工程费	18.63	19.96	16.86	1.77
三	拆除工程费				
四	设备购置费	36.58	39.19	32.37	4.21
	其中：编制基准期价差	0.67	0.72	0.67	
五	小计	81.9	87.75	73.4	8.5
	其中：甲供设备材料费	53.87	57.72	47.68	6.19
六	其他费用	11.43	12.25	10.78	0.65
七	基本预备费				
八	特殊项目				
九	工程投资合计	93.33	100	84.18	9.15
	其中：可抵扣增值税金额	9.15			9.15
	其中：施工费	28.03	30.03	25.72	2.31

表 9-100　　　　　　　　典型方案 B6-15 建筑工程专业汇总表　　　　　金额单位：元

序号	工程或费用名称	建筑设备购置费	未计价材料费	建筑费	建筑工程费合计
	建筑工程		99291	167570	266861
	陆上电缆线路建筑工程		99291	167570	266861
二	构筑物		99291	167570	266861
1	材料运输			5369	5369
5	顶管		99291	162201	261492
	合计		99291	167570	266861

表 9-101　　　　　　　　典型方案 B6-15 安装工程专业汇总表　　　　　金额单位：元

序号	工程或费用名称	安装工程费			设备购置费	合计
		未计价材料费	安装费	小计		
	安装工程	73560	112744	186304	365836	552140
	陆上电缆线路安装工程	73560	112744	186304	365836	552140
二	电缆敷设		19727	19727	359376	379103
1	材料运输		2326	2326		2326
4	埋管内敷设		17400	17400	359376	376776
三	电缆附件	71782	5342	77124	6460	83584
1	材料运输		105	105		105
4	接地安装	71234	3646	74880	6460	81340

续表

序号	工程或费用名称	安装工程费			设备购置费	合计
		未计价材料费	安装费	小计		
5	设备安装	548	1592	2139		2139
四	电缆防火	1778	7387	9165		9165
1	材料运输		7	7		7
3	电缆本体防火	1778	7381	9159		9159
五	调试及试验		80288	80288		80288
1	电缆试验		80288	80288		80288
	合计	73560	112744	186304	365836	552140

表9－102　　　　　　　　　　典型方案B6－15其他费用估算表　　　　　　　　金额单位：元

序号	工程或费用名称	编制依据及计算说明	合价
2	项目管理费		33353
2.1	管理经费	（建筑工程费＋安装工程费＋拆除工程费）×3.53%	15997
2.2	招标费	（建筑工程费＋安装工程费＋拆除工程费）×0.4%	1813
2.3	工程监理费	（建筑工程费＋安装工程费＋拆除工程费）×3.43%	15544
3	项目技术服务费		80953
3.1	前期工作费	（建筑工程费＋安装工程费）×1.7%	7704
3.3	工程勘察设计费		67360
3.3.2	设计费	设计费×100%	67360
3.4	设计文件评审费		4167
3.4.1	初步设计文件评审费	基本设计费×3.5%	1998
3.4.2	施工图文件评审费	基本设计费×3.8%	2169
3.5	施工过程造价咨询及竣工结算审核费	（建筑工程费＋安装工程费＋拆除工程费）×0.38%	1722
	合计		114305

9.15.4　典型方案设备材料表

典型方案B6－15设备材料表见表9－103。

表9－103　　　　　　　　　　典型方案B6－15设备材料表

序号	设备或材料名称	单位	数量	备注
	安装工程			
二	电缆敷设			
4	埋管内敷设			
500107963	阻燃交联乙烯绝缘聚氯乙烯护套电力电缆 AC110kV，YJLW，800，1，03，ZC，Z	km	0.480	

序号	设备或材料名称	单位	数量	备注
500023173	标识牌　不锈钢	块	10	
三	电缆附件			
4	接地安装			
500021468	电缆接地箱，带护层保护器	只	1	
500021470	电缆接地箱，三线直接接地	只	1	
500108302	接地电缆 AC 10kV，YJV，240，3，22，ZC，无阻水	km	0.150	
四	电缆防火			
3	电缆本体防火			
500011727	防火涂料	kg	40	
500011738	防火堵料	kg	40	
	建筑工程			
二	构筑物			
500128768	电缆保护管　维纶水泥管，ϕ200	m	480	

9.15.5　典型方案工程量表

典型方案 B6-15 工程量见表 9-104。

表 9-104　典型方案 B6-15 工程量表

序号	项目名称	单位	数量	备注
	安装工程			
	陆上电缆线路安装工程			
二	电缆敷设			
1	材料运输			
JYX1-95	汽车运输　线材　每件重 12000kg 以上　装卸	t	5.995	
JYX1-96	汽车运输　线材　每件重 12000kg 以上　运输	t·km	59.952	
2	顶管内敷设			
JYL2-78	110kV 电缆敷设　排管内（mm²）800 以内	100m/三相	1.600	
三	电缆附件			
1	材料运输			
JYX1-95	汽车运输　线材　每件重 12000kg 以上　装卸	t	0.206	
JYX1-96	汽车运输　线材　每件重 12000kg 以上　运输	t·km	2.060	
JYX1-105	汽车运输　金具、绝缘子、零星钢材　装卸	t	0.214	
JYX1-106	汽车运输　金具、绝缘子、零星钢材　运输	t·km	2.140	
4	接地安装			

续表

序号	项目名称	单位	数量	备注
JYL4-2	接地装置安装　直线接地箱　三相式	套	1	
JYL4-4	接地装置安装　经护层保护器接地箱　三相式	套	1	
JYL4-10	接地装置安装　接地电缆、同轴电缆敷设　截面 240mm²	100m	1.500	
5	设备安装			
XYL4-2	电缆标示牌及 GPS 定位标志增补　电缆路径 GPS 定位标志增补	块	10	
四	电缆防火			
1	材料运输			
JYX1-107	汽车运输　其他建筑安装材料　装卸	t	0.084	
JYX1-108	汽车运输　其他建筑安装材料　运输	t·km	0.840	
3	电缆本体防火			
JYL4-45	电缆防火　孔洞防火封堵	t	0.040	
JYL4-43	电缆防火　防火涂料	kg	40	
五	调试及试验			
1	电缆试验			
JYL5-1	电缆护层试验　摇测	互联段/三相	1	
JYL5-11	电缆主绝缘试验　交流耐压试验　110kV　长度 10km 以内	回路	1	
JYL5-21	电缆参数测定　110kV	回路	1	
	建筑工程			
	陆上电缆线路建筑工程			
二	构筑物			
1	材料运输			
JYX1-69	汽车运输　混凝土预制品　每件重 100kg 以内　装卸	t	48.960	
JYX1-70	汽车运输　混凝土预制品　每件重 100kg 以内　运输	t·km	489.600	
2	顶管			
JYL1-79	顶管　φ250 以内	m	480	

9.16　B6-16 改造 35kV 400mm² 电缆终端接头

9.16.1　典型方案主要内容

本典型方案为改造 35kV 400mm² 电缆终端接头 1 套（三相）。内容包括电缆终端接头运输、制作及安装；电缆避雷器运输、组装及安装；电缆试验。

9.16.2　典型方案主要技术条件

典型方案 B6-16 主要技术条件见表 9-105。

表 9-105	典型方案 B6-16 主要技术条件	
方案名称	工程主要技术条件	
改造 35kV 400mm² 电缆终端接头	电压等级	35kV
	设备型号	3×400，户外终端，冷缩，铜
	地形	100%平地
	气象条件	覆冰 10mm，基本风速 27m/s
	地质条件	100%普通土
	运距	人力 0.3km，汽车 10km

9.16.3 典型方案估算书

估算投资为总投资，编制依据按 3.2 要求。典型方案 B6-16 估算书包括总估算汇总表、安装工程专业汇总表、其他费用估算表，分别见表 9-106～表 9-108。

表 9-106　　　　　　　　　　典型方案 B6-16 总估算汇总表　　　　　　　　金额单位：万元

序号	工程或费用名称	含税金额	占工程投资的比例（%）	不含税金额	可抵扣增值税金额
一	建筑工程费				
二	安装工程费	2.84	69.27	2.6	0.24
三	拆除工程费				
四	设备购置费	0.68	16.59	0.6	0.08
	其中：编制基准期价差	0.13	3.17	0.13	
五	小计	3.52	85.85	3.2	0.32
	其中：甲供设备材料费	0.7	17.07	0.62	0.08
六	其他费用	0.58	14.15	0.55	0.03
七	基本预备费				
八	特殊项目				
九	工程投资合计	4.10	100	3.75	0.35
	其中：可抵扣增值税金额	0.35			0.35
	其中：施工费	2.81	68.54	2.58	0.23

表 9-107　　　　　　　　　　典型方案 B6-16 安装工程专业汇总表　　　　　　　金额单位：元

序号	工程或费用名称	安装工程费			设备购置费	合计
		未计价材料费	安装费	小计		
	安装工程	237	28144	28382	6799	35181
	陆上电缆线路安装工程	237	28144	28382	6799	35181
三	电缆附件	237	3856	4094	6799	10893
1	材料运输		13	13		13
2	终端头制作安装		2281	2281	1764	4046

续表

序号	工程或费用名称	安装工程费			设备购置费	合计
		未计价材料费	安装费	小计		
5	设备安装	237	1562	1799	5035	6834
五	调试及试验		24288	24288		24288
1	电缆试验		24288	24288		24288
	合计	237	28144	28382	6799	35181

表 9-108　　　　　　　典型方案 B6-16 其他费用估算表　　　　　　金额单位：元

序号	工程或费用名称	编制依据及计算说明	合价
2	项目管理费		2089
2.1	管理经费	（建筑工程费＋安装工程费＋拆除工程费）×3.53%	1002
2.2	招标费	（建筑工程费＋安装工程费＋拆除工程费）×0.4%	114
2.3	工程监理费	（建筑工程费＋安装工程费＋拆除工程费）×3.43%	973
3	项目技术服务费		3663
3.1	前期工作费	（建筑工程费＋安装工程费）×1.7%	482
3.3	工程勘察设计费		2893
3.3.2	设计费	设计费×100%	2893
3.4	设计文件评审费		179
3.4.1	初步设计文件评审费	基本设计费×3.5%	86
3.4.2	施工图文件评审费	基本设计费×3.8%	93
3.5	施工过程造价咨询及竣工结算审核费	（建筑工程费＋安装工程费＋拆除工程费）×0.38%	108
	合计		5752

9.16.4　典型方案设备材料表

典型方案 B6-16 设备材料表见表 9-109。

表 9-109　　　　　　　　典型方案 B6-16 设备材料表

序号	设备或材料名称	单位	数量	备注
	安装工程			
三	电缆附件			
2	终端头制作安装			
500021155	电缆终端头，3×400，户外终端，冷缩，铜	套	1	
5	设备安装			
500004651	交流避雷器，AC 35kV，51kV，硅橡胶，134kV，不带间隙	台	3	
500020831	设备线夹-铜铝过渡设备线夹 SYG-300/25A	个	3	
500029815	接触金具-铜铝过渡板 MG-100×8	个	3	

9.16.5　典型方案工程量表

典型方案 B6-16 工程量见表 9-110。

表 9-110　典型方案 B6-16 工程量表

序号	项目名称	单位	数量	备注
	安装工程			
	陆上电缆线路安装工程			
三	电缆附件			
1	材料运输			
JYX1-105	汽车运输　金具、绝缘子、零星钢材　装卸	t	0.115	
JYX1-106	汽车运输　金具、绝缘子、零星钢材　运输	t·km	1.152	
2	终端头制作安装			
调 JYL3-59 R×0.5 C×0.5 J×0.5	35kV 交联聚乙烯绝缘电缆终端制作安装　交联聚乙烯绝缘（mm²）户外 400	套/三相	1	
5	设备安装			
JYL4-78	氧化锌式避雷器安装 35kV	组/三相	1	
五	调试及试验			
1	电缆试验			
JYL5-18	电缆 OWTS 震荡波局放试验 35kV	回路	1	

9.17　B6-17 改造 66kV 400mm² 电缆终端接头

9.17.1　典型方案主要内容

本典型方案为改造 66kV 400mm² 电缆终端接头 1 套（三相）。内容包括电缆终端接头运输、制作及安装；电缆避雷器运输、组装及安装；电缆试验。

9.17.2　典型方案主要技术条件

典型方案 B6-17 主要技术条件见表 9-111。

表 9-111　典型方案 B6-17 主要技术条件

方案名称	工程主要技术条件	
改造 66kV 400mm² 电缆终端接头	电压等级	66kV
	设备型号	1×400，户外终端，复合套管，铜
	地形	100%平地
	气象条件	覆冰 10mm，基本风速 27m/s
	地质条件	100%普通土
	运距	人力 0.3km，汽车 10km

9.17.3 典型方案估算书

估算投资为总投资，编制依据按 3.2 要求。典型方案 B6-17 估算书包括总估算汇总表、安装工程专业汇总表、其他费用估算表，分别见表 9-112～表 9-114。

表 9-112 典型方案 B6-17 总估算汇总表 金额单位：万元

序号	工程或费用名称	含税金额	占工程投资的比例（%）	不含税金额	可抵扣增值税金额
一	建筑工程费				
二	安装工程费	4.4	38.26	4.03	0.37
三	拆除工程费				
四	设备购置费	5.79	50.35	5.13	0.66
	其中：编制基准期价差	0.17	1.48	0.17	
五	小计	10.19	88.61	9.16	1.03
	其中：甲供设备材料费	5.9	51.3	5.23	0.67
六	其他费用	1.31	11.39	1.24	0.07
七	基本预备费				
八	特殊项目				
九	工程投资合计	11.50	100	10.4	1.1
	其中：可抵扣增值税金额	1.1			1.1
	其中：施工费	4.29	37.3	3.94	0.35

表 9-113 典型方案 B6-17 安装工程专业汇总表 金额单位：元

序号	工程或费用名称	安装工程费			设备购置费	合计
		未计价材料费	安装费	小计		
	安装工程	1113	42871	43984	57922	101906
	陆上电缆线路安装工程	1113	42871	43984	57922	101906
三	电缆附件	1113	15320	16433	57922	74355
1	材料运输		32	32		32
2	终端头制作安装		12326	12326	48368	60694
5	设备安装	1113	2961	4074	9554	13628
五	调试及试验		27551	27551		27551
1	电缆试验		27551	27551		27551
	合计	1113	42871	43984	57922	101906

表 9-114 典型方案 B6-17 其他费用估算表 金额单位：元

序号	工程或费用名称	编制依据及计算说明	合价
2	项目管理费		3237
2.1	管理经费	（建筑工程费+安装工程费+拆除工程费）×3.53%	1553
2.2	招标费	（建筑工程费+安装工程费+拆除工程费）×0.4%	176

续表

序号	工程或费用名称	编制依据及计算说明	合价
2.3	工程监理费	（建筑工程费＋安装工程费＋拆除工程费）×3.43%	1509
3	项目技术服务费		9815
3.1	前期工作费	（建筑工程费＋安装工程费）×1.7%	748
3.3	工程勘察设计费		8381
3.3.2	设计费	设计费×100%	8381
3.4	设计文件评审费		519
3.4.1	初步设计文件评审费	基本设计费×3.5%	249
3.4.2	施工图文件评审费	基本设计费×3.8%	270
3.5	施工过程造价咨询及竣工结算审核费	（建筑工程费＋安装工程费＋拆除工程费）×0.38%	167
	合计		13052

9.17.4 典型方案设备材料表

典型方案 B6-17 设备材料表见表 9-115。

表 9-115　　　　　　　　典型方案 B6-17 设备材料表

序号	设备或材料名称	单位	数量	备注
	安装工程			
三	电缆附件			
2	终端头制作安装			
500021337	66kV 电缆终端，1×400，户外终端，复合套管，铜	支	3	
5	设备安装			
500038960	交流避雷器，AC66kV，96kV，硅橡胶，250kV，带间隙	台	3	
500033646	母线金具－管母线 T 型线夹，MGT－150	个	3	
500020830	设备线夹－铜铝过渡设备线夹，SYG－240/30A	个	3	
500020900	接触金具－铜铝过渡板，MG－100×10	个	3	

9.17.5 典型方案工程量表

典型方案 B6-17 工程量见表 9-116。

表 9-116　　　　　　　　典型方案 B6-17 工程量表

序号	项目名称	单位	数量	备注
	安装工程			
	陆上电缆线路安装工程			

续表

序号	项目名称	单位	数量	备注
三	电缆附件			
1	材料运输			
JYX1－105	汽车运输　金具、绝缘子、零星钢材　装卸	t	0.278	
JYX1－106	汽车运输　金具、绝缘子、零星钢材　运输	t·km	2.777	
2	终端头制作安装			
JYL3－65	110kV 交联聚乙烯绝缘电缆终端制作安装　交联电缆空气终端绝缘接头（mm²）400 以内	套/三相	1	
5	设备安装			
JYL4－79	氧化锌式避雷器安装　110kV	组/三相	1	
五	调试及试验			
1	电缆试验			
JYL5－19	高频分布式局放试验　110kV（66kV）及以上	只	3	

9.18　B6－18 改造 110kV 630mm² 电缆终端接头

9.18.1　典型方案主要内容

本典型方案为改造 110kV 630mm² 电缆终端接头 1 套（三相）。内容包括电缆终端接头运输、制作及安装；电缆避雷器运输、组装及安装；电缆试验。

9.18.2　典型方案主要技术条件

典型方案 B6－18 主要技术条件见表 9－117。

表 9－117　　　　　　典型方案 B6－18 主要技术条件

方案名称	工程主要技术条件	
改造 110kV 630mm² 电缆终端接头	电压等级	110kV
	设备型号	1×630，户外终端，复合套管，铜
	地形	100%平地
	气象条件	覆冰 10mm，基本风速 27m/s
	地质条件	100%普通土
	运距	人力 0.3km，汽车 10km

9.18.3　典型方案估算书

估算投资为总投资，编制依据按 3.2 要求。典型方案 B6－18 估算书包括总估算汇总表、安装工程专业汇总表、其他费用估算表，分别见表 9－118～表 9－120。

表 9-118　　　　　　　　典型方案 B6-18 总估算汇总表　　　　　金额单位：万元

序号	工程或费用名称	含税金额	占工程投资的比例（%）	不含税金额	可抵扣增值税金额
一	建筑工程费				
二	安装工程费	4.65	40.19	4.26	0.39
三	拆除工程费				
四	设备购置费	5.59	48.31	4.94	0.65
	其中：编制基准期价差	0.18	1.56	0.18	
五	小计	10.24	88.5	9.2	1.04
	其中：甲供设备材料费	5.7	49.27	5.04	0.66
六	其他费用	1.33	11.5	1.25	0.08
七	基本预备费				
八	特殊项目				
九	工程投资合计	11.57	100	10.45	1.12
	其中：可抵扣增值税金额	1.12			1.12
	其中：施工费	4.54	39.24	4.16	0.38

表 9-119　　　　　　　　典型方案 B6-18 安装工程专业汇总表　　　　金额单位：元

序号	工程或费用名称	安装工程费			设备购置费	合计
		未计价材料费	安装费	小计		
	安装工程	1089	45417	46506	55946	102452
	陆上电缆线路安装工程	1089	45417	46506	55946	102452
三	电缆附件	1089	17866	18955	55946	74901
1	材料运输		85	85		85
2	终端头制作安装		14820	14820	46847	61667
5	设备安装	1089	2961	4050	9099	13149
五	调试及试验		27551	27551		27551
1	电缆试验		27551	27551		27551
	合计	1089	45417	46506	55946	102452

表 9-120　　　　　　　　典型方案 B6-18 其他费用估算表　　　　　金额单位：元

序号	工程或费用名称	编制依据及计算说明	合价
2	项目管理费		3423
2.1	管理经费	（建筑工程费＋安装工程费＋拆除工程费）×3.53%	1642
2.2	招标费	（建筑工程费＋安装工程费＋拆除工程费）×0.4%	186
2.3	工程监理费	（建筑工程费＋安装工程费＋拆除工程费）×3.43%	1595
3	项目技术服务费		9915

序号	工程或费用名称	编制依据及计算说明	合价
3.1	前期工作费	（建筑工程费＋安装工程费）×1.7%	791
3.3	工程勘察设计费		8426
3.3.2	设计费	设计费×100%	8426
3.4	设计文件评审费		521
3.4.1	初步设计文件评审费	基本设计费×3.5%	250
3.4.2	施工图文件评审费	基本设计费×3.8%	271
3.5	施工过程造价咨询及竣工结算审核费	（建筑工程费＋安装工程费＋拆除工程费）×0.38%	177
	合计		13338

9.18.4　典型方案设备材料表

典型方案 B6-18 设备材料表见表 9-121。

表 9-121　　　　　　　　典型方案 B6-18 设备材料表

序号	设备或材料名称	单位	数量	备注
	安装工程			
三	电缆附件			
2	终端头制作安装			
500031940	110kV 电缆终端，1×630，户外终端，复合套管，铜	支	3	
5	设备安装			
500083346	交流避雷器，AC110kV，102kV，硅橡胶，296kV，不带间隙	台	3	
500033646	母线金具-管母线 T 型线夹，MGT-150	个	3	
500020830	设备线夹-铜铝过渡设备线夹，SYG-240/30A	个	3	
500029815	接触金具-铜铝过渡板，MG-100×8	个	3	

9.18.5　典型方案工程量表

典型方案 B6-18 工程量见表 9-122。

表 9-122　　　　　　　　典型方案 B6-18 工程量表

序号	项目名称	单位	数量	备注
	安装工程			
	陆上电缆线路安装工程			

续表

序号	项目名称	单位	数量	备注
三	电缆附件			
1	材料运输			
JYX1－105	汽车运输 金具、绝缘子、零星钢材 装卸	t	0.728	
JYX1－106	汽车运输 金具、绝缘子、零星钢材 运输	t·km	7.277	
2	终端头制作安装			
JYL3－66	110kV 交联聚乙烯绝缘电缆终端制作安装 交联电缆空气终端绝缘接头（mm²）800 以内	套/三相	1	
5	设备安装			
JYL4－79	氧化锌式避雷器安装 110kV	组/三相	1	
五	调试及试验			
1	电缆试验			
JYL5－19	高频分布式局放试验 110kV（66kV）及以上	只	3	

9.19 B6－19 改造 110kV 800mm² 电缆终端接头

9.19.1 典型方案主要内容

本典型方案为改造 110kV 800mm² 电缆终端接头 1 套（三相）。内容包括电缆终端接头运输、制作及安装；电缆避雷器运输、组装及安装；电缆试验。

9.19.2 典型方案主要技术条件

典型方案 B6－19 主要技术条件见表 9－123。

表 9－123　　　　　　　典型方案 B6－19 主要技术条件

方案名称	工程主要技术条件	
改造 110kV 800mm² 电缆终端接头	电压等级	110kV
	设备型号	1×800，户外终端，复合套管，铜
	地形	100%平地
	气象条件	覆冰 10mm，基本风速 27m/s
	地质条件	100%普通土
	运距	人力 0.3km，汽车 10km

9.19.3 典型方案估算书

估算投资为总投资，编制依据按 3.2 要求。典型方案 B6－19 估算书包括总估算汇总表、安装工程专业汇总表、其他费用估算表，分别见表 9－124～表 9－126。

表 9-124　　　　　　　　　　典型方案 B6-19 总估算汇总表　　　　　　　　金额单位：万元

序号	工程或费用名称	含税金额	占工程投资的比例（%）	不含税金额	可抵扣增值税金额
一	建筑工程费				
二	安装工程费	4.65	39.81	4.26	0.39
三	拆除工程费				
四	设备购置费	5.69	48.72	5.04	0.65
	其中：编制基准期价差	0.18	1.54	0.18	
五	小计	10.34	88.53	9.3	1.04
	其中：甲供设备材料费	5.79	49.57	5.13	0.66
六	其他费用	1.34	11.47	1.26	0.08
七	基本预备费				
八	特殊项目				
九	工程投资合计	11.68	100	10.56	1.12
	其中：可抵扣增值税金额	1.12			1.12
	其中：施工费	4.54	38.87	4.17	0.37

表 9-125　　　　　　　　　　典型方案 B6-19 安装工程专业汇总表　　　　　　金额单位：元

序号	工程或费用名称	安装工程费			设备购置费	合计
		未计价材料费	安装费	小计		
	安装工程	1089	45370	46459	56858	103317
	陆上电缆线路安装工程	1089	45370	46459	56858	103317
三	电缆附件	1089	17819	18908	56858	75766
1	材料运输		38	38		38
2	终端头制作安装		14820	14820	47759	62580
5	设备安装	1089	2961	4050	9099	13149
五	调试及试验		27551	27551		27551
1	电缆试验		27551	27551		27551
	合计	1089	45370	46459	56858	103317

表 9-126　　　　　　　　　　典型方案 B6-19 其他费用估算表　　　　　　　金额单位：元

序号	工程或费用名称	编制依据及计算说明	合价
2	项目管理费		3419
2.1	管理经费	（建筑工程费＋安装工程费＋拆除工程费）×3.53%	1640
2.2	招标费	（建筑工程费＋安装工程费＋拆除工程费）×0.4%	186
2.3	工程监理费	（建筑工程费＋安装工程费＋拆除工程费）×3.43%	1594
3	项目技术服务费		9989

序号	工程或费用名称	编制依据及计算说明	合价
3.1	前期工作费	（建筑工程费＋安装工程费）×1.7%	790
3.3	工程勘察设计费		8497
3.3.2	设计费	设计费×100%	8497
3.4	设计文件评审费		526
3.4.1	初步设计文件评审费	基本设计费×3.5%	252
3.4.2	施工图文件评审费	基本设计费×3.8%	274
3.5	施工过程造价咨询及竣工结算审核费	（建筑工程费＋安装工程费＋拆除工程费）×0.38%	177
	合计		13409

9.19.4 典型方案设备材料表

典型方案 B6-19 设备材料表见表 9-127。

表 9-127　　　　　　　　　**典型方案 B6-19 设备材料表**

序号	设备或材料名称	单位	数量	备注
	安装工程			
三	电缆附件			
2	终端头制作安装			
500072226	110kV 电缆终端，1×800，户外终端，复合套管，铜	支	3	
5	设备安装			
500083346	交流避雷器，AC110kV，102kV，硅橡胶，296kV，不带间隙	台	3	
500033646	母线金具－管母线 T 型线夹，MGT－150	个	3	
500020830	设备线夹－铜铝过渡设备线夹，SYG－240/30A	个	3	
500029815	接触金具－铜铝过渡板，MG－100×8	个	3	

9.19.5 典型方案工程量表

典型方案 B6-19 工程量见表 9-128。

表 9-128　　　　　　　　　**典型方案 B6-19 工程量表**

序号	项目名称	单位	数量	备注
	安装工程			
	陆上电缆线路安装工程			

续表

序号	项目名称	单位	数量	备注
三	电缆附件			
1	材料运输			
JYX1-105	汽车运输 金具、绝缘子、零星钢材 装卸	t	0.323	
JYX1-106	汽车运输 金具、绝缘子、零星钢材 运输	t·km	3.227	
2	终端头制作安装			
JYL3-66	110kV交联聚乙烯绝缘电缆终端制作安装 交联电缆空气终端绝缘接头（mm²） 800以内	套/三相	1	
5	设备安装			
JYL4-79	氧化锌式避雷器安装 110kV	组/三相	1	
五	调试及试验			
1	电缆试验			
JYL5-19	高频分布式局放试验 110kV（66kV）及以上	只	3	

9.20 B6-20改造220kV 2000mm²电缆终端接头

9.20.1 典型方案主要内容

本典型方案为改造220kV 2000mm²电缆终端接头1套（三相）。内容包括电缆终端接头运输、制作及安装；电缆避雷器运输、组装及安装；电缆试验。

9.20.2 典型方案主要技术条件

典型方案B6-20主要技术条件见表9-129。

表9-129　　　　　　　　　　典型方案B6-20主要技术条件

方案名称	工程主要技术条件	
改造220kV 2000mm²电缆终端接头	电压等级	110kV
	设备型号	1×2000，户外终端，复合套管，铜
	地形	100%平地
	气象条件	覆冰10mm，基本风速27m/s
	地质条件	100%普通土
	运距	人力0.3km，汽车10km

9.20.3 典型方案估算书

估算投资为总投资，编制依据按3.2要求。典型方案B6-20估算书包括总估算汇总表、安装工程专业汇总表、其他费用估算表，分别见表9-130～表9-132。

表 9-130　　　　　　　　　　**典型方案 B6-20 总估算汇总表**　　　　　金额单位：万元

序号	工程或费用名称	含税金额	占工程投资的比例（%）	不含税金额	可抵扣增值税金额
一	建筑工程费				
二	安装工程费	6.11	17.26	5.61	0.5
三	拆除工程费				
四	设备购置费	25.91	73.21	22.93	2.98
	其中：编制基准期价差	0.23	0.65	0.23	
五	小计	32.02	90.48	28.54	3.48
	其中：甲供设备材料费	25.94	73.3	22.96	2.98
六	其他费用	3.37	9.52	3.18	0.19
七	基本预备费				
八	特殊项目				
九	工程投资合计	35.39	100	31.72	3.67
	其中：可抵扣增值税金额	3.67			3.67
	其中：施工费	6.08	17.18	5.58	0.5

表 9-131　　　　　　　　　**典型方案 B6-20 安装工程专业汇总表**　　　　金额单位：元

序号	工程或费用名称	安装工程费			设备购置费	合计
		未计价材料费	安装费	小计		
	安装工程	262	60791	61052	259130	320182
	陆上电缆线路安装工程	262	60791	61052	259130	320182
三	电缆附件	262	33240	33501	259130	292631
1	材料运输		81	81		81
2	终端头制作安装		27307	27307	242752	270059
5	设备安装	262	5852	6113	16378	22492
五	调试及试验		27551	27551		27551
1	电缆试验		27551	27551		27551
	合计	262	60791	61052	259130	320182

表 9-132　　　　　　　　　　**典型方案 B6-20 其他费用估算表**　　　　　金额单位：元

序号	工程或费用名称	编制依据及计算说明	合价
2	项目管理费		4493
2.1	管理经费	（建筑工程费+安装工程费+拆除工程费）×3.53%	2155
2.2	招标费	（建筑工程费+安装工程费+拆除工程费）×0.4%	244

续表

序号	工程或费用名称	编制依据及计算说明	合价
2.3	工程监理费	（建筑工程费＋安装工程费＋拆除工程费）×3.43%	2094
3	项目技术服务费		29233
3.1	前期工作费	（建筑工程费＋安装工程费）×1.7%	1038
3.3	工程勘察设计费		26334
3.3.2	设计费	设计费×100%	26334
3.4	设计文件评审费		1629
3.4.1	初步设计文件评审费	基本设计费×3.5%	781
3.4.2	施工图文件评审费	基本设计费×3.8%	848
3.5	施工过程造价咨询及竣工结算审核费	（建筑工程费＋安装工程费＋拆除工程费）×0.38%	232
	合计		33726

9.20.4 典型方案设备材料表

典型方案 B6-20 设备材料表见表 9-133。

表 9-133 　　　　　　　　　　**典型方案 B6-20 设备材料表**

序号	设备或材料名称	单位	数量	备注
	安装工程			
三	电缆附件			
2	终端头制作安装			
500021351	220kV 电缆终端，1×2000，户外终端，复合套管，铜	支	3	
5	设备安装			
500075267	交流避雷器，AC220kV，204kV，硅橡胶，592kV，不带间隙	台	3	
500020831	设备线夹-铜铝过渡设备线夹，SYG-300/25A	个	3	
500020900	接触金具-铜铝过渡板，MG-100×10	个	3	

9.20.5 典型方案工程量表

典型方案 B6-20 工程量见表 9-134。

表 9-134 　　　　　　　　　　**典型方案 B6-20 工程量表**

序号	项目名称	单位	数量	备注
	安装工程			
	陆上电缆线路安装工程			

序号	项目名称	单位	数量	备注
三	电缆附件			
1	材料运输			
JYX1－105	汽车运输　金具、绝缘子、零星钢材　装卸	t	0.695	
JYX1－106	汽车运输　金具、绝缘子、零星钢材　运输	t·km	6.952	
2	终端头制作安装			
JYL3－80	220kV交联聚乙烯绝缘电缆终端制作安装　交联电缆空气终端接头（mm²）2000以内	套/三相	1	
5	设备安装			
JYL4－80	氧化锌式避雷器安装　220kV	组/三相	1	
五	调试及试验			
1	电缆试验			
JYL5－19	高频分布式局放试验　110kV（66kV）及以上	只	3	

9.21　B6－21改造35kV 400mm²电缆中间接头

9.21.1　典型方案主要内容

本典型方案为改造35kV 400mm²电缆中间接头1套（三相）。内容包括电缆中间接头运输、制作及安装；电缆试验。

9.21.2　典型方案主要技术条件

典型方案B6－21主要技术条件见表9－135。

表9－135　　　　　　　　**典型方案B6－21主要技术条件**

方案名称	工程主要技术条件	
改造35kV 400mm²电缆中间接头	电压等级	35kV
	设备型号	3×400，直通接头，冷缩，铜
	地形	100%平地
	气象条件	覆冰10mm，基本风速27m/s
	地质条件	100%普通土
	运距	人力0.3km，汽车10km

9.21.3　典型方案估算书

估算投资为总投资，编制依据按3.2要求。典型方案B6－21估算书包括总估算汇总表、安装工程专业汇总表、其他费用估算表，分别见表9－136～表9－138。

表 9-136　　　　　　　　**典型方案 B6-21 总估算汇总表**　　　　金额单位：万元

序号	工程或费用名称	含税金额	占工程投资的比例（%）	不含税金额	可抵扣增值税金额
一	建筑工程费				
二	安装工程费	2.74	76.11	2.51	0.23
三	拆除工程费				
四	设备购置费	0.33	9.17	0.29	0.04
	其中：编制基准期价差	0.12	3.33	0.12	
五	小计	3.07	85.28	2.8	0.27
	其中：甲供设备材料费	0.33	9.17	0.29	0.04
六	其他费用	0.53	14.72	0.5	0.03
七	基本预备费				
八	特殊项目				
九	工程投资合计	3.60	100	3.3	0.3
	其中：可抵扣增值税金额	0.3			0.3
	其中：施工费	2.74	76.11	2.51	0.23

表 9-137　　　　　　　　**典型方案 B6-21 安装工程专业汇总表**　　　　金额单位：元

序号	工程或费用名称	安装工程费			设备购置费	合计
		未计价材料费	安装费	小计		
	安装工程		27394	27394	3346	30740
	陆上电缆线路安装工程		27394	27394	3346	30740
四	电缆附件		3106	3106	3346	6452
1	中间接头制作安装		3106	3106	3346	6452
六	调试及试验		24288	24288		24288
1	电缆试验		24288	24288		24288
	合计		27394	27394	3346	30740

表 9-138　　　　　　　　**典型方案 B6-21 其他费用估算表**　　　　金额单位：元

序号	工程或费用名称	编制依据及计算说明	合价
2	项目管理费		2016
2.1	管理经费	（建筑工程费＋安装工程费＋拆除工程费）×3.53%	967
2.2	招标费	（建筑工程费＋安装工程费＋拆除工程费）×0.4%	110
2.3	工程监理费	（建筑工程费＋安装工程费＋拆除工程费）×3.43%	940
3	项目技术服务费		3254
3.1	前期工作费	（建筑工程费＋安装工程费）×1.7%	466
3.3	工程勘察设计费		2528

序号	工程或费用名称	编制依据及计算说明	合价
3.3.2	设计费	设计费×100%	2528
3.4	设计文件评审费		156
3.4.1	初步设计文件评审费	基本设计费×3.5%	75
3.4.2	施工图文件评审费	基本设计费×3.8%	81
3.5	施工过程造价咨询及竣工结算审核费	（建筑工程费＋安装工程费＋拆除工程费）×0.38%	104
	合计		5271

9.21.4　典型方案设备材料表

典型方案 B6-21 设备材料表见表 9-139。

表 9-139　　　　　典型方案 B6-21 设备材料表

序号	设备或材料名称	单位	数量	备注
	安装工程			
三	电缆附件			
1	中间制作安装			
500032114	电缆中间接头，3×400，直通接头，冷缩，铜	套	1	

9.21.5　典型方案工程量表

典型方案 B6-21 工程量见表 9-140。

表 9-140　　　　　典型方案 B6-21 工程量表

序号	项目名称	单位	数量	备注
	安装工程			
	陆上电缆线路安装工程			
三	电缆附件			
1	材料运输			
JYX1-105	汽车运输　金具、绝缘子、零星钢材　装卸	t	0.100	
JYX1-106	汽车运输　金具、绝缘子、零星钢材　运输	t·km	1	
2	中间接头制作安装			
调 JYL3-12 R×0.5 C×0.5 J×0.5	35kV 交联聚乙烯绝缘电缆中间接头制作安装　交联聚氯乙烯绝缘（mm²）400 以内	套/三相	1	
五	调试及试验			
1	电缆试验			
JYL5-18	电缆 OWTS 震荡波局放试验　35kV	回路	1	

9.22　B6－22 改造 66kV 400mm² 电缆中间接头

9.22.1　典型方案主要内容

本典型方案为改造 66kV 400mm² 电缆中间接头 1 套（三相）。内容包括电缆中间接头运输、制作及安装；电缆试验。

9.22.2　典型方案主要技术条件

典型方案 B6－22 主要技术条件见表 9－141。

表 9－141　　　　　　　　　典型方案 B6－22 主要技术条件

方案名称	工程主要技术条件	
改造 66kV 400mm² 电缆中间接头	电压等级	66kV
	设备型号	1×400，绝缘接头，铜
	地形	100%平地
	气象条件	覆冰 10mm，基本风速 27m/s
	地质条件	100%普通土
	运距	人力 0.3km，汽车 10km

9.22.3　典型方案估算书

估算投资为总投资，编制依据按 3.2 要求。典型方案 B6－22 估算书包括总估算汇总表、安装工程专业汇总表、其他费用估算表，分别见表 9－142～表 9－144。

表 9－142　　　　　　　　　典型方案 B6－22 总估算汇总表　　　　　　　　金额单位：万元

序号	工程或费用名称	含税金额	占工程投资的比例（%）	不含税金额	可抵扣增值税金额
一	建筑工程费				
二	安装工程费	3.68	40.26	3.38	0.3
三	拆除工程费				
四	设备购置费	4.41	48.25	3.89	0.52
	其中：编制基准期价差	0.15	1.64	0.15	
五	小计	8.09	88.51	7.27	0.82
	其中：甲供设备材料费	4.41	48.25	3.89	0.52
六	其他费用	1.05	11.49	0.99	0.06
七	基本预备费				
八	特殊项目				
九	工程投资合计	9.14	100	8.26	0.88
	其中：可抵扣增值税金额	0.88			0.88
	其中：施工费	3.68	40.26	3.38	0.3

表 9-143   **典型方案 B6-22 安装工程专业汇总表**   金额单位：元

序号	工程或费用名称	安装工程费			设备购置费	合计
		未计价材料费	安装费	小计		
	安装工程		36811	36811	44109	80920
	陆上电缆线路安装工程		36811	36811	44109	80920
三	电缆附件		9261	9261	44109	53370
1	材料运输		35	35		35
2	中间接头制作安装		9226	9226	44109	53335
六	电缆试验		27551	27551		27551
	合计		36811	36811	44109	80920

表 9-144   **典型方案 B6-22 其他费用估算表**   金额单位：元

序号	工程或费用名称	编制依据及计算说明	合价
2	项目管理费		2709
2.1	管理经费	（建筑工程费＋安装工程费＋拆除工程费）×3.53%	1299
2.2	招标费	（建筑工程费＋安装工程费＋拆除工程费）×0.4%	147
2.3	工程监理费	（建筑工程费＋安装工程费＋拆除工程费）×3.43%	1263
3	项目技术服务费		7833
3.1	前期工作费	（建筑工程费＋安装工程费）×1.7%	626
3.3	工程勘察设计费		6655
3.3.2	设计费	设计费×100%	6655
3.4	设计文件评审费		412
3.4.1	初步设计文件评审费	基本设计费×3.5%	197
3.4.2	施工图文件评审费	基本设计费×3.8%	214
3.5	施工过程造价咨询及竣工结算审核费	（建筑工程费＋安装工程费＋拆除工程费）×0.38%	140
	合计		10542

9.22.4 典型方案设备材料表

典型方案 B6-22 设备材料表见表 9-145。

表 9-145   **典型方案 B6-22 设备材料表**

序号	设备或材料名称	单位	数量	备注
	安装工程			
三	电缆附件			
1	中间制作安装			
500031379	电缆中间接头，1×400，绝缘接头，铜	套	1	

9.22.5　典型方案工程量表

典型方案 B6-22 工程量见表 9-146。

表 9-146　　　　　　　　　　典型方案 B6-22 工程量表

序号	项目名称	单位	数量	备注
	安装工程			
	陆上电缆线路安装工程			
三	电缆附件			
1	材料运输			
JYX1-105	汽车运输　金具、绝缘子、零星钢材　装卸	t	0.300	
JYX1-106	汽车运输　金具、绝缘子、零星钢材　运输	t·km	3	
2	中间接头制作安装			
JYL3-20	110kV 交联聚乙烯绝缘电缆中间接头制作安装　交联电缆直线、绝缘接头（mm²）400 以内	套/三相	1	
五	调试及试验			
1	电缆试验			
JYL5-19	高频分布式局放试验 110kV（66kV）及以上	只	3	

9.23　B6-23 改造 110kV 630mm² 电缆中间接头

9.23.1　典型方案主要内容

本典型方案为改造 110kV 630mm² 电缆中间接头 1 套（三相）。内容包括电缆中间接头运输、制作及安装；电缆试验。

9.23.2　典型方案主要技术条件

典型方案 B6-23 主要技术条件见表 9-147。

表 9-147　　　　　　　　　　典型方案 B6-23 主要技术条件

方案名称	工程主要技术条件	
改造 110kV 630mm² 电缆中间接头	电压等级	110kV
	设备型号	1×630，绝缘接头，铜
	地形	100%平地
	气象条件	覆冰 10mm，基本风速 27m/s
	地质条件	100%普通土
	运距	人力 0.3km，汽车 10km

9.23.3　典型方案估算书

估算投资为总投资，编制依据按 3.2 要求。典型方案 B6-23 估算书包括总估算汇总表、安装工程专业汇总表、其他费用估算表，分别见表 9-148～表 9-150。

表 9–148 典型方案 B6–23 总估算汇总表 金额单位：万元

序号	工程或费用名称	含税金额	占工程投资的比例（%）	不含税金额	可抵扣增值税金额
一	建筑工程费				
二	安装工程费	3.8	38.46	3.49	0.31
三	拆除工程费				
四	设备购置费	4.96	50.2	4.41	0.55
	其中：编制基准期价差	0.15	1.52	0.15	
五	小计	8.76	88.66	7.9	0.86
	其中：甲供设备材料费	4.96	50.2	4.41	0.55
六	其他费用	1.12	11.34	1.06	0.06
七	基本预备费				
八	特殊项目				
九	工程投资合计	9.88	100	8.96	0.92
	其中：可抵扣增值税金额	0.92			0.92
	其中：施工费	3.8	38.46	3.49	0.31

表 9–149 典型方案 B6–23 安装工程专业汇总表 金额单位：元

序号	工程或费用名称	安装工程费			设备购置费	合计
		未计价材料费	安装费	小计		
	安装工程		37994	37994	49585	87578
	陆上电缆线路安装工程		37994	37994	49585	87578
三	电缆附件		10443	10443	49585	60027
2	中间接头制作安装		10443	10443	49585	60027
六	调试及试验		27551	27551		27551
1	电缆试验		27551	27551		27551
	合计		37994	37994	49585	87578

表 9–150 典型方案 B6–23 其他费用估算表 金额单位：元

序号	工程或费用名称	编制依据及计算说明	合价
2	项目管理费		2796
2.1	管理经费	（建筑工程费＋安装工程费＋拆除工程费）×3.53%	1341
2.2	招标费	（建筑工程费＋安装工程费＋拆除工程费）×0.4%	152
2.3	工程监理费	（建筑工程费＋安装工程费＋拆除工程费）×3.43%	1303
3	项目技术服务费		8439
3.1	前期工作费	（建筑工程费＋安装工程费）×1.7%	646
3.3	工程勘察设计费		7203

续表

序号	工程或费用名称	编制依据及计算说明	合价
3.3.2	设计费	设计费×100%	7203
3.4	设计文件评审费		446
3.4.1	初步设计文件评审费	基本设计费×3.5%	214
3.4.2	施工图文件评审费	基本设计费×3.8%	232
3.5	施工过程造价咨询及竣工结算审核费	（建筑工程费＋安装工程费＋拆除工程费）×0.38%	144
	合计		11235

9.23.4　典型方案设备材料表

典型方案 B6-23 设备材料表见表 9-151。

表 9-151　　　　　　　　　典型方案 B6-23 设备材料表

序号	设备或材料名称	单位	数量	备注
	安装工程			
三	电缆附件			
1	中间制作安装			
500021457	电缆中间接头，1×630，绝缘接头，铜	套	1	

9.23.5　典型方案工程量表

典型方案 B6-23 工程量见表 9-152。

表 9-152　　　　　　　　　典型方案 B6-23 工程量表

序号	项目名称	单位	数量	备注
	安装工程			
	陆上电缆线路安装工程			
三	电缆附件			
1	材料运输			
JYX1-105	汽车运输　金具、绝缘子、零星钢材　装卸	t	0.300	
JYX1-106	汽车运输　金具、绝缘子、零星钢材　运输	t·km	3	
2	中间接头制作安装			
JYL3-21	110kV 交联聚乙烯绝缘电缆中间接头制作安装　交联电缆直线、绝缘接头（mm²）800 以内	套/三相	1	
五	调试及试验			
1	电缆试验			
JYL5-19	高频分布式局放试验　110kV（66kV）及以上	只	3	

9.24　B6-24 改造 110kV 800mm² 电缆中间接头

9.24.1　典型方案主要内容

本典型方案为改造 110kV 800mm² 电缆中间接头 1 套（三相）。内容包括电缆中间接头运输、制作及安装；电缆试验。

9.24.2　典型方案主要技术条件

典型方案 B6-24 主要技术条件见表 9-153。

表 9-153　　　　　　　　　　　典型方案 B6-24 主要技术条件

方案名称	工程主要技术条件	
改造 110kV 800mm² 电缆中间接头	电压等级	110kV
	设备型号	1×800，绝缘接头，铜
	地形	100%平地
	气象条件	覆冰 10mm，基本风速 27m/s
	地质条件	100%普通土
	运距	人力 0.3km，汽车 10km

9.24.3　典型方案估算书

估算投资为总投资，编制依据按 3.2 要求。典型方案 B6-24 估算书包括总估算汇总表、安装工程专业汇总表、其他费用估算表，分别见表 9-154～表 9-156。

表 9-154　　　　　　　　　　　典型方案 B6-24 总估算汇总表　　　　　　　金额单位：万元

序号	工程或费用名称	含税金额	占工程投资的比例（%）	不含税金额	可抵扣增值税金额
一	建筑工程费				
二	安装工程费	3.8	38.97	3.49	0.31
三	拆除工程费				
四	设备购置费	4.84	49.64	4.29	0.55
	其中：编制基准期价差	0.15	1.54	0.15	
五	小计	8.64	88.62	7.78	0.86
	其中：甲供设备材料费	4.84	49.64	4.29	0.55
六	其他费用	1.11	11.38	1.05	0.06
七	基本预备费				
八	特殊项目				
九	工程投资合计	9.75	100	8.83	0.92
	其中：可抵扣增值税金额	0.92			0.92
	其中：施工费	3.8	38.97	3.49	0.31

表 9-155　　　　　**典型方案 B6-24 安装工程专业汇总表**　　　　金额单位：元

序号	工程或费用名称	安装工程费			设备购置费	合计
		未计价材料费	安装费	小计		
	安装工程		37994	37994	48368	86361
	陆上电缆线路安装工程		37994	37994	48368	86361
四	电缆附件		10443	10443	48368	58811
2	中间接头制作安装		10443	10443	48368	58811
六	调试及试验		27551	27551		27551
1	电缆试验		27551	27551		27551
	合计		37994	37994	48368	86361

表 9-156　　　　　　　**典型方案 B6-24 其他费用估算表**　　　　金额单位：元

序号	工程或费用名称	编制依据及计算说明	合价
2	项目管理费		2796
2.1	管理经费	（建筑工程费＋安装工程费＋拆除工程费）×3.53%	1341
2.2	招标费	（建筑工程费＋安装工程费＋拆除工程费）×0.4%	152
2.3	工程监理费	（建筑工程费＋安装工程费＋拆除工程费）×3.43%	1303
3	项目技术服务费		8333
3.1	前期工作费	（建筑工程费＋安装工程费）×1.7%	646
3.3	工程勘察设计费		7103
3.3.2	设计费	设计费×100%	7103
3.4	设计文件评审费		439
3.4.1	初步设计文件评审费	基本设计费×3.5%	211
3.4.2	施工图文件评审费	基本设计费×3.8%	229
3.5	施工过程造价咨询及竣工结算审核费	（建筑工程费＋安装工程费＋拆除工程费）×0.38%	144
	合计		11129

9.24.4　典型方案设备材料表

典型方案 B6-24 设备材料表见表 9-157。

表 9-157　　　　　　　　**典型方案 B6-24 设备材料表**

序号	设备或材料名称	单位	数量	备注
	安装工程			
三	电缆附件			
1	中间制作安装			
500021458	电缆中间接头，1×800，绝缘接头，铜	套	1	

9.24.5 典型方案工程量表

典型方案 B6-24 工程量见表 9-158。

表 9-158   **典型方案 B6-24 工程量表**

序号	项目名称	单位	数量	备注
	安装工程			
	陆上电缆线路安装工程			
三	电缆附件			
1	材料运输			
JYX1-105	汽车运输 金具、绝缘子、零星钢材 装卸	t	0.300	
JYX1-106	汽车运输 金具、绝缘子、零星钢材 运输	t·km	3	
2	中间接头制作安装			
JYL3-21	110kV 交联聚乙烯绝缘电缆中间接头制作安装 交联电缆直线、绝缘接头（mm²）800 以内	套/三相	1	
五	调试及试验			
1	电缆试验			
JYL5-19	高频分布式局放试验 110kV（66kV）及以上	只	3	

9.25   B6-25 改造 220kV 2000mm² 电缆中间接头

9.25.1 典型方案主要内容

本典型方案为改造 110kV 800mm² 电缆中间接头 1 套（三相）。内容包括电缆中间接头运输、制作及安装；电缆试验。

9.25.2 典型方案主要技术条件

典型方案 B6-25 主要技术条件见表 9-159。

表 9-159   **典型方案 B6-25 主要技术条件**

方案名称	工程主要技术条件	
改造 220kV 2000mm² 电缆中间接头	电压等级	220kV
	设备型号	1×2000，绝缘接头，铜
	地形	100%平地
	气象条件	覆冰 10mm，基本风速 27m/s
	地质条件	100%普通土
	运距	人力 0.3km，汽车 10km

9.25.3 典型方案估算书

估算投资为总投资，编制依据按 3.2 要求。典型方案 B6-25 估算书包括总估算汇总表、安装工程专业汇总表、其他费用估算表，分别见表 9-160～表 9-162。

表 9-160　　　　　　　　　典型方案 B6-25 总估算汇总表　　　　　　　金额单位：万元

序号	工程或费用名称	含税金额	占工程投资的比例（%）	不含税金额	可抵扣增值税金额
一	建筑工程费				
二	安装工程费	4.59	15.43	4.21	0.38
三	拆除工程费				
四	设备购置费	22.36	75.18	19.78	2.58
	其中：编制基准期价差	0.18	0.61	0.18	
五	小计	26.95	90.62	23.99	2.96
	其中：甲供设备材料费	22.36	75.18	19.78	2.58
六	其他费用	2.79	9.38	2.63	0.16
七	基本预备费				
八	特殊项目				
九	工程投资合计	29.74	100	26.62	3.12
	其中：可抵扣增值税金额	3.12			3.12
	其中：施工费	4.59	15.43	4.21	0.38

表 9-161　　　　　　　　　典型方案 B6-25 安装工程专业汇总表　　　　　　金额单位：元

序号	工程或费用名称	安装工程费			设备购置费	合计
		未计价材料费	安装费	小计		
	安装工程		45937	45937	223587	269524
	陆上电缆线路安装工程		45937	45937	223587	269524
四	电缆附件		18359	18359	223587	241946
1	中间接头制作安装		18359	18359	223587	241946
六	调试及试验		27551	27551		27551
1	电缆试验		27551	27551		27551
	合计		45910	45910	223587	269497

表 9-162　　　　　　　　　典型方案 B6-25 其他费用估算表　　　　　　　金额单位：元

序号	工程或费用名称	编制依据及计算说明	合价
2	项目管理费		3379
2.1	管理经费	（建筑工程费+安装工程费+拆除工程费）×3.53%	1621
2.2	招标费	（建筑工程费+安装工程费+拆除工程费）×0.4%	184
2.3	工程监理费	（建筑工程费+安装工程费+拆除工程费）×3.43%	1575
3	项目技术服务费		24491
3.1	前期工作费	（建筑工程费+安装工程费）×1.7%	780
3.3	工程勘察设计费		22165
3.3.2	设计费	设计费×100%	22165

续表

序号	工程或费用名称	编制依据及计算说明	合价
3.4	设计文件评审费		1371
3.4.1	初步设计文件评审费	基本设计费×3.5%	657
3.4.2	施工图文件评审费	基本设计费×3.8%	714
3.5	施工过程造价咨询及 竣工结算审核费	（建筑工程费＋安装工程费＋拆除工程费）×0.38%	174
	合计		27870

9.25.4　典型方案设备材料表

典型方案 B6-25 设备材料表见表 9-163。

表 9-163　　　　　　　　典型方案 B6-25 设备材料表

序号	设备或材料名称	单位	数量	备注
	安装工程			
三	电缆附件			
1	中间制作安装			
500057303	电缆中间接头，1×2000，绝缘接头，铜	套	1	

9.25.5　典型方案工程量表

典型方案 B6-25 工程量见表 9-164。

表 9-164　　　　　　　　典型方案 B6-25 工程量表

序号	项目名称	单位	数量	备注
	安装工程			
	陆上电缆线路安装工程			
三	电缆附件			
1	材料运输			
JYX1-105	汽车运输　金具、绝缘子、零星钢材　装卸	t	0.300	
JYX1-106	汽车运输　金具、绝缘子、零星钢材　运输	t·km	3	
2	中间接头制作安装			
JYL3-33	220kV交联聚乙烯绝缘电缆中间接头制作安装　交联电缆直线、绝缘接头（mm²）2000以内	套/三相	1	
五	调试及试验			
1	电缆试验			
JYL5-19	高频分布式局放试验 110kV（66kV）及以上	只	3	

第10章　更换绝缘子

　　更换绝缘子典型方案共 12 个：按电压等级、塔型（安装方式）、绝缘子材质分为 35～500kV 悬垂串和耐张复合绝缘子典型方案，以及 500kV 悬垂串和耐张串瓷质绝缘子典型方案。所有方案工作范围包含旧绝缘子、导地线金具串、跳线拆除，新绝缘子、导地线金具串跳线安装，不包含占地及青苗赔偿。

10.1　B7-1更换 35kV 直线复合绝缘子串

10.1.1　典型方案主要内容

　　本典型方案为更换 3 套 35kV 直线复合绝缘子串。内容包括旧绝缘子串拆除，旧导地线金具串拆除；新绝缘子及金具等材料运输；新绝缘子串组装、检查及安装施工，新导地线金具安装。

10.1.2　典型方案主要技术条件

　　典型方案 B7-1 主要技术条件见表 10-1。

表 10-1　　　　　　　　　　典型方案 B7-1 主要技术条件

方案名称	工程主要技术条件	
更换 35kV 直线复合绝缘子串	电压等级	35kV
	规格型号	FXBW-35/70-2，670，1015
	地形	100%平地
	气象条件	覆冰 10mm，基本风速 29m/s
	运距	人力 0.3km，汽车 10km

10.1.3　典型方案估算书

　　估算投资为总投资，编制依据按 3.2 要求。典型方案 B7-1 估算书包括总估算汇总表、安装工程专业汇总表、拆除工程专业汇总表、其他费用估算表，分别见表 10-2～表 10-5。

表 10-2　　　　　　　　　　典型方案 B7-1 总估算汇总表　　　　　　　　金额单位：万元

序号	工程或费用名称	含税金额	占工程投资的比例（%）	不含税金额	可抵扣增值税金额
二	安装工程费	0.16	76.19	0.14	0.02
三	拆除工程费	0.01	4.76	0.01	
四	设备购置费				

续表

序号	工程或费用名称	含税金额	占工程投资的比例（%）	不含税金额	可抵扣增值税金额
	其中：编制基准期价差				
五	小计	0.17	80.95	0.15	0.02
	其中：甲供设备材料费	0.14	66.67	0.12	0.02
六	其他费用	0.04	19.05	0.04	
七	基本预备费				
八	特殊项目				
九	工程投资合计	0.21	100	0.19	0.02
	其中：可抵扣增值税金额	0.02			0.02
	其中：施工费	0.02	9.52	0.02	

表 10-3   **典型方案 B7-1 安装工程专业汇总表**   金额单位：元

序号	工程或费用名称	安装工程费			设备购置费	合计
		未计价材料费	安装费	小计		
	安装工程	1407	179	1586		1586
5	附件工程	1407	179	1586		1586
5.1	附件安装工程材料工地运输		28	28		28
5.2	绝缘子串及金具安装	1407	151	1558		1558
5.2.2	悬垂绝缘子串及金具安装	1407	151	1558		1558
	合计	1407	179	1586		1586

表 10-4   **典型方案 B7-1 拆除工程专业汇总表**   金额单位：元

序号	工程或费用名称	拆除工程费
	拆除工程	65
5	附件工程	65
5.2	绝缘子串及金具	65
5.2.2	悬垂绝缘子串及金具	65
	合计	65

表 10-5   **典型方案 B7-1 其他费用估算表**   金额单位：元

序号	工程或费用名称	编制依据及计算说明	合价
2	项目管理费		121
2.1	管理经费	（安装工程费＋拆除工程费）×3.53%	58
2.2	招标费	（安装工程费＋拆除工程费）×0.4%	7
2.3	工程监理费	（安装工程费＋拆除工程费）×3.43%	57

续表

序号	工程或费用名称	编制依据及计算说明	合价
3	项目技术服务费		316
3.1	前期工作费	安装工程费×2.1%	33
3.3	工程勘察设计费		130
3.3.2	设计费	设计费×100%	130
3.4	设计文件评审费		146
3.4.1	初步设计文件评审费	基本设计费×3.5%	70
3.4.2	施工图文件评审费	基本设计费×3.8%	76
3.5	施工过程造价咨询及竣工结算审核费	（安装工程费＋拆除工程费）×0.38%	6
	合计		437

10.1.4　典型方案设备材料表

典型方案 B7-1 设备材料表见表 10-6。

表 10-6　　　　　　　　　　典型方案 B7-1 设备材料表

序号	设备或材料名称	单位	数量	备注
	架空线路工程			
三	附件及金具			
5	附件工程			
5.2	绝缘子串及金具安装			
500121186	地线悬垂通用　BX2-G-07	套	1	
500122829	交流棒形悬式复合绝缘子　FXBW-35/70-2，670，1015	支	3	
500125618	35kV 导线悬垂通用　03XC11-00-07P（H）-3A	套	3	

10.1.5　典型方案工程量表

典型方案 B7-1 工程量见表 10-7。

表 10-7　　　　　　　　　　典型方案 B7-1 工程量表

序号	项目名称	单位	数量	备注
	安装工程			
5	附件工程			
5.1	附件安装工程材料工地运输			
JYX1-19	人力运输　金具、绝缘子、零星钢材	t·km	0.039	
JYX1-105	汽车运输　金具、绝缘子、零星钢材　装卸	t	0.130	

续表

序号	项目名称	单位	数量	备注
JYX1-106	汽车运输　金具、绝缘子、零星钢材　运输	t·km	1.303	
5.2	绝缘子串及金具安装			
5.2.2	悬垂绝缘子串及金具安装			
JYX6-24	直线杆塔绝缘子串悬挂安装　35kV 针式单串	串	3	
JYX6-60	导线缠绕铝包带线夹安装　35kV 单导线	单相	3	
	拆除工程			
5	附件工程			
5.2	绝缘子串及金具			
5.2.2	悬垂绝缘子串及金具			
CYX4-2	直线杆塔悬垂绝缘子串拆除　35kV 针式　单串	串	3	
CYX4-35	导线缠绕铝包带线夹拆除　35kV 单导线	单相	3	

10.2　B7-2 更换 66kV 直线复合绝缘子串

10.2.1　典型方案主要内容

本典型方案为更换 3 套 66kV 直线复合绝缘子串。内容包括旧绝缘子串拆除，旧导地线金具串拆除；新绝缘子及金具等材料运输；新绝缘子串组装、检查及安装施工，新导地线金具安装。

10.2.2　典型方案主要技术条件

典型方案 B7-2 主要技术条件见表 10-8。

表 10-8　　　　　　　　　　典型方案 B7-2 主要技术条件

方案名称	工程主要技术条件	
更换 66kV 直线复合绝缘子串	电压等级	66kV
	规格型号	FXBW-66/120-2，940，1920
	地形	100%平地
	气象条件	覆冰 10mm，基本风速 27m/s
	运距	人运 0.3km，汽运 10km

10.2.3　典型方案估算书

估算投资为总投资，编制依据按 3.2 要求。典型方案 B7-2 估算书包括总估算汇总表、安装工程专业汇总表、拆除工程专业汇总表、其他费用估算表，分别见表 10-9～表 10-12。

表 10-9 典型方案 B7-2 总估算汇总表 金额单位：万元

序号	工程或费用名称	含税金额	占工程投资的比例（%）	不含税金额	可抵扣增值税金额
二	安装工程费	0.25	78.13	0.22	0.03
三	拆除工程费	0.01	3.13	0.01	
四	设备购置费				
	其中：编制基准期价差				
五	小计	0.26	81.25	0.23	0.03
	其中：甲供设备材料费	0.21	65.63	0.19	0.02
六	其他费用	0.06	18.75	0.06	
七	基本预备费				
八	特殊项目				
九	工程投资合计	0.32	100	0.29	0.03
	其中：可抵扣增值税金额	0.03			0.03
	其中：施工费	0.05	15.63	0.05	

表 10-10 典型方案 B7-2 安装工程专业汇总表 金额单位：元

序号	工程或费用名称	安装工程费			设备购置费	合计
		未计价材料费	安装费	小计		
	安装工程	2112	407	2519		2519
5	附件工程	2112	407	2519		2519
5.1	附件安装工程材料工地运输		21	21		21
5.2	绝缘子串及金具安装	2112	386	2498		2498
5.2.1	耐张绝缘子串及金具安装	201		201		201
5.2.2	悬垂绝缘子串及金具安装	1910	386	2296		2296
	合计	2112	407	2519		2519

表 10-11 典型方案 B7-2 拆除工程专业汇总表 金额单位：元

序号	工程或费用名称	拆除工程费
	拆除工程	137
5	附件工程	137
5.2	绝缘子串及金具安装	137
5.2.2	悬垂绝缘子串及金具安装	137
	合计	137

表 10-12　　　　　　　　　　典型方案 B7-2 其他费用估算表　　　　　　金额单位：元

序号	工程或费用名称	编制依据及计算说明	合价
2	项目管理费		195
2.1	管理经费	（安装工程费＋拆除工程费）×3.53%	94
2.2	招标费	（安装工程费＋拆除工程费）×0.4%	11
2.3	工程监理费	（安装工程费＋拆除工程费）×3.43%	91
3	项目技术服务费		416
3.1	前期工作费	安装工程费×2.1%	53
3.3	工程勘察设计费		207
3.3.2	设计费	设计费×100%	207
3.4	设计文件评审费		146
3.4.1	初步设计文件评审费	基本设计费×3.5%	70
3.4.2	施工图文件评审费	基本设计费×3.8%	76
3.5	施工过程造价咨询及竣工结算审核费	（安装工程费＋拆除工程费）×0.38%	10
	合计		612

10.2.4　典型方案设备材料表

典型方案 B7-2 设备材料表见表 10-13。

表 10-13　　　　　　　　　　典型方案 B7-2 设备材料表

序号	设备或材料名称	单位	数量	备注
三	附件及金具			
5	附件工程			
5.2	绝缘子串及金具安装			
500125711	地线悬垂串　BX-G-07-3A	串	1	
500122803	线路电瓷　合成绝缘子 FXBW-66/120	支	6	
500120459	66kV 导线悬垂通用，06XD22S-0040-07P（H）-1D 铝	串	3	

10.2.5　典型方案工程量表

典型方案 B7-2 工程量见表 10-14。

表 10-14　　　　　　　　　　典型方案 B7-2 工程量表

序号	项目名称	单位	数量	备注
	安装工程			
5	附件工程			
5.1	附件安装工程材料工地运输			

序号	项目名称	单位	数量	备注
JYX1-19	人力运输　金具、绝缘子、零星钢材	t·km	0.030	
JYX1-105	汽车运输　金具、绝缘子、零星钢材　装卸	t	0.099	
JYX1-106	汽车运输　金具、绝缘子、零星钢材　运输	t·km	0.994	
5.2	绝缘子串及金具安装			
5.2.2	悬垂绝缘子串及金具安装			
JYX6-26	直线杆塔绝缘子串悬挂安装　110kV　I型单联串	串	3	
JYX6-61	导线缠绕铝包带线夹安装　110kV　单导线	单相	3	
	拆除工程			
5	附件工程			
5.2	绝缘子串及金具安装			
5.2.2	悬垂绝缘子串及金具安装			
CYX4-4	直线杆塔悬垂绝缘子串拆除　110kV　单串	串	3	
CYX4-36	导线缠绕铝包带线夹拆除　110kV　单导线	单相	3	

10.3　B7-3更换110kV直线复合绝缘子串

10.3.1　典型方案主要内容

本典型方案为更换3套110kV直线复合绝缘子串。内容包括旧绝缘子串拆除，旧导地线金具串拆除；新绝缘子及金具等材料运输；新绝缘子串组装、检查及安装施工，新导地线金具安装。

10.3.2　典型方案主要技术条件

典型方案B7-3主要技术条件见表10-15。

表10-15　　　　　　典型方案B7-3主要技术条件

方案名称	工程主要技术条件	
更换110kV直线复合绝缘子串	电压等级	110kV
	规格型号	FXBW-110/120-2，1440，3150
	地形	100%平地
	气象条件	覆冰10mm，基本风速27m/s
	运距	人运0.3km，汽运10km

10.3.3　典型方案估算书

估算投资为总投资，编制依据按3.2要求。典型方案B7-3估算书包括总估算汇总表、安装工程专业汇总表、拆除工程专业汇总表、其他费用估算表，分别见表10-16～表10-19。

表10-16   **典型方案B7-3总估算汇总表**   金额单位：万元

序号	工程或费用名称	含税金额	占工程投资的比例（%）	不含税金额	可抵扣增值税金额
二	安装工程费	0.25	78.13	0.22	0.03
三	拆除工程费	0.01	3.13	0.01	
四	设备购置费				
	其中：编制基准期价差				
五	小计	0.26	81.25	0.23	0.03
	其中：甲供设备材料费	0.2	62.5	0.18	0.02
六	其他费用	0.06	18.75	0.06	
七	基本预备费				
八	特殊项目				
九	工程投资合计	0.32	100	0.29	0.03
	其中：可抵扣增值税金额	0.03			0.03
	其中：施工费	0.06	18.75	0.06	

表10-17   **典型方案B7-3安装工程专业汇总表**   金额单位：元

序号	工程或费用名称	安装工程费			设备购置费	合计
		未计价材料费	安装费	小计		
	安装工程	2050	421	2471		2471
5	附件工程	2050	421	2471		2471
5.1	附件安装工程材料工地运输		35	35		35
5.2	绝缘子串及金具安装	2050	386	2436		2436
5.2.2	悬垂绝缘子串及金具安装	2050	386	2436		2436
	合计	2050	421	2471		2471

表10-18   **典型方案B7-3拆除工程专业汇总表**   金额单位：元

序号	工程或费用名称	拆除工程费
	拆除工程	137
5	附件工程	137
5.2	绝缘子串及金具	137
5.2.2	悬垂绝缘子串及金具	137
	合计	137

表 10-19   典型方案 B7-3 其他费用估算表   金额单位：元

序号	工程或费用名称	编制依据及计算说明	合价
2	项目管理费		192
2.1	管理经费	（安装工程费＋拆除工程费）×3.53%	92
2.2	招标费	（安装工程费＋拆除工程费）×0.4%	10
2.3	工程监理费	（安装工程费＋拆除工程费）×3.43%	89
3	项目技术服务费		411
3.1	前期工作费	安装工程费×2.1%	52
3.3	工程勘察设计费		203
3.3.2	设计费	设计费×100%	203
3.4	设计文件评审费		146
3.4.1	初步设计文件评审费	基本设计费×3.5%	70
3.4.2	施工图文件评审费	基本设计费×3.8%	76
3.5	施工过程造价咨询及竣工结算审核费	（安装工程费＋拆除工程费）×0.38%	10
	合计		603

10.3.4　典型方案设备材料表

典型方案 B7-3 设备材料表见表 10-20。

表 10-20   典型方案 B7-3 设备材料表

序号	设备或材料名称	单位	数量	备注
	架空线路工程			
三	附件及金具			
5	附件工程			
5.2	绝缘子串及金具安装			
500121186	地线悬垂通用 BX2-G-07	套	1	
500122813	交流棒形悬式复合绝缘子 FXBW-110/120-2，1240，3150	支	3	
500121030	110kV 导线悬垂通用，1XD11-0000-07P（H）-1A	套	3	

10.3.5　典型方案工程量表

典型方案 B7-3 工程量见表 10-21。

表 10-21　　　　　　　　　　　**典型方案 B7-3 工程量表**

序号	项目名称	单位	数量	备注
	安装工程			
5	附件工程			
5.1	附件安装工程材料工地运输			
JYX1-19	人力运输　金具、绝缘子、零星钢材	t·km	0.049	
JYX1-105	汽车运输　金具、绝缘子、零星钢材　装卸	t	0.163	
JYX1-106	汽车运输　金具、绝缘子、零星钢材　运输	t·km	1.629	
5.2	绝缘子串及金具安装			
5.2.2	悬垂绝缘子串及金具安装			
JYX6-26	直线杆塔绝缘子串悬挂安装 110kV Ⅰ型单联串	串	3	
JYX6-61	导线缠绕铝包带线夹安装 110kV 单导线	单相	3	
	拆除工程			
5	附件工程			
5.2	绝缘子串及金具			
5.2.2	悬垂绝缘子串及金具			
CYX4-4	直线杆塔悬垂绝缘子串拆除 110kV 单串	串	3	
CYX4-36	导线缠绕铝包带线夹拆除 110kV 单导线	单相	3	

10.4　B7-4 更换 220kV 直线复合绝缘子串

10.4.1　典型方案主要内容

本典型方案为更换 3 套 220kV 直线复合绝缘子串。内容包括旧绝缘子串拆除，旧导地线金具串拆除；新绝缘子及金具等材料运输；新绝缘子串组装、检查及安装施工，新导地线线金具安装。

10.4.2　典型方案主要技术条件

典型方案 B7-4 主要技术条件见表 10-22。

表 10-22　　　　　　　　　　**典型方案 B7-4 主要技术条件**

方案名称	工程主要技术条件	
更换 220kV 直线复合绝缘子串	电压等级	220kV
	规格型号	FXBW-220/120-3，2470，7040
	地形	100%平地
	气象条件	覆冰 10mm，基本风速 27m/s
	运距	人运 0.3km，汽运 10km

10.4.3 典型方案估算书

估算投资为总投资，编制依据按 3.2 要求。典型方案 B7-4 估算书包括总估算汇总表、安装工程专业汇总表、拆除工程专业汇总表、其他费用估算表，分别见表 10-23～表 10-26。

表 10-23 典型方案 B7-4 总估算汇总表 金额单位：万元

序号	工程或费用名称	含税金额	占工程投资的比例（%）	不含税金额	可抵扣增值税金额
二	安装工程费	0.33	76.74	0.29	0.04
三	拆除工程费	0.02	4.65	0.02	
四	设备购置费				
	其中：编制基准期价差				
五	小计	0.35	81.4	0.31	0.04
	其中：甲供设备材料费	0.28	65.12	0.25	0.03
六	其他费用	0.08	18.6	0.08	
七	基本预备费				
八	特殊项目				
九	工程投资合计	0.43	100	0.39	0.04
	其中：可抵扣增值税金额	0.04			0.04
	其中：施工费	0.07	16.28	0.06	0.01

表 10-24 典型方案 B7-4 安装工程专业汇总表 金额单位：元

序号	工程或费用名称	安装工程费			设备购置费	合计
		未计价材料费	安装费	小计		
	安装工程	2846	476	3322		3322
5	附件工程	2846	476	3322		3322
5.1	附件安装工程材料工地运输		53	53		53
5.2	绝缘子串及金具安装	2846	423	3269		3269
5.2.2	悬垂绝缘子串及金具安装	2846	423	3269		3269
	合计	2846	476	3322		3322

表 10-25 典型方案 B7-4 拆除工程专业汇总表 金额单位：元

序号	工程或费用名称	拆除工程费
	拆除工程	205
5	附件工程	205
5.2	绝缘子串及金具	205
5.2.2	悬垂绝缘子串及金具	205
	合计	205

表 10-26　　　　　　　　　典型方案 B7-4 其他费用估算表　　　　　　　金额单位：元

序号	工程或费用名称	编制依据及计算说明	合价
2	项目管理费		260
2.1	管理经费	（安装工程费＋拆除工程费）×3.53%	125
2.2	招标费	（安装工程费＋拆除工程费）×0.4%	14
2.3	工程监理费	（安装工程费＋拆除工程费）×3.43%	121
3	项目技术服务费		502
3.1	前期工作费	安装工程费×2.1%	70
3.3	工程勘察设计费		273
3.3.2	设计费	设计费×100%	273
3.4	设计文件评审费		146
3.4.1	初步设计文件评审费	基本设计费×3.5%	70
3.4.2	施工图文件评审费	基本设计费×3.8%	76
3.5	施工过程造价咨询及竣工结算审核费	（安装工程费＋拆除工程费）×0.38%	13
	合计		762

10.4.4　典型方案设备材料表

典型方案 B7-4 设备材料表见表 10-27。

表 10-27　　　　　　　　　　　典型方案 B7-4 设备材料表

序号	设备或材料名称	单位	数量	备注
	架空线路工程			
三	附件及金具			
5	附件工程			
5.2	绝缘子串及金具安装			
500121186	地线悬垂通用 BX2-G-07	套	1	
500122838	交流棒形悬式复合绝缘子 FXBW-220/120-3，2470，7040	支	3	
500119397	220kV 导线悬垂通用 2XZ11-4000-10P（H）-1A	套	3	

10.4.5　典型方案工程量表

典型方案 B7-4 工程量见表 10-28。

表 10-28　　　　　　　　　　　典型方案 B7-4 工程量表

序号	项目名称	单位	数量	备注
	安装工程			
5	附件工程			
5.1	附件安装工程材料工地运输			

续表

序号	项目名称	单位	数量	备注
JYX1－19	人力运输　金具、绝缘子、零星钢材	t·km	0.074	
JYX1－105	汽车运输　金具、绝缘子、零星钢材　装卸	t	0.246	
JYX1－106	汽车运输　金具、绝缘子、零星钢材　运输	t·km	2.461	
5.2	绝缘子串及金具安装			
5.2.2	悬垂绝缘子串及金具安装			
JYX6－28	直线杆塔绝缘子串悬挂安装　220kV　Ⅰ型单联串	串	3	
JYX6－63	导线缠绕铝包带线夹安装　220kV　单导线	单相	3	
	拆除工程			
5	附件工程			
5.2	绝缘子串及金具			
5.2.2	悬垂绝缘子串及金具			
CYX4－6	直线杆塔悬垂绝缘子串拆除　220kV　单串	串	3	
CYX4－38	导线缠绕铝包带线夹拆除　220kV　单导线	单相	3	

10.5　B7－5 更换 500kV 直线复合绝缘子串

10.5.1　典型方案主要内容

本典型方案为更换 3 套 500kV 直线复合绝缘子串。内容包括原旧绝缘子串拆除，旧重锤拆除；旧跳线拆除；旧导地线金具串拆除；新绝缘子及金具等材料运输；新绝缘子串组装、检查及安装施工；新导线跳线制作及安装施工；新重锤组装及安装施工；新导地线金具安装。

10.5.2　典型方案主要技术条件

典型方案 B7－5 主要技术条件见表 10－29。

表 10－29　　　　　　　　　　　　典型方案 B7－5 主要技术条件

方案名称	工程主要技术条件	
更换 500kV 直线复合绝缘子串	电压等级	500kV
	规格型号	FXBW－500/210－3，4900，16000
	地形	100%平地
	气象条件	覆冰 10mm，基本风速 27m/s
	运距	人力 0.3km，汽车 10km

10.5.3　典型方案估算书

估算投资为总投资，编制依据按 3.2 要求。典型方案 B7－5 估算书包括总估算汇总表、安装工程专业汇总表、拆除工程专业汇总表、其他费用估算表，分别见表 10－30～表 10－33。

表 10-30 　　　　　　　　　**典型方案 B7-5 总估算汇总表** 　　　　　　金额单位：万元

序号	工程或费用名称	含税金额	占工程投资的比例（%）	不含税金额	可抵扣增值税金额
二	安装工程费	2.55	81.73	2.27	0.28
三	拆除工程费	0.09	2.88	0.08	0.01
四	设备购置费				
	其中：编制基准期价差	0.01	0.32	0.01	
五	小计	2.64	84.62	2.35	0.29
	其中：甲供设备材料费	2.24	71.79	1.98	0.26
六	其他费用	0.48	15.38	0.45	0.03
七	基本预备费				
八	特殊项目				
九	工程投资合计	3.12	100	2.8	0.32
	其中：可抵扣增值税金额	0.32			0.32
	其中：施工费	0.4	12.82	0.37	0.03

表 10-31 　　　　　　　**典型方案 B7-5 安装工程专业汇总表** 　　　　　　金额单位：元

序号	工程或费用名称	安装工程费			设备购置费	合计
		未计价材料费	安装费	小计		
	安装工程	22425	3098	25523		25523
5	附件工程	22425	3098	25523		25523
5.1	附件安装工程材料工地运输		53	53		53
5.2	绝缘子串及金具安装	22425	3045	25470		25470
5.2.2	悬垂绝缘子串及金具安装	22425	3045	25470		25470
	合计	22425	3098	25523		25523

表 10-32 　　　　　　　**典型方案 B7-5 拆除工程专业汇总表** 　　　　　　金额单位：元

序号	工程或费用名称	拆除工程费
	拆除工程	855
5	附件工程	855
5.2	绝缘子串及金具	855
5.2.2	悬垂绝缘子串及金具	855
	合计	855

表 10-33 　　　　　　　**典型方案 B7-5 其他费用估算表** 　　　　　　金额单位：元

序号	工程或费用名称	编制依据及计算说明	合价
2	项目管理费		1941
2.1	管理经费	（安装工程费＋拆除工程费）×3.53%	931
2.2	招标费	（安装工程费＋拆除工程费）×0.4%	106

序号	工程或费用名称	编制依据及计算说明	合价
2.3	工程监理费	（安装工程费＋拆除工程费）×3.43%	905
3	项目技术服务费		2881
3.1	前期工作费	安装工程费×2.1%	536
3.3	工程勘察设计费		2099
3.3.2	设计费	设计费×100%	2099
3.4	设计文件评审费		146
3.4.1	初步设计文件评审费	基本设计费×3.5%	70
3.4.2	施工图文件评审费	基本设计费×3.8%	76
3.5	施工过程造价咨询及竣工结算审核费	（安装工程费＋拆除工程费）×0.38%	100
	合计		4823

10.5.4 典型方案设备材料表

典型方案 B7-5 设备材料表见表 10-34。

表 10-34　　　　　　　　典型方案 B7-5 设备材料表

序号	设备或材料名称	单位	数量	备注
	架空线路工程			
三	附件及金具			
5	附件工程			
5.2	绝缘子串及金具安装			
500121186	地线悬垂通用　BX2-G-07	套	1	
500122852	交流棒形悬式复合绝缘子　FXBW-500/210-3，4900，16000	支	3	
500120627	500kV 导线悬垂通用　5XC1K-45-16P	套	3	

10.5.5 典型方案工程量表

典型方案 B7-5 工程量见表 10-35。

表 10-35　　　　　　　　典型方案 B7-5 工程量表

序号	项目名称	单位	数量	备注
	安装工程			
5	附件工程			
5.1	附件安装工程材料工地运输			
JYX1-19	人力运输　金具、绝缘子、零星钢材	t·km	0.074	
JYX1-105	汽车运输　金具、绝缘子、零星钢材　装卸	t	0.246	

续表

序号	项目名称	单位	数量	备注
JYX1-106	汽车运输　金具、绝缘子、零星钢材　运输	t·km	2.461	
5.2	绝缘子串及金具安装			
5.2.2	悬垂绝缘子串及金具安装			
JYX6-38	直线杆塔绝缘子串悬挂安装　±500kV、500kV　V型单联串	串	3	
JYX6-83	导线缠绕预绞丝线夹安装　±500kV、500kV　四分裂	单相（单极）	3	
JYX6-95	均压环、屏蔽环安装　±500kV、500kV　直线	单相（单极）	3	
	拆除工程			
5	附件工程			
5.2	绝缘子串及金具			
5.2.2	悬垂绝缘子串及金具			
CYX4-10	直线杆塔悬垂绝缘子串拆除　±500kV、500kV　单串	串	3	
CYX4-43	导线缠绕铝包带线夹拆除　±500kV、500kV　四分裂	单相（单极）	3	
CYX4-72	均压环、屏蔽环拆除　±500kV、500kV　直线	单相（单极）	3	

10.6　B7-6更换500kV直线瓷绝缘子串

10.6.1　典型方案主要内容

本典型方案为更换3套500kV直线瓷绝缘子串。内容包括原旧绝缘子串拆除，旧重锤拆除；旧跳线拆除；旧导地线金具串拆除；新绝缘子及金具等材料运输；新绝缘子串组装、检查及安装施工；新导线跳线制作及安装施工；新重锤组装及安装施工；新导地线金具安装。

10.6.2　典型方案主要技术条件

典型方案B7-6主要技术条件见表10-36。

表10-36　　　　　　　　　**典型方案B7-6主要技术条件**

方案名称	工程主要技术条件	
更换500kV直线瓷绝缘子串	电压等级	500kV
	规格型号	U160BP/155D，450，340
	地形	100%平地
	气象条件	覆冰10mm，基本风速27m/s
	运距	人力0.3km，汽车10km

10.6.3　典型方案估算书

估算投资为总投资，编制依据按3.2要求。典型方案B7-6估算书包括总估算汇总表、安装工程专业汇总表、拆除工程专业汇总表、其他费用估算表，分别见表10-37～表10-40。

表 10-37　　　　　　　　　　　**典型方案 B7-6 总估算汇总表**　　　　　　　金额单位：万元

序号	工程或费用名称	含税金额	占工程投资的比例（%）	不含税金额	可抵扣增值税金额
二	安装工程费	3.85	82.62	3.44	0.41
三	拆除工程费	0.09	1.93	0.08	0.01
四	设备购置费				
	其中：编制基准期价差	0.01	0.21	0.01	
五	小计	3.94	84.55	3.52	0.42
	其中：甲供设备材料费	3.52	75.54	3.13	0.39
六	其他费用	0.72	15.45	0.68	0.04
七	基本预备费				
八	特殊项目				
九	工程投资合计	4.66	100	4.2	0.46
	其中：可抵扣增值税金额	0.46			0.46
	其中：施工费	0.41	8.8	0.38	0.03

表 10-38　　　　　　　　　　**典型方案 B7-6 安装工程专业汇总表**　　　　　金额单位：元

序号	工程或费用名称	安装工程费			设备购置费	合计
		未计价材料费	安装费	小计		
	安装工程	35233	3271	38504		38504
5	附件工程	35233	3271	38504		38504
5.1	附件安装工程材料工地运输		226	226		226
5.2	绝缘子串及金具安装	35233	3045	38278		38278
5.2.2	悬垂绝缘子串及金具安装	35233	3045	38278		38278
	合计	35233	3271	38504		38504

表 10-39　　　　　　　　　　**典型方案 B7-6 拆除工程专业汇总表**　　　　　金额单位：元

序号	工程或费用名称	拆除工程费
	拆除工程	855
5	附件工程	855
5.2	绝缘子串及金具	855
5.2.2	悬垂绝缘子串及金具	855
	合计	855

表 10-40　　　　　　　　　　　**典型方案 B7-6 其他费用估算表**　　　　　金额单位：元

序号	工程或费用名称	编制依据及计算说明	合价
2	项目管理费		2897
2.1	管理经费	（安装工程费＋拆除工程费）×3.53%	1389

序号	工程或费用名称	编制依据及计算说明	合价
2.2	招标费	（安装工程费＋拆除工程费）×0.4%	157
2.3	工程监理费	（安装工程费＋拆除工程费）×3.43%	1350
3	项目技术服务费		4321
3.1	前期工作费	安装工程费×2.1%	809
3.3	工程勘察设计费		3167
3.3.2	设计费	设计费×100%	3167
3.4	设计文件评审费		196
3.4.1	初步设计文件评审费	基本设计费×3.5%	94
3.4.2	施工图文件评审费	基本设计费×3.8%	102
3.5	施工过程造价咨询及竣工结算审核费	（安装工程费＋拆除工程费）×0.38%	150
	合计		7218

10.6.4 典型方案设备材料表

典型方案 B7-6 设备材料表见表 10-41。

表 10-41　　　　　典型方案 B7-6 设备材料表

序号	设备或材料名称	单位	数量	备注
	架空线路工程			
三	附件及金具			
5	附件工程			
5.2	绝缘子串及金具安装			
500121186	地线悬垂通用 BX2-G-07	套	1	
500066850	交流盘形悬式瓷绝缘子 U160BP/155D，330，545	片	84	
500120627	500kV 导线悬垂通用 5XC1K-45-16P	套	3	

10.6.5 典型方案工程量表

典型方案 B7-6 工程量见表 10-42。

表 10-42　　　　　典型方案 B7-6 工程量表

序号	项目名称	单位	数量	备注
	安装工程			
5	附件工程			
5.1	附件安装工程材料工地运输			
JYX1-19	人力运输　金具、绝缘子、零星钢材	t·km	0.314	
JYX1-105	汽车运输　金具、绝缘子、零星钢材　装卸	t	1.045	

序号	项目名称	单位	数量	备注
JYX1-106	汽车运输　金具、绝缘子、零星钢材　运输	t·km	10.454	
5.2	绝缘子串及金具安装			
5.2.2	悬垂绝缘子串及金具安装			
JYX6-38	直线杆塔绝缘子串悬挂安装　±500kV、500kV　V型单联串	串	3	
JYX6-83	导线缠绕预绞丝线夹安装　±500kV、500kV　四分裂	单相（单极）	3	
JYX6-95	均压环、屏蔽环安装　±500kV、500kV　直线	单相（单极）	3	
	拆除工程			
5	附件工程			
5.2	绝缘子串及金具			
5.2.2	悬垂绝缘子串及金具			
CYX4-10	直线杆塔悬垂绝缘子串拆除　±500kV、500kV　单串	串	3	
CYX4-43	导线缠绕铝包带线夹拆除　±500kV、500kV　四分裂	单相（单极）	3	
CYX4-72	均压环、屏蔽环拆除　±500kV、500kV　直线	单相（单极）	3	

10.7　B7-7更换35kV耐张复合绝缘子串

10.7.1　典型方案主要内容

本典型方案为更换6套35kV耐张复合绝缘子串。内容包括旧绝缘子串拆除，旧重锤拆除，旧跳线拆除；旧导地线金具串拆除；新绝缘子及金具等材料运输；新绝缘子串组装、检查及安装施工；新导线跳线制作及安装施工；新重锤组装及安装施工；新导地线金具安装。

10.7.2　典型方案主要技术条件

典型方案B7-7主要技术条件见表10-43。

表10-43　　　　　　　　典型方案B7-7主要技术条件

方案名称	工程主要技术条件	
更换35kV耐张复合绝缘子串	电压等级	35kV
	规格型号	FXBW-35/70-2，670，1015
	地形	100%平地
	气象条件	覆冰10mm，基本风速30m/s
	运距	人力0.3km，汽车10km

10.7.3　典型方案估算书

估算投资为总投资，编制依据按3.2要求。典型方案B7-7估算书包括总估算汇总表、安装工程专业汇总表、拆除工程专业汇总表、其他费用估算表，分别见表10-44～表10-47。

表 10-44　　　　　　　　　　典型方案 B7-7 总估算汇总表　　　　　　　金额单位：万元

序号	工程或费用名称	含税金额	占工程投资的比例（%）	不含税金额	可抵扣增值税金额
二	安装工程费	2.06	70.31	1.86	0.2
三	拆除工程费	0.45	15.36	0.41	0.04
四	设备购置费				
	其中：编制基准期价差	0.04	1.37	0.04	
五	小计	2.51	85.67	2.27	0.24
	其中：甲供设备材料费	0.96	32.76	0.85	0.11
六	其他费用	0.42	14.33	0.4	0.02
七	基本预备费				
八	特殊项目				
九	工程投资合计	2.93	100	2.67	0.26
	其中：可抵扣增值税金额	0.26			0.26
	其中：施工费	1.54	52.56	1.41	0.13

表 10-45　　　　　　　　　　典型方案 B7-7 安装工程专业汇总表　　　　　　　金额单位：元

序号	工程或费用名称	安装工程费			设备购置费	合计
		未计价材料费	安装费	小计		
	安装工程	9609	10948	20557		20557
4	架线工程	592	6	598		598
4.1	架线工程材料工地运输		6	6		6
4.2	导地线架设	592		592		592
5	附件工程	9017	10942	19959		19959
5.1	附件安装工程材料工地运输		91	91		91
5.2	绝缘子串及金具安装	9017	10851	19869		19869
5.2.1	耐张绝缘子串及金具安装	6532	10700	17232		17232
5.2.2	悬垂绝缘子串及金具安装	2485	151	2636		2636
	合计	9609	10948	20557		20557

表 10-46　　　　　　　　　　典型方案 B7-7 拆除工程专业汇总表　　　　　　　金额单位：元

序号	工程或费用名称	拆除工程费
	拆除工程	4454
5	附件工程	4454
5.2	绝缘子串及金具	4454
5.2.1	耐张绝缘子串及金具	4454
	合计	4454

表 10-47　　　　　　　　　　　　典型方案 B7-7 其他费用估算表　　　　　　　　金额单位：元

序号	工程或费用名称	编制依据及计算说明	合价
2	项目管理费		1841
2.1	管理经费	（安装工程费+拆除工程费）×3.53%	883
2.2	招标费	（安装工程费+拆除工程费）×0.4%	100
2.3	工程监理费	（安装工程费+拆除工程费）×3.43%	858
3	项目技术服务费		2364
3.1	前期工作费	安装工程费×2.1%	432
3.3	工程勘察设计费		1691
3.3.2	设计费	设计费×100%	1691
3.4	设计文件评审费		146
3.4.1	初步设计文件评审费	基本设计费×3.5%	70
3.4.2	施工图文件评审费	基本设计费×3.8%	76
3.5	施工过程造价咨询及竣工结算审核费	（安装工程费+拆除工程费）×0.38%	95
	合计		4204

10.7.4　典型方案设备材料表

典型方案 B7-7 设备材料表见表 10-48。

表 10-48　　　　　　　　　　典型方案 B7-7 设备材料表

序号	设备或材料名称	单位	数量	备注
	架空线路工程			
三	附件及金具			
4	架线工程			
4.2	导地线架设			
500127618	钢芯铝绞线 LGJ-240/30	t	0.027	
5	附件工程			
5.2	绝缘子串及金具安装			
500125681	地线耐张通用 BNX-G-07-1C	套	2	
500119185	重锤片 FZC-15Y	只	9	
500122829	交流棒形悬式复合绝缘子 FXBW-35/70-2，670，1015	支	15	
500125573	35kV 导线耐张通用 03N21Y-40-07P（H）Z（D）2A	套	6	
500125730	35kV 导线跳线通用 03T-07P（H）1A	套	3	

10.7.5 典型方案工程量表

典型方案 B7-7 工程量见表 10-49。

表 10-49 典型方案 B7-7 工程量表

序号	项目名称	单位	数量	备注
	安装工程			
5	附件工程			
5.1	附件安装工程材料工地运输			
JYX1-19	人力运输 金具、绝缘子、零星钢材	t·km	0.126	
JYX1-105	汽车运输 金具、绝缘子、零星钢材 装卸	t	0.420	
JYX1-106	汽车运输 金具、绝缘子、零星钢材 运输	t·km	4.200	
5.2	绝缘子串及金具安装			
5.2.1	耐张绝缘子串及金具安装			
JYX6-2	耐张转角杆塔导线挂线及绝缘子串安装 35kV 单导线	组	6	
JYX6-119	重锤安装 重量（kg）30 以内	单相（单极）	3	
JYX6-154	跳线制作及安装 单导线 软跳线 35kV	单相	3	
5.2.2	悬垂绝缘子串及金具安装			
JYX6-60	导线缠绕铝包带线夹安装 35kV 单导线	单相	3	
JYX6-24	直线杆塔绝缘子串悬挂安装 35kV 针式单串	串	3	
	拆除工程			
5	附件工程			
5.2	绝缘子串及金具			
5.2.1	耐张绝缘子串及金具			
CYX4-19	耐张转角杆塔绝缘子串拆除 35kV 单导线	组	6	
CYX4-93	重锤拆除 重量（kg）60 以下	单相	3	
CYX4-105	耐张塔、转角塔跳线拆除 35kV 单导线	单相	3	

10.8 B7-8 更换 66kV 耐张复合绝缘子串

10.8.1 典型方案主要内容

本典型方案为更换 6 套 66kV 耐张复合绝缘子串。内容包括旧绝缘子串拆除，旧重锤拆除，旧跳线拆除；旧导地线金具串拆除；新绝缘子及金具等材料运输；新绝缘子串组装、检查及安装施工；新导线跳线制作及安装施工；新重锤组装及安装施工；新导地线金具安装。

10.8.2 典型方案主要技术条件

典型方案 B7-8 主要技术条件见表 10-50。

表 10-50　　　　　　　　　　**典型方案 B7-8 主要技术条件**

方案名称	工程主要技术条件	
更换 66kV 耐张复合绝缘子串	电压等级	66kV
	规格型号	FXBW-66/120-2，940，1920
	地形	100%平地
	气象条件	覆冰 10mm，基本风速 27m/s
	运距	人运 0.3km，汽运 10km

10.8.3　典型方案估算书

估算投资为总投资，编制依据按 3.2 要求。典型方案 B7-8 估算书包括总估算汇总表、安装工程专业汇总表、拆除工程专业汇总表、其他费用估算表，分别见表 10-51～表 10-54。

表 10-51　　　　　　　　　**典型方案 B7-8 总估算汇总表**　　　　　　金额单位：万元

序号	工程或费用名称	含税金额	占工程投资的比例（%）	不含税金额	可抵扣增值税金额
二	安装工程费	2.79	69.06	2.52	0.27
三	拆除工程费	0.68	16.83	0.62	0.06
四	设备购置费				
	其中：编制基准期价差	0.06	1.49	0.06	
五	小计	3.47	85.89	3.14	0.33
	其中：甲供设备材料费	1.1	27.23	0.97	0.13
六	其他费用	0.57	14.11	0.54	0.03
七	基本预备费				
八	特殊项目				
九	工程投资合计	4.04	100	3.68	0.36
	其中：可抵扣增值税金额	0.36			0.36
	其中：施工费	2.37	58.66	2.17	0.2

表 10-52　　　　　　　　　**典型方案 B7-8 安装工程专业汇总表**　　　　　　金额单位：元

序号	工程或费用名称	安装工程费			设备购置费	合计
		未计价材料费	安装费	小计		
	安装工程	11034	16858	27892		27892
5	附件工程	11034	16858	27892		27892
5.1	附件安装工程材料工地运输		193	193		193
5.2	绝缘子串及金具安装	11034	16664	27698		27698
5.2.1	耐张绝缘子串及金具安装	8919	16278	25197		25197
5.2.2	悬垂绝缘子串及金具安装	2115	386	2501		2501
	合计	11034	16858	27892		27892

表 10-53 典型方案 B7-8 拆除工程专业汇总表 金额单位：元

序号	工程或费用名称	拆除工程费
	拆除工程	6825
5	附件工程	6825
5.2	绝缘子串及金具	6825
5.2.2	悬垂绝缘子串及金具	6825
	合计	6825

表 10-54 典型方案 B7-8 其他费用估算表 金额单位：元

序号	工程或费用名称	编制依据及计算说明	合价
2	项目管理费		2555
2.1	管理经费	（安装工程费+拆除工程费）×3.53%	1226
2.2	招标费	（安装工程费+拆除工程费）×0.4%	139
2.3	工程监理费	（安装工程费+拆除工程费）×3.43%	1191
3	项目技术服务费		3158
3.1	前期工作费	安装工程费×2.1%	586
3.3	工程勘察设计费		2294
3.3.2	设计费	设计费×100%	2294
3.4	设计文件评审费		146
3.4.1	初步设计文件评审费	基本设计费×3.5%	70
3.4.2	施工图文件评审费	基本设计费×3.8%	76
3.5	施工过程造价咨询及竣工结算审核费	（安装工程费+拆除工程费）×0.38%	132
	合计		5713

10.8.4 典型方案设备材料表

典型方案 B7-8 设备材料表见表 10-55。

表 10-55 典型方案 B7-8 设备材料表

序号	设备或材料名称	单位	数量	备注
三	附件及金具			
4	架线工程			
4.2	导地线架设			
500027421	钢芯铝绞线，JL/G1A，240/40	t	0.028	
5	附件工程			
5.2	绝缘子串及金具安装			
500119185	保护金具-重锤片，FZC-15Y	片	9	

序号	设备或材料名称	单位	数量	备注
500121210	地线耐张通用，BM1Y－G－07P	套	2	
500120561	66kV 导线双联耐张通用，06ND21Y－0040－07P（H）型	套	6	
500120362	66kV 导线跳线通用，06TD－00－07H（P）Z	套	3	
500122803	交流棒形悬式复合绝缘子，FXBW－66/120－2，940，1920	支	6	

10.8.5 典型方案工程量表

典型方案 B7－8 工程量见表 10－56。

表 10－56 **典型方案 B7－8 工程量表**

序号	项目名称	单位	数量	备注
	安装工程			
5	附件工程			
5.1	附件安装工程材料工地运输			
JYX1－19	人力运输金具、绝缘子、零星钢材	t·km	0.269	
JYX1－105	汽车运输金具、绝缘子、零星钢材装卸	t	0.898	
JYX1－106	汽车运输金具、绝缘子、零星钢材运输	t·km	8.978	
5.2	绝缘子串及金具安装			
5.2.1	耐张绝缘子串及金具安装			
JYX6－3	耐张转角杆塔导线挂线及绝缘子串安装 110kV 单导线	组	6	
JYX6－121	重锤安装 重量（kg）100 以内	单相（单极）	3	
JYX6－155	跳线制作及安装单导线软跳线 110kV	单相	3	
5.2.2	悬垂绝缘子串及金具安装			
JYX6－26	直线杆塔绝缘子串悬挂安装 110kV Ⅰ型单联串	串	3	
JYX6－61	导线缠绕铝包带线夹安装 110kV 单导线	单相	3	
	拆除工程			
5	附件工程			
5.2	绝缘子串及金具安装			
5.2.1	耐张绝缘子串及金具安装			
CYX4－20	耐张转角杆塔绝缘子串拆除 110kV 单导线	组	6	
CYX4－106	耐张塔、转角塔跳线拆除 110kV 单导线	单相	3	
CYX4－36	导线缠绕铝包带线夹拆除 110kV 单导线	单相	3	

10.9 B7-9 更换 110kV 耐张复合绝缘子串

10.9.1 典型方案主要内容

本典型方案为更换 6 套 110kV 耐张复合绝缘子串。内容包括旧绝缘子串拆除，旧重锤拆除，旧跳线拆除；旧导地线金具串拆除；新绝缘子及金具等材料运输；新绝缘子串组装、检查及安装施工；新导线跳线制作及安装施工；新重锤组装及安装施工；新导地线金具安装。

10.9.2 典型方案主要技术条件

典型方案 B7-9 主要技术条件见表 10-57。

表 10-57   典型方案 B7-9 主要技术条件

方案名称	工程主要技术条件	
更换 110kV 耐张复合绝缘子串	电压等级	110kV
	规格型号	FXBW-110/120-3，1440，3150
	地形	100%平地
	气象条件	覆冰 10mm，基本风速 27m/s
	运距	人力 0.3km，汽车 10km

10.9.3 典型方案估算书

估算投资为总投资，编制依据按 3.2 要求。典型方案 B7-9 估算书包括总估算汇总表、安装工程专业汇总表、拆除工程专业汇总表、其他费用估算表，分别见表 10-58～表 10-61。

表 10-58   典型方案 B7-9 总估算汇总表   金额单位：万元

序号	工程或费用名称	含税金额	占工程投资的比例（%）	不含税金额	可抵扣增值税金额
二	安装工程费	2.75	68.75	2.49	0.26
三	拆除工程费	0.69	17.25	0.63	0.06
四	设备购置费				
	其中：编制基准期价差	0.06	1.5	0.06	
五	小计	3.44	86	3.12	0.32
	其中：甲供设备材料费	1.08	27	0.96	0.12
六	其他费用	0.56	14	0.53	0.03
七	基本预备费				
八	特殊项目				
九	工程投资合计	4.00	100	3.65	0.35
	其中：可抵扣增值税金额	0.35			0.35
	其中：施工费	2.35	58.75	2.16	0.19

表 10-59　　　　　　　　典型方案 B7-9 安装工程专业汇总表　　　　　　金额单位：元

序号	工程或费用名称	安装工程费			设备购置费	合计
		未计价材料费	安装费	小计		
	安装工程	10804	16664	27468		27468
4	架线工程	911	19	930		930
4.1	架线工程材料工地运输		19	19		19
4.2	导地线架设	911		911		911
5	附件工程	9893	16645	26538		26538
5.1	附件安装工程材料工地运输		108	108		108
5.2	绝缘子串及金具安装	9893	16537	26430		26430
5.2.1	耐张绝缘子串及金具安装	8549	16151	24700		24700
5.2.2	悬垂绝缘子串及金具安装	1344	386	1730		1730
	合计	10804	16664	27468		27468

表 10-60　　　　　　　　典型方案 B7-9 拆除工程专业汇总表　　　　　　金额单位：元

序号	工程或费用名称	拆除工程费
	拆除工程	6863
5	附件工程	6863
5.2	绝缘子串及金具	6863
5.2.1	耐张绝缘子串及金具	6863
	合计	6863

表 10-61　　　　　　　　典型方案 B7-9 其他费用估算表　　　　　　金额单位：元

序号	工程或费用名称	编制依据及计算说明	合价
2	项目管理费		2527
2.1	管理经费	（安装工程费+拆除工程费）×3.53%	1212
2.2	招标费	（安装工程费+拆除工程费）×0.4%	137
2.3	工程监理费	（安装工程费+拆除工程费）×3.43%	1178
3	项目技术服务费		3112
3.1	前期工作费	安装工程费×2.1%	577
3.3	工程勘察设计费		2259
3.3.2	设计费	设计费×100%	2259
3.4	设计文件评审费		146
3.4.1	初步设计文件评审费	基本设计费×3.5%	70
3.4.2	施工图文件评审费	基本设计费×3.8%	76
3.5	施工过程造价咨询及竣工结算审核费	（安装工程费+拆除工程费）×0.38%	130
	合计		5639

10.9.4　典型方案设备材料表

典型方案 B7-9 设备材料表见表 10-62。

表 10-62　典型方案 B7-9 设备材料表

序号	设备或材料名称	单位	数量	备注
	架空线路工程			
三	附件及金具			
4	架线工程			
4.2	导地线架设			
500026707	钢芯铝绞线　LGJ-400/35	t	0.040	
5	附件工程			
5.2	绝缘子串及金具安装			
500125681	地线耐张通用　BNX-G-07-1C	套	2	
500119185	重锤片　FZC-15Y	只	9	
500122813	交流棒形悬式复合绝缘子　FXBW-110/120-3，1440，3150	支	15	
500120805	110kV 导线耐张通用　1ND21Y-0040-07P（H）	套	6	
500120817	110kV 导线跳线通用　1TP-10-07H（P）Z	套	3	

10.9.5　典型方案工程量表

典型方案 B7-9 工程量见表 10-63。

表 10-63　典型方案 B7-9 工程量表

序号	项目名称	单位	数量	备注
	安装工程			
5	附件工程			
5.1	附件安装工程材料工地运输			
JYX1-19	人力运输　金具、绝缘子、零星钢材	t·km	0.150	
JYX1-105	汽车运输　金具、绝缘子、零星钢材　装卸	t	0.501	
JYX1-106	汽车运输　金具、绝缘子、零星钢材　运输	t·km	5.014	
5.2	绝缘子串及金具安装			
5.2.1	耐张绝缘子串及金具安装			
JYX6-3	耐张转角杆塔导线挂线及绝缘子串安装　110kV 单导线	组	6	
JYX6-119	重锤安装　重量（kg）30 以内	单相（单极）	3	
JYX6-155	跳线制作及安装　单导线　软跳线　110kV	单相	3	
5.2.2	悬垂绝缘子串及金具安装			
JYX6-26	直线杆塔绝缘子串悬挂安装　110kV　I 型单联串	串	3	
JYX6-61	导线缠绕铝包带线夹安装　110kV　单导线	单相	3	
	拆除工程			

序号	项目名称	单位	数量	备注
5	附件工程			
5.2	绝缘子串及金具			
5.2.1	耐张绝缘子串及金具			
CYX4-20	耐张转角杆塔绝缘子串拆除 110kV 单导线	组	6	
CYX4-93	重锤拆除　重量（kg）60 以下	单相	3	
CYX4-106	耐张塔、转角塔跳线拆除 110kV 单导线	单相	3	

10.10　B7-10 更换 220kV 耐张复合绝缘子串

10.10.1　典型方案主要内容

本典型方案为更换 6 套 220kV 耐张复合绝缘子串。内容包括旧绝缘子串拆除，旧重锤拆除，旧跳线拆除；旧导地线金具串拆除；新绝缘子及金具等材料运输；新绝缘子串组装、检查及安装施工；新导线跳线制作及安装施工；新重锤组装及安装施工；新导地线金具安装。

10.10.2　典型方案主要技术条件

典型方案 B7-10 主要技术条件见表 10-64。

表 10-64　　典型方案 B7-10 主要技术条件

方案名称	工程主要技术条件	
更换 220kV 耐张复合绝缘子串	电压等级	220kV
	规格型号	FXBW-220/160-3，2470，7040
	地形	100%平地
	气象条件	覆冰 10mm，基本风速 27m/s
	运距	人力 0.3km，汽车 10km

10.10.3　典型方案估算书

估算投资为总投资，编制依据按 3.2 要求。典型方案 B7-10 估算书包括总估算汇总表、安装工程专业汇总表、拆除工程专业汇总表、其他费用估算表，分别见表 10-65～表 10-68。

表 10-65　　　　　　典型方案 B7-10 总估算汇总表　　　　　　金额单位：万元

序号	工程或费用名称	含税金额	占工程投资的比例（%）	不含税金额	可抵扣增值税金额
二	安装工程费	5.47	71.78	4.93	0.54
三	拆除工程费	1.05	13.78	0.96	0.09
四	设备购置费				
	其中：编制基准期价差	0.1	1.31	0.1	

续表

序号	工程或费用名称	含税金额	占工程投资的比例（%）	不含税金额	可抵扣增值税金额
五	小计	6.52	85.56	5.89	0.63
	其中：甲供设备材料费	2.81	36.88	2.49	0.32
六	其他费用	1.1	14.44	1.04	0.06
七	基本预备费				
八	特殊项目				
九	工程投资合计	7.62	100	6.93	0.69
	其中：可抵扣增值税金额	0.69			0.69
	其中：施工费	3.71	48.69	3.4	0.31

表 10-66　典型方案 B7-10 安装工程专业汇总表　　　　金额单位：元

序号	工程或费用名称	安装工程费			设备购置费	合计
		未计价材料费	安装费	小计		
	安装工程	28105	26564	54670		54670
4	架线工程	3303	86	3390		3390
4.1	架线工程材料工地运输		86	86		86
4.2	导地线架设	3303		3303		3303
5	附件工程	24802	26478	51280		51280
5.1	附件安装工程材料工地运输		234	234		234
5.2	绝缘子串及金具安装	24802	26244	51046		51046
5.2.1	耐张绝缘子串及金具安装	22102	25821	47923		47923
5.2.2	悬垂绝缘子串及金具安装	2700	423	3123		3123
	合计	28105	26564	54670		54670

表 10-67　典型方案 B7-10 拆除工程专业汇总表　　　　金额单位：元

序号	工程或费用名称	拆除工程费
	拆除工程	10489
5	附件工程	10489
5.2	绝缘子串及金具	10489
5.2.1	耐张绝缘子串及金具	10489
	合计	10489

表 10-68　典型方案 B7-10 其他费用估算表　　　　金额单位：元

序号	工程或费用名称	编制依据及计算说明	合价
2	项目管理费		4796
2.1	管理经费	（安装工程费＋拆除工程费）×3.53%	2300

续表

序号	工程或费用名称	编制依据及计算说明	合价
2.2	招标费	（安装工程费＋拆除工程费）×0.4%	261
2.3	工程监理费	（安装工程费＋拆除工程费）×3.43%	2235
3	项目技术服务费		6170
3.1	前期工作费	安装工程费×2.1%	1148
3.3	工程勘察设计费		4496
3.3.2	设计费	设计费×100%	4496
3.4	设计文件评审费		278
3.4.1	初步设计文件评审费	基本设计费×3.5%	133
3.4.2	施工图文件评审费	基本设计费×3.8%	145
3.5	施工过程造价咨询及竣工结算审核费	（安装工程费＋拆除工程费）×0.38%	248
	合计		10966

10.10.4 典型方案设备材料表

典型方案 B7-10 设备材料表见表 10-69。

表 10-69　　　　　　　典型方案 B7-10 设备材料表

序号	设备或材料名称	单位	数量	备注
	架空线路工程			
三	附件及金具			
4	架线工程			
4.2	导地线架设			
500026707	钢芯铝绞线 LGJ-400/35	t	0.145	
5	附件工程			
5.2	绝缘子串及金具安装			
500122840	交流棒形悬式复合绝缘子 FXBW-220/160-3，2470，7040	支	18	
500120959	220kV 导线耐张通用 2NZ21Y-4040-12P（H）Z	套	6	
500107974	线路 间隔棒 FJZS-450/34	件	12	
500125681	地线耐张通用 BNX-G-07-1C	套	2	
500119185	重锤片 FZC-15Y	只	9	
500120641	220kV 导线跳线通用 2TP-25-10H（P）RS	套	3	

10.10.5 典型方案工程量表

典型方案 B7-10 工程量见表 10-70。

表 10-70 典型方案 B7-10 工程量表

序号	项目名称	单位	数量	备注
	安装工程			
5	附件工程			
5.1	附件安装工程材料工地运输			
JYX1-19	人力运输 金具、绝缘子、零星钢材	t·km	0.325	
JYX1-105	汽车运输 金具、绝缘子、零星钢材 装卸	t	1.083	
JYX1-106	汽车运输 金具、绝缘子、零星钢材 运输	t·km	10.826	
5.2	绝缘子串及金具安装			
5.2.1	耐张绝缘子串及金具安装			
JYX6-5	耐张转角杆塔导线挂线及绝缘子串安装 220kV 单导线	组	6	
JYX6-108	导线间隔棒 双分裂	个	12	
JYX6-119	重锤安装 重量（kg）30 以内	单相（单极）	3	
JYX6-156	跳线制作及安装 单导线 软跳线 220kV	单相	3	
5.2.2	悬垂绝缘子串及金具安装			
JYX6-28	直线杆塔绝缘子串悬挂安装 220kV Ⅰ型单联串	串	3	
JYX6-63	导线缠绕铝包带线夹安装 220kV 单导线	单相	3	
	拆除工程			
5	附件工程			
5.2	绝缘子串及金具			
5.2.1	耐张绝缘子串及金具			
CYX4-22	耐张转角杆塔绝缘子串拆除 220kV 单导线	组	6	
CYX4-93	重锤拆除 重量（kg）60 以下	单相	3	
CYX4-108	耐张塔、转角塔跳线拆除 220kV 单导线	单相	3	
CYX4-83	导线间隔棒拆除 四分裂以下导线	个	12	

10.11 B7-11 更换 500kV 耐张复合绝缘子串

10.11.1 典型方案主要内容

本典型方案为更换 6 套 500kV 耐张复合绝缘子串。内容包括旧绝缘子串拆除，旧重锤拆除，旧跳线拆除；旧导地线金具串拆除；新绝缘子及金具等材料运输；新绝缘子串组装、检查及安装施工；新导线跳线制作及安装施工；新重锤组装及安装施工；新导地线金具安装。

10.11.2 典型方案主要技术条件

典型方案 B7-11 主要技术条件见表 10-71。

表 10−71　　　　　　　　　　**典型方案 B7−11 主要技术条件**

方案名称	工程主要技术条件	
更换 500kV 耐张复合绝缘子串	电压等级	500kV
	规格型号	FXBW−500/420−1，4900，16000
	地形	100%平地
	气象条件	覆冰 10mm，基本风速 27m/s
	运距	人力 0.3km，汽车 10km

10.11.3　典型方案估算书

估算投资为总投资，编制依据按 3.2 要求。典型方案 B7−11 估算书包括总估算汇总表、安装工程专业汇总表、拆除工程专业汇总表、其他费用估算表，分别见表 10−72～表 10−75。

表 10−72　　　　　　　　　**典型方案 B7−11 总估算汇总表**　　　　　金额单位：万元

序号	工程或费用名称	含税金额	占工程投资的比例（%）	不含税金额	可抵扣增值税金额
二	安装工程费	18.94	72.57	17.08	1.86
三	拆除工程费	3.38	12.95	3.1	0.28
四	设备购置费				
	其中：编制基准期价差	0.37	1.42	0.37	
五	小计	22.32	85.52	20.18	2.14
	其中：甲供设备材料费	9.3	35.63	8.24	1.06
六	其他费用	3.78	14.48	3.57	0.21
七	基本预备费				
八	特殊项目				
九	工程投资合计	26.10	100	23.75	2.35
	其中：可抵扣增值税金额	2.35			2.35
	其中：施工费	13.02	49.89	11.94	1.08

表 10−73　　　　　　　　　**典型方案 B7−11 安装工程专业汇总表**　　　　　金额单位：元

序号	工程或费用名称	安装工程费			设备购置费	合计
		未计价材料费	安装费	小计		
	安装工程	93013	96377	189389		189389
4	架线工程	3371	90	3461		3461
4.1	架线工程材料工地运输		90	90		90
4.2	导地线架设	3371		3371		3371

续表

序号	工程或费用名称	安装工程费			设备购置费	合计
		未计价材料费	安装费	小计		
5	附件工程	89641	96287	185928		185928
5.1	附件安装工程材料工地运输		366	366		366
5.2	绝缘子串及金具安装	89641	95921	185562		185562
5.2.1	耐张绝缘子串及金具安装	80887	92537	173424		173424
5.2.2	悬垂绝缘子串及金具安装	8754	3384	12137		12137
	合计	93013	96377	189389		189389

表 10−74 典型方案 B7−11 拆除工程专业汇总表 金额单位：元

序号	工程或费用名称	拆除工程费
	拆除工程	33822
5	附件工程	33822
5.2	绝缘子串及金具	33822
5.2.1	耐张绝缘子串及金具	33822
	合计	33822

表 10−75 典型方案 B7−11 其他费用估算表 金额单位：元

序号	工程或费用名称	编制依据及计算说明	合价
2	项目管理费		16428
2.1	管理经费	（安装工程费＋拆除工程费）×3.53%	7879
2.2	招标费	（安装工程费＋拆除工程费）×0.4%	893
2.3	工程监理费	（安装工程费＋拆除工程费）×3.43%	7656
3	项目技术服务费		21366
3.1	前期工作费	安装工程费×2.1%	3977
3.3	工程勘察设计费		15577
3.3.2	设计费	设计费×100%	15577
3.4	设计文件评审费		964
3.4.1	初步设计文件评审费	基本设计费×3.5%	462
3.4.2	施工图文件评审费	基本设计费×3.8%	502
3.5	施工过程造价咨询及竣工结算审核费	（安装工程费＋拆除工程费）×0.38%	848
	合计		37794

10.11.4 典型方案设备材料表

典型方案 B7−11 设备材料表见表 10−76。

表 10-76　　　　　　　典型方案 B7-11 设备材料表

序号	设备或材料名称	单位	数量	备注
	架空线路工程			
三	附件及金具			
4	架线工程			
4.2	导地线架设			
500125023	钢芯铝绞线 LGJ-630/45	t	0.150	
5	附件工程			
5.2	绝缘子串及金具安装			
500122827	交流棒形悬式复合绝缘子 FXBW-500/420-1，4450，14000	支	12	
500120834	500kV 导线耐张通用 5N2-5050（60）-40P（630/45）	套	6	
500107974	线路 间隔棒 FJZS-450/34	件	12	
500119185	重锤片 FZC-15Y	只	18	
500125681	地线耐张通用 BNX-G-07-1C	套	2	
500120828	500kV 导线跳线通用 5T-50-10H	套	6	
500122852	交流棒形悬式复合绝缘子 FXBW-500/120-3，4900，16000	支	6	

10.11.5　典型方案工程量表

典型方案 B7-11 工程量见表 10-77。

表 10-77　　　　　　　典型方案 B7-11 工程量表

序号	项目名称	单位	数量	备注
	安装工程			
5	附件工程			
5.1	附件安装工程材料工地运输			
JYX1-19	人力运输 金具、绝缘子、零星钢材	t·km	0.508	
JYX1-105	汽车运输 金具、绝缘子、零星钢材 装卸	t	1.692	
JYX1-106	汽车运输 金具、绝缘子、零星钢材 运输	t·km	16.919	
5.2	绝缘子串及金具安装			
5.2.1	耐张绝缘子串及金具安装			
JYX6-11	耐张转角杆塔导线挂线及绝缘子串安装±500kV、500kV 四分裂 500 以内	组	6	
JYX6-96	均压环、屏蔽环安装 ±500kV、500kV 耐张	单相（单极）	6	
JYX6-109	导线间隔棒 四分裂	个	12	
JYX6-120	重锤安装 重量（kg）60 以内	单相（单极）	6	

续表

序号	项目名称	单位	数量	备注
JYX6－161	跳线制作及安装 软跳线 ±500kV、500kV 四分裂	单相（单极）	6	
5.2.2	悬垂绝缘子串及金具安装			
JYX6－36	直线杆塔绝缘子串悬挂安装 ±500kV、500kV Ⅰ型单联串	串	6	
JYX6－68	导线缠绕铝包带线夹安装 ±500kV、500kV 四分裂	单相（单极）	6	
	拆除工程			
5	附件工程			
5.2	绝缘子串及金具			
5.2.1	耐张绝缘子串及金具			
CYX4－27	耐张转角杆塔绝缘子串拆除 ±500kV、500kV 四分裂	组	6	
CYX4－94	重锤拆除 重量（kg）120 以下	单相	6	
CYX4－113	耐张塔、转角塔跳线拆除 ±500kV、500kV 四分裂	单相（单极）	6	
CYX4－83	导线间隔棒拆除 四分裂以下导线	个	12	

10.12　B7－12 更换 500kV 耐张瓷绝缘子串

10.12.1　典型方案主要内容

本典型方案为更换 6 套 500kV 耐张瓷绝缘子串。内容包括旧绝缘子串拆除，旧重锤拆除，旧跳线拆除；旧导地线金具串拆除；新绝缘子及金具等材料运输；新绝缘子串组装、检查及安装施工；新导线跳线制作及安装施工；新重锤组装及安装施工；新导地线金具安装。

10.12.2　典型方案主要技术条件

典型方案 B7－12 主要技术条件见表 10－78。

表 10－78　　　　　典型方案 B7－12 主要技术条件

方案名称	工程主要技术条件	
更换 500kV 耐张瓷绝缘子串	电压等级	500kV
	规格型号	U300BP/195D，480，330
	地形	100%平地
	气象条件	覆冰 10mm，基本风速 27m/s
	运距	人力 0.3km，汽车 10km

10.12.3　典型方案估算书

估算投资为总投资，编制依据按 3.2 要求。典型方案 B7－12 估算书包括总估算汇总表、安装工程专业汇总表、拆除工程专业汇总表、其他费用估算表，分别见表 10－79～表 10－82。

表 10-79　　　　　　　　　**典型方案 B7-12 总估算汇总表**　　　　　金额单位：万元

序号	工程或费用名称	含税金额	占工程投资的比例（%）	不含税金额	可抵扣增值税金额
二	安装工程费	27.92	75.97	25.16	2.76
三	拆除工程费	3.38	9.2	3.1	0.28
四	设备购置费				
	其中：编制基准期价差	0.38	1.03	0.38	
五	小计	31.3	85.17	28.26	3.04
	其中：甲供设备材料费	18.25	49.66	16.29	1.96
六	其他费用	5.45	14.83	5.14	0.31
七	基本预备费				
八	特殊项目				
九	工程投资合计	36.75	100	33.4	3.35
	其中：可抵扣增值税金额	3.35			3.35
	其中：施工费	13.05	35.51	11.97	1.08

表 10-80　　　　　　　　　**典型方案 B7-12 安装工程专业汇总表**　　　　　金额单位：元

序号	工程或费用名称	安装工程费			设备购置费	合计
		未计价材料费	安装费	小计		
	安装工程	182510	96719	279228		279228
4	架线工程	3371	90	3461		3461
4.1	架线工程材料工地运输		90	90		90
4.2	导地线架设	3371		3371		3371
5	附件工程	179138	96629	275767		275767
5.1	附件安装工程材料工地运输		708	708		708
5.2	绝缘子串及金具安装	179138	95921	275059		275059
5.2.1	耐张绝缘子串及金具安装	170384	92537	262921		262921
5.2.2	悬垂绝缘子串及金具安装	8754	3384	12137		12137
	合计	182510	96719	279228		279228

表 10-81　　　　　　　　　**典型方案 B7-12 拆除工程专业汇总表**　　　　　金额单位：元

序号	工程或费用名称	拆除工程费
	拆除工程	33822
5	附件工程	33822
5.2	绝缘子串及金具	33822
5.2.1	耐张绝缘子串及金具	33822
	合计	33822

表 10-82 典型方案 B7-12 其他费用估算表　　　　　　　　　　　金额单位：元

序号	工程或费用名称	编制依据及计算说明	合价
2	项目管理费		23041
2.1	管理经费	（安装工程费＋拆除工程费）×3.53%	11051
2.2	招标费	（安装工程费＋拆除工程费）×0.4%	1252
2.3	工程监理费	（安装工程费＋拆除工程费）×3.43%	10738
3	项目技术服务费		31440
3.1	前期工作费	安装工程费×2.1%	5864
3.3	工程勘察设计费		22965
3.3.2	设计费	设计费×100%	22965
3.4	设计文件评审费		1421
3.4.1	初步设计文件评审费	基本设计费×3.5%	681
3.4.2	施工图文件评审费	基本设计费×3.8%	740
3.5	施工过程造价咨询及竣工结算审核费	（安装工程费＋拆除工程费）×0.38%	1190
	合计		54480

10.12.4　典型方案设备材料表

典型方案 B7-12 设备材料表见表 10-83。

表 10-83 典型方案 B7-12 设备材料表

序号	设备或材料名称	单位	数量	备注
	架空线路工程			
三	附件及金具			
4	架线工程			
4.2	导地线架设			
500125023	钢芯铝绞线 LGJ-630/45	t	0.150	
5	附件工程			
5.2	绝缘子串及金具安装			
500066823	交流盘形悬式瓷绝缘子 U300BP/195D，480，330	片	384	
500120834	500kV 导线耐张通用 5N2-5050（60）-40P（630/45）	套	6	
500107974	线路　间隔棒 FJZS-450/34	件	12	
500125681	地线耐张通用 BNX-G-07-1C	套	2	
500119185	重锤片 FZC-15Y	只	18	
500120828	500kV 导线跳线通用 5T-50-10H	套	6	
500122852	交流棒形悬式复合绝缘子 FXBW-500/120-3，4900，16000	支	6	

10.12.5　典型方案工程量表

典型方案 B7-12 工程量见表 10-84。

表 10-84　　　　　　　　　　典型方案 B7-12 工程量表

序号	项目名称	单位	数量	备注
	安装工程			
5	附件工程			
5.1	附件安装工程材料工地运输			
JYX1-19	人力运输　金具、绝缘子、零星钢材	t·km	0.982	
JYX1-105	汽车运输　金具、绝缘子、零星钢材　装卸	t	3.273	
JYX1-106	汽车运输　金具、绝缘子、零星钢材　运输	t·km	32.734	
5.2	绝缘子串及金具安装			
5.2.1	耐张绝缘子串及金具安装			
JYX6-11	耐张转角杆塔导线挂线及绝缘子串安装　±500kV、500kV 四分裂 500 以内	组	6	
JYX6-96	均压环、屏蔽环安装　±500kV、500kV 耐张	单相（单极）	6	
JYX6-109	导线间隔棒　四分裂	个	12	
JYX6-120	重锤安装　重量（kg）60 以内	单相（单极）	6	
JYX6-161	跳线制作及安装　软跳线　±500kV、500kV 四分裂	单相（单极）	6	
5.2.2	悬垂绝缘子串及金具安装			
JYX6-36	直线杆塔绝缘子串悬挂安装　±500kV、500kV Ⅰ型单联串	串	6	
JYX6-68	导线缠绕铝包带线夹安装　±500kV、500kV 四分裂	单相（单极）	6	
	拆除工程			
5	附件工程			
5.2	绝缘子串及金具			
5.2.1	耐张绝缘子串及金具			
CYX4-27	耐张转角杆塔绝缘子串拆除　±500kV、500kV 四分裂	组	6	
CYX4-94	重锤拆除　重量（kg）120 以下	单相	6	
CYX4-113	耐张塔、转角塔跳线拆除　±500kV、500kV 四分裂	单相（单极）	6	
CYX4-83	导线间隔棒拆除　四分裂以下导线	个	12	

第三篇　使　用　说　明

第11章　典型造价使用说明

11.1　典型方案应用范围

本册典型造价主要应用于电网生产技术改造项目估（概）算编制与审核工作，指导编制单位编制电网生产技术改造项目估（概）算，审核单位对比审核实际工程费用，分析费用差异原因。

11.2　典型方案应用方法

第一步：分析实际工程的主要技术条件和工程参数。

第二步：根据实际工程的主要技术条件和工程参数，从典型方案库中选择对应方案；若典型方案库中无实际工程的技术条件，则采用类似技术条件的典型方案。

第三步：按照实际工程的工程参数，选择单个方案或多个方案进行拼接。

（1）更换单一构件。

1）选择方案：选取单个方案，并根据实际工程的情况，乘以构件数量，实现工程量累加，得到拟编制工程的工程量。

2）取费及价格水平调整：按照当地取费要求、材机调价水平要求对方案进行调整。

3）工程量调整：根据实际工程与典型方案的差异，对工程量和物料进行调整，得出本体费用。

4）其他费用调整：根据实际工程所在区域调整典型方案中可调整的其他费用项，预规中规定的其他费用项计算标准不变，依此标准重新计算实际工程的其他费用。

（2）更换组合构件。

1）选择方案：选取多个方案，并根据实际工程的情况，每个方案乘以对应的构件数量，然后将各方案的工程量进行累加，拼接后得到拟编制工程的工程量。

2）取费及价格水平调整：按照当地取费要求、材机调价水平要求对方案进行调整。

3）工程量调整：根据实际工程与典型方案的差异，对工程量和物料进行调整，得出本体费用。

4）其他费用调整：根据实际工程所在区域调整典型方案中可调整的其他费用项，预规中规定的其他费用项计算标准不变，依此标准重新计算实际工程的其他费用。

第四步：得到实际工程造价，并得出实际工程与典型方案的差异。

附录 A　输电专业建筑、安装、拆除工程取费基数及费率一览表

架空线路安装、拆除工程费取费基数及费率见表 A1。

表 A1　　　　　架空线路安装、拆除工程费取费基数及费率一览表

项目名称			取费基数	费率（%）	
				安装工程	拆除工程
直接费	措施费	冬雨季施工增加费	人工费+机械费	3.51	2.16
		施工工具用具使用费		3.06	0.65
		临时设施费		8.51	4.17
		施工机构迁移费		1.43	1.29
		安全文明施工费		9.33	4.97
间接费	规费	社会保险费	人工费	28.3	28.3
		住房公积金		12	12
	企业管理费		人工费+机械费	25.69	17.13
利润			人工费+机械费	9.88	5.24
编制基准期价差			人工价差	4.97	—
			材机价差	7.22（35kV/110kV）；7.51（220kV）；8.80（500kV）	7.58
增值税			直接费+间接费+利润+编制基准期价差	9	9

电缆线路建筑、安装、拆除工程费取费基数及费率见表 A2。

表 A2　　　　电缆线路建筑、安装、拆除工程费取费基数及费率一览表

项目名称			取费基数	费率（%）	
				安装工程	拆除工程
直接费	措施费	冬雨季施工增加费	人工费+机械费	3.01	1.56
		夜间施工增加费		1.04	—
		施工工具用具使用费		2.13	1.18
		临时设施费		8.24	4.84
		施工机构转移费		0.97	0.68
		安全文明施工费		6.97	4.06

续表

项目名称			取费基数	费率（%）	
				安装工程	拆除工程
间接费	规费	社会保险费	人工费	28.3	28.3
		住房公积金		12	12
	企业管理费		人工费+机械费	22.18	22.70
利润				8.23	4.04
编制基准期价差			人工价差	4.97	—
			材机价差	8.04（35kV/110kV）；8.04（220kV）；8.92（500kV）	7.76
增值税			直接费+间接费+利润+编制基准期价差	9	9

注　"夜间施工增加费"设备安装工程可按工程实际计取。

通信线路安装、拆除工程费取费基数及费率见表 A3。

表 A3　　　　　　　　通信线路安装、拆除工程费取费基数及费率一览表

项目名称			取费基数	费率（%）	
				安装工程	拆除工程
直接费	措施费	冬雨季施工增加费	人工费+机械费	2.49	0.93
		施工工具用具使用费		2.45	0.34
		临时设施费		6.16	1.94
		施工机构转移费		0.75	0.48
		安全文明施工费		6.15	2.35
间接费	规费	社会保险费	人工费	28.3	28.3
		住房公积金		12	12
	企业管理费		人工费+机械费	20.05	13.62
利润			人工费+机械费	7.31	2.55
编制基准期价差			人工价差	4.97	—
			材机价差	4.51	6.32
增值税			直接费+间接费+利润+编制基准期价差	9	9

附录 B 输电专业其他费用取费基数及费率一览表

其他费用取费基数及费率见表 B1。

表 B1 其他费用取费基数及费率一览表

序号	工程或费用名称	取费基数、计算方法或依据	费率（%）		备注
1	建设场地征用及清理费				
1.1	土地征用费				未计列
1.2	施工场地租用费				未计列
1.3	迁移补偿费				未计列
1.4	余物清理费				未计列
1.5	输电线路走廊清理费				未计列
1.6	线路跨越补偿及措施费				未计列
1.7	水土保持补偿费				未计列
2	项目管理费				
2.1	管理经费	建筑工程费+安装工程费+拆除工程费	3.53		
2.2	招标费	建筑工程费+安装工程费+拆除工程费	0.40		
2.3	工程监理费	建筑工程费+安装工程费+拆除工程费	3.43		
2.4	工程保险费	按预规规定计列			
3	项目技术服务费				
3.1	前期工作费	建筑工程费+安装工程费	架空线路工程	2.10	通信线路执行架空线路工程费率
			电缆线路工程	1.70	
3.2	知识产权转让及研究试验费	按预规规定计列			
3.3	工程勘察设计费				
3.3.1	勘察费	按预规规定计列（只有杆塔改造方案计列）			
3.3.2	设计费	按预规规定计列			
3.4	设计文件评审费				
3.4.1	初步设计文件评审费	基本设计费	3.50		
3.4.2	施工图文件评审费	基本设计费	3.80		
3.5	施工过程造价咨询及竣工结算审核费	建筑工程费+安装工程费+拆除工程费	0.38		
3.6	项目后评价费	建筑工程费+安装工程费+拆除工程费			不计列
3.7	工程检测费				不计列
3.8	设备改造服务费				不计列
3.9	技术经济标准编制费	建筑工程费+安装工程费+拆除工程费			不计列

注 "招标费、设计文件评审费、施工过程造价咨询及竣工结算审核费"可按工程实际计取。

附录 C　建筑材料价格一览表

建筑材料价格一览见表 C1。

表 C1　　　　　　　　　建筑材料价格一览表　　　　　　　　金额单位：元

序号	编号	材料名称	单位	市场价不含税	市场价含税	价格来源
一		混凝土				
1	500080493	商品混凝土 C15	m³	417.5	430	《北京工程造价信息》（月刊〔总第266 期〕）
2	500067308	商品混凝土 C25	m³	446.6	460	
二		钢筋				
1	C01020712	圆钢 φ10 以外	kg	4.35	4.91	

参 考 文 献

［1］ 国家能源局.电网技术改造工程预算编制与计算规定（2020年版）［M］.北京：中国电力出版社，2021.

［2］ 国家能源局.电网检修工程预算编制与计算规定（2020年版）［M］.北京：中国电力出版社，2021.

［3］ 国家能源局.电网技术改造工程概算定额（2020年版）［M］.北京：中国电力出版社，2021.

［4］ 国家能源局.电网技术改造工程预算定额（2020年版）［M］.北京：中国电力出版社，2021.

［5］ 国家能源局.电网检修工程预算定额（2020年版）［M］.北京：中国电力出版社，2021.

［6］ 国家能源局.电网拆除工程预算定额（2020年版）［M］.北京：中国电力出版社，2021.

［7］ 中国电力企业联合会.电力建设工程装置性材料综合预算价格（2018年版）［M］.北京：中国电力出版社，2020.

［8］ 北京市建设工程造价管理总站.北京工程造价信息（月刊〔第266期〕）［G］.北京：北京市住房和城乡建设委员会，2022.

［9］ 国家电网有限公司电力建设定额站.2022年第三季度电网工程设备材料信息价（总41期）［S］.北京：国家电网有限公司，2022.

［10］ 电力工程造价与定额管理总站.《电力工程造价与定额管理总站关于发布2020版电网技术改造及检修工程概预算定额2022年上半年价格水平调整系数的通知（定额〔2022〕21号）》［S］.北京：电力工程造价与定额管理总站，2022.

［11］ 中华人民共和国住房和城乡建设部.35kV～110kV变电站设计规范：GB 50059—2011［S］.北京：中国计划出版社，2012.

［12］ 中华人民共和国住房和城乡建设部.混凝土结构设计规范（2015年版）：GB 50010—2010［S］.北京：中国建筑工业出版社，2011.

［13］ 中华人民共和国住房和城乡建设部.钢结构设计标准：GB 50017—2017［S］.北京：中国建筑工业出版社，2018.

［14］ 国家电网公司.国家电网公司输变电工程典型设计（2011年版）［M］.北京：中国电力出版社，2011.

［15］ 国家电网公司.输变电工程造价分析内容深度规定：Q/GDW 433—2010［S］.北京：中国电力出版社，2010.

［16］ 国家电网公司.110kV变电站通用设计规范：Q/GDW 203—2008［S］.北京：中国电力出版社，2008.

［17］ 国家电网公司.220kV变电站通用设计规范：Q/GDW 204—2008［S］.北京：中国电力出版社，2008.

［18］ 国家电网公司.500kV变电站通用设计规范：Q/GDW 342—2009［S］.北京：中国电力出版社，2009.

［19］ 国家能源局.变电站测控装置技术规范：DL/T 1512—2016［S］.北京：中国电力出版社，2016.

［20］ 国家能源局.220kV～750kV变电站设计技术规程：DL/T 5218—2012［S］.北京：中国计划出版社，2012.

［21］ 国家能源局.变电工程初步设计内容深度规定：DL/T 5452—2012［S］.北京：中国电力出版社，2012.

［22］ 中华人民共和国住房和城乡建设部. 35kV～110kV 变电站设计规范：GB 50059—2011 ［S］. 北京：中国计划出版社，2011.

［23］ 国家能源局. 输变电工程工程量清单计价规范：Q/GDW 11337—2014 ［S］. 北京：中国电力出版社，2014.

［24］ 国家能源局. 输变电工程可行性研究投资估算编制导则：DL/T 5469—2021 ［S］. 北京：中国计划出版社，2021.